Preisheiten

Das Thema Preis begleitet *Prof. Dr. Dr. h.c. mult. Hermann Simon* seit seiner Kindheit. Simon ist Autor des Standardwerks *Preismanagement*. Heute ist er Chairman der weltweit führenden Preisberatung *Simon-Kucher & Partners*. Zuletzt veröffentlichte er im Campus Verlag den Titel *Hidden Champions – Aufbruch nach Globalia*.

Hermann Simon

Preisheiten

Alles, was Sie über Preise wissen müssen

Campus Verlag
Frankfurt/New York

MIX
Papier aus verantwor-
tungsvollen Quellen
FSC® C089473

ISBN 978-3-593-39910-2

Copyright © 2013 Campus Verlag GmbH, Frankfurt am Main
Umschlaggestaltung: Anne Strasser, Hamburg
Satz: Publikations-Atelier, Dreieich
Gesetzt aus der Sabon und der Neuen Helvetica
Druck und Bindung: Beltz Bad Langensalza
Printed in Germany

Dieses Buch ist auch als E-Book erschienen.
www.campus.de

Inhalt

Kapitel 1: **Wie ich zum Preis kam** 7

Kapitel 2: **Im Zentrum der Preis** 14

Kapitel 3: **Preis als Gewinntreiber Nr. 1** 31

Kapitel 4: **Preis und Entscheidung** 53

Kapitel 5: **Behavioral Pricing: Die seltsame
Psychologie des Preises** 77

Kapitel 6: **Von Höhen und Tiefen** 109

Kapitel 7: **Preis als Chefsache** 151

Kapitel 8: **Preisdifferenzierung: Die hohe Kunst** 172

Kapitel 9: **Von Krisen und Kriegen** 213

Kapitel 10: **Pricing-Innovationen** 233

Dankadresse 270

Anmerkungen 271

Register 284

Kapitel 1

Wie ich zum Preis kam

Der Schweinepreis

Der Preis begegnete mir schon als Kind und Jugendlichem hautnah. Ich wuchs auf einem kleinen Bauernhof in der Vulkaneifel auf. Mein Vater schickte die gemästeten Schweine zum Großmarkt, wo diese im Rahmen einer Auktion verkauft wurden. Da viele Bauern ihre Schweine auf den Markt brachten sowie zahlreiche Metzger und Händler als Nachfrager auftraten, handelte es sich um einen klassisch polypolistischen Markt. Kein einzelner Anbieter und Nachfrager hatte Einfluss auf den Preis der Schweine. Mein Vater bekam den Preis pro Kilo von der Raiffeisengenossenschaft, die die Transaktionen abwickelte, mitgeteilt. Bei der Milch, die wir an die örtliche Molkerei lieferten, war es ähnlich. Wir hatten keinerlei Einfluss auf den Preis, sondern erfuhren diesen von der Molkerei, die ebenfalls eine Genossenschaft war. Der Milchpreis schwankte dabei je nach Angebot und Nachfrage. Nicht sehr verschieden ging es auf dem Ferkelmarkt zu, der zweiwöchentlich in der nahen Kreisstadt stattfand und zu dem wir mit unserem Pferdefuhrwerk fuhren. Gab es ein Überangebot, so stürzten die Preise. In allen Märkten mussten wir den Preis akzeptieren, der uns angeboten wurde, eine ausgesprochen unangenehme Position. Denn Geld war knapp, und diese Verkäufe bildeten unsere einzigen Einnahmequellen. Ich bekam das alles als kleiner Junge mit und muss sagen, dass es mir missfiel. Jahrzehnte später sagte ich in Interviews, diese Erfahrung habe mich gelehrt, nie ein Geschäft zu betreiben, in dem man keinen Einfluss auf die Preise hat.[1] Ich will nicht behaupten, dies so explizit als Kind erkannt zu haben, aber in meinem Bauch rumort es bis heute, wenn ich an Schweine- und

Milchpreise denke. Und vielleicht stammt aus jener Zeit auch das Gefühl, dass ich wenig von Geschäften halte, die keinen Gewinn abwerfen. Das Thema Preis sollte mich jedenfalls nie mehr loslassen.

Der Preis als mein Wegbegleiter

Für mich wurde der Preis zum lebenslangen Begleiter. Im Studium an der Universität Bonn faszinierten mich die Preistheorie-Vorlesungen von Professor Wilhelm Krelle. In der Tat waren das schöne Theorien, mathematisch elegant, oft auch sehr komplex. Von Anwendung war selten die Rede. Dennoch vermittelte uns diese harte Schule solide Denk- und Methodenfundamente. Doch nie wäre ich zu jener Zeit auf die Idee gekommen, dass man diese Konzepte tatsächlich für die Praxis nutzen könne. Eine Art reales Preiserlebnis bescherte uns Professor Reinhard Selten, der Experimente mit richtigem Geld durchführte – eine echte Innovation. Im Jahr 1971 lobte er bei einem Vortrag im Seminar von Professor Krelle 100 D-Mark aus. Ein A-Spieler und vier B-Spieler sollten diesen Betrag unter sich aufteilen, indem sie eine Koaliton bildeten, die mindestens zehn Minuten halten musste. Der A-Spieler konnte eine Koalition mit zwei B-Spielern bilden, oder die vier B-Spieler konnten sich zusammenschließen. Ich war der A-Spieler, und nach vielem hin und her mit wechselnden Koalitionen gelang es, eine Koalition über zehn Minuten zu halten, bei der zwei B-Spieler 20 und ich 60 D-Mark gewannen. Dieses höchst anschauliche Experiment lehrte uns, dass es beim Preis immer um die Aufteilung eines Wertes geht. Zehn Jahre später durfte ich Kollege von Reinhard Selten an der Universität Bielefeld sein, und 1994 erhielt er den Nobelpreis für Wirtschaftswissenschaften. Sein Experiment gehört zu den Highlights meiner Studienzeit.

Nach dem Examen ging es nahtlos weiter. Eine entscheidende Weichenstellung war meine Dissertation zum Thema »Preisstrategien für neue Produkte«, die ich als Assistent von Professor Horst Albach schrieb. Während meiner Assistentenzeit durfte ich an einigen Gutachten mitarbeiten, die sich mit preispolitischen Fragestellungen befassten. Diese Gutachten gaben mir erste Einblicke in das Pricing großer Unternehmen. Mir schien, dass es dort erhebliche Verbesserungspotenziale gab.

Eine weitere wichtige Begegnung hatte ich im Januar 1979. Ich war damals Postdoctoral Fellow am Massachusetts Institute of Technology und besuchte Professor Philip Kotler an der Northwestern University in Evanston bei Chicago. Ich stellte Kotler, der schon in jungen Jahren zum Marketing-Guru aufgestiegen war, meine Forschungsergebnisse zur Preiselastizität im Produktlebenszyklus vor. Selbstbewusst betonte ich, mein Ziel sei, praxisrelevante Preisforschung zu betreiben. Kotler erwiderte, dass die meisten Marketingwissenschaftler Praxisrelevanz anstrebten, diese aber selten erreichten. Gerade beim Preis dominiere in der Wissenschaft die Mikroökonomie, deren Praxisrelevanz sich in Grenzen halte – womit er Recht hatte. Aber er kenne jemanden, der sich »Price Consultant« nenne, tatsächlich anwendungsorientiert arbeite und damit offenbar gut über die Runden komme. Ein »Price Consultant«, das war für mich neu, und seine Tätigkeit war für mich geradezu unvorstellbar. Kurze Zeit später kontaktierte ich Dan Nimer, so hieß der Preisberater. Er schickte mir einige seiner Artikel, die von den theoretischen Papieren, mit denen ich mich bisher beschäftigt hatte, sehr verschieden waren. Ich sah Nimer in den Jahren seither bei Preiskonferenzen immer wieder. Im Jahr 2012 ehrten wir ihn mit einer Festschrift zu seinem 90. Geburtstag.[2] Er ist immer noch aktiv, hält Vorträge und berät trotz seines biblischen Alters nach wie vor in Preisfragen.

Bei der gleichen Reise lernte ich an der University of Chicago die Assistant Professors Robert J. Dolan und Thomas T. Nagle kennen. Dolan wechselte später an die Harvard Business School. Im akademischen Jahr 1988/89 war ich dort Gastprofessor. Wir begannen eine intensive Zusammenarbeit und publizierten gemeinsam. Thomas Nagle verließ einige Jahre danach die Universität und gründete die Strategic Pricing Group, die sich vor allem dem Preistraining widmete. So hatte ich innerhalb von wenigen Tagen drei Persönlichkeiten kennen gelernt, die die weitere Entwicklung des Pricing maßgeblich beeinflussten.

Auch mit dem berühmten Managementdenker Peter Drucker

hatte ich viele interessante Diskussionen zum Pricing. Er ermunterte mich, am Ball zu bleiben: »I am impressed by your emphasis on pricing. It is the most neglected area. Pricing policy today is basically guess. What you are doing is pioneering work. And I think that it will be quite some time before any of the competitors catches on.«[3] Der Preis interessierte Drucker aus ökonomischer und ethischer Sicht. Er verstand Gewinne als »Kosten des Überlebens« eines Unternehmens und auskömmliche Preise folglich als Mittel zum Überleben. Er hatte ethisch hohe Vorstellungen zu Themen wie Ausnutzung von Marktmacht, Preistransparenz und fairem Verhalten. Noch kurz vor seinem Tode gab er für unser Buch *Manage for Profit, not for Market Share* das folgende Testimonial ab: »Market share and profitability have to be balanced and profitability has often been neglected. This book is therefore a greatly needed correction.«[4]

Pricing-Professor

Ab Herbst 1979 lehrte ich an der Universität Bielefeld Betriebswirtschaftslehre mit dem Schwerpunkt Marketing. In meiner Forschung konzentrierte ich mich auf das Thema Preis. Als Titel für mein erstes Lehrbuch, das 1982 im Gabler Verlag erschien, erfand ich den neuen Begriff »Preismanagement«. Lange hatte ich über den Titel nachgedacht. Er war zu jener Zeit völlig ungewöhnlich, niemand hatte diesen Begriff vorher gebraucht, und er traf keineswegs auf spontane Akzeptanz. Bis dato waren nur die Termini »Preistheorie« und »Preispolitik« gebräuchlich. Preistheorie war das Gebiet, das ich an der theoretisch-quantitativ ausgerichteten Universität Bonn kennen gelernt hatte. Mit Preispolitik bezeichnete man praxisorientierte Inhalte, die fast ausschließlich verbal vorgetragen wurden. Mit solchen qualitativen Aussagen konnte man nicht viel anfangen. Der Preis muss letztlich immer quantitativ, das heißt als Zahl, ausgedrückt werden. Mit dem Begriff »Preismanagement« verband ich den Anspruch, beide Gebiete, die Preistheorie und die Preispolitik, zu integrieren. Ich wollte quantitativ-theoretische Konzepte praktisch anwendbar machen und so zur Verbesserung von Preisentscheidungen in der Praxis beitragen. Mein erstes Preismanagement-Buch hatte mit 483 Seiten bereits einen beachtlichen Umfang. Die zweite, völlig neu bearbeitete Auflage unter demselben Haupttitel, ergänzt um den Untertitel »Analyse – Strategie – Umsetzung«, erschien 1992 und wuchs auf 740 Seiten an. Im Jahr 2008 wurde die dritte Auflage mit Professor Martin Fassnacht als Koautor publiziert. Ich wollte sicherstellen, dass wir den aktuellen Stand der Wissenschaft, dem ich nicht mehr so nahestand, reflektierten. Ein Autorenteam aus Praktiker, der ich damals seit 13 Jahren war, und Wissenschaftler ist bei einem Lehrbuch eine Seltenheit. In 2011 wurde *Preismanagement* mit dem Georg-Bergler-Preis für das beste Marketinglehrbuch ausgezeichnet. 2010 erschien in einem bekannten deutschen Verlag ein Buch mit dem identischen Titel *Preismanagement*. Autor war ein deutscher Professor. Wegen sehr umfänglicher »Überlappungen« mit unserem Originalwerk musste dieses Buch im November 2010 vom Markt genommen werden. Der Verlag erkannte zudem unsere Rechte an dem Titel *Preismanagement* an und verpflichtete sich, in Zukunft kein Fachbuch unter diesem Titel herauszugeben. Der New Yorker Verlag Elsevier veröffentlichte 1989 eine gekürzte englischsprachige Version des Buches unter dem Titel *Price Management*.[5] Auch im Englischen war dieser Begriff bis dato nicht gebräuchlich. 1996 publizierte ich gemeinsam mit Robert Dolan das Buch *Power Pricing*.[6] Versionen der verschiedenen Pricing-Bücher sind in mehr als 20 Sprachen erschienen.

Während meiner Zeit als Professor an den Universitäten Bielefeld (1979–1989) und Mainz (1989–1995) hielt ich regelmäßig Vorlesungen und Seminare zum Preismanagement. Ich vergab zahlreiche Diplomarbeiten und Dissertationen zu diesem Gebiet. Mit jedem Thema, das wir angingen, taten sich neue Fragestellungen auf. Diese und viele weitere Arbeiten trugen zur Erweiterung unseres Wissensstandes im Preismanagement bei. Neben der Lehrtätigkeit in Bielefeld und Mainz hielt ich über die Jahre zahlreiche Kurse und Vorträge zum Preismanagement an Universitäten und Business Schools in der ganzen Welt, insbesondere im Rahmen von Gastprofessuren (INSEAD in Fontainebleau, London Business School, Keio-Universität Tokyo, Stanford und Harvard in den USA).

Pricing-Berater

Nachdem wir einige kleinere Beratungsprojekte aus der Universität heraus abgewickelt hatten, wurde mir klar, dass eine professionelle Beratung nur möglich ist, wenn man diese in Form einer Beratungsgesellschaft organisiert. 1985 gründete ich zusammen mit meinen beiden ersten Doktoranden Dr. Eckhard Kucher und Dr. Karl-Heinz Sebastian ein Beratungsunternehmen, für das wir Bonn als Standort wählten. Unser Ziel war es, Methoden aus der universitären Forschung auf Pricingprobleme anzuwenden. Im ersten Jahr erzielten wir mit drei Mitarbeitern einen Umsatz von umgerechnet 350 000 Euro. Nur langsam ging es aufwärts. 1989 betrug der Umsatz mit 13 Mitarbeitern 2,2 Mio. Euro, 1994 waren es mit 35 Mitarbeitern 5,9 Mio. Euro. Damals entschloss ich mich, meine Universitätskarriere zu beenden, und widmete mich ab 1995 voll der Beratung mit dem Schwerpunkt Preismanagement. Von 1995 bis 2009 führte ich Simon-Kucher & Partners als CEO. Seit 2009 bin ich Chairman des Unternehmens. Im Geschäftsjahr 2012 lag der Umsatz bei 145 Millionen Euro. Per Mitte 2013 hat Simon-Kucher & Partners mehr als 700 Mitarbeiter, die in 27 Büros weltweit arbeiten. Die Firma ist Weltmarktführer auf dem Spezialgebiet der Preisberatung.

Der Preis ist mir in 1 000 Varianten begegnet, hat mir Spaß bereitet, mich herausgefordert, geärgert, er hat mir Kopfzerbrechen bereitet und mich manchmal hilflos gemacht. Es gab Eureka-Momente, in denen ich den Geheimnissen des Preises auf die Schliche kam. Ich erlebte Preistriumphe, wie beispielsweise 1992 die Einführung der Bahncard 50 oder deren Wiederbelebung in 2003 nach hartem Ringen mit dem damaligen Bahnchef Hartmut Mehdorn. Auch die erfolgreiche Durchsetzung eines vergleichsweise hohen Preises für die bei ihrer Einführung im Jahr 1998 revolutionäre Mercedes A-Klasse machte mich stolz. Höhepunkte waren die Preisstrategien, die wir für neue Modelle von Porsche oder für führende Internetfirmen entwickeln durften. Natürlich gab es auch Flops, in denen die Durchsetzung einer Preiserhöhung nicht gelang, ein Preis für ein neues Produkt nicht akzeptiert wurde oder Preissenkungen nicht die erhofften Absatzzuwächse brachten, sondern nur die Margen reduzierten. Gott sei Dank waren diese Fehlschläge selten. Und natürlich erlebte ich Auseinandersetzungen mit Beratungsklienten, denen unsere Empfehlungen nicht gefielen. Selbst im Nachhinein weiß man manchmal nicht, wer Recht hatte. Denn in der Realität kann nur eine Alternative umgesetzt werden. Ob eine andere Option besser gewesen wäre, lässt sich selten mit Sicherheit beurteilen.

Oder die Welt ändert sich schlagartig. So hatten wir für die TUI ein neues Preissystem entwickelt, das zum 1. Oktober 2001 eingeführt wurde. Mit dem Attentat auf das World Trade Center am 11. September 2001 war die Welt jedoch nicht mehr die alte. Die Annahmen und Daten, auf denen unsere Analysen und Empfehlungen basierten, konnte man in der Pfeife rauchen. Tröstlich war ein Jahr später die Rückmeldung eines TUI-Managers, dass es mit dem alten Preissystem nach 9/11 noch schlechter gelaufen wäre.

Auch in der Beratung waren wir Imitatoren und Plagiatoren ausgesetzt. Um 2005 trat in China ein Berater unter unserem Namen und Logo auf. Er kopierte unsere Homepage und gab sich als unser Vertreter in China aus. Erst im November 2010 konnten wir diesen Fall vor einem Gericht in Peking aus der Welt schaffen und unseren Firmennamen auch in China verwenden.

Begleiten Sie mich in diesem Buch durch die facettenreiche Landschaft des Preises. Ich habe diese Landschaft über Jahrzehnte durchwandert und will Ihnen von meinen Erfahrungen und Erlebnissen berichten. Ich hoffe, die »Preisheiten – Weisheiten zum Preis« werden Sie faszinieren.

Kapitel 2

Im Zentrum der Preis

Alles dreht sich um den Preis

Der Preis ist das zentrale Scharnier der Ökonomie. Um ihn dreht sich alles. Preise sorgen für den Ausgleich von Angebot und Nachfrage. Kein anderes Marketinginstrument eignet sich besser, um den Absatz schnell und effektiv zu steuern. Der Preis ist bei typischen industriellen Kostenkonstellationen der stärkste Gewinntreiber. Im Wettbewerb ist der Preis die am häufigsten eingesetzte und wirksamste Angriffswaffe. Preiskriege bilden in vielen Märkten die Regel und nicht die Ausnahme, meistens mit verheerenden Gewinnwirkungen. Sonderangebote und Preispromotions sind im Handel allgegenwärtig. 2012 entfielen in Deutschland 70 Prozent des Bierumsatzes im Einzelhandel auf Sonderangebote, mit Rabatten von bis zu 50 Prozent.[7] Zwei Jahre vorher machten Sonderangebotsverkäufe weniger als die Hälfte aus.[8] Manager haben Angst vor dem Preis, speziell wenn es um Preiserhöhungen geht. Denn es lässt sich nie mit absoluter Sicherheit prognostizieren, wie die Kunden reagieren. Werden sie tatsächlich mehr kaufen, wenn man die Preise senkt? Bleiben sie nach einer Preiserhöhung bei der Stange oder laufen sie in Scharen zur Konkurrenz über? Solche Fragen verursachen Managern höchstes Unwohlsein. Im Zweifel lassen sie lieber die Finger vom Preis und wenden sich einer weiteren Kostensenkungsrunde zu. Denn bei Kosten hat man es im Wesentlichen mit betriebsinternen Gegebenheiten und Lieferanten zu tun. Mit denen kann man anders umspringen als mit den Kunden.
Und trotz Tausender Bücher und Millionen von Artikeln wissen wir nach wie vor erstaunlich wenig über den Preis und seine Wirkungen. Dennoch haben wir in den letzten 30 Jahren im Verständ-

nis und in der Anwendung von Preisaktionen, -strategien, -taktiken und -tricks enorme Fortschritte gemacht. Gerade in den letzten Jahren hat die ökonomische Verhaltensforschung (Behavioral Economics) zahlreiche neue Phänomene entdeckt, die die klassische, auf Rationalitätsannahmen basierende Ökonomie nicht erklären kann. Und wie in allen Wissensgebieten gilt: Je mehr wir den Preis erforschen und verstehen, desto mehr neue Fragen und Aspekte tun sich auf. Dieses Buch wird Sie überzeugen, dass dem so ist. Es enthält (fast) alles, was Sie über Preise wissen müssen – egal, ob Sie Produzent, Händler oder Konsument sind. Sie werden über die Vielfalt von Preisphänomenen staunen.

Preis? Was ist das überhaupt?

Eigentlich ist die Sache ganz einfach: Der Preis ist die Zahl der Geldeinheiten, die Sie für eine Einheit eines Gutes bezahlen müssen. Für einen Liter Benzin zahlen Sie 1,69 Euro, ein Pfund Kaffee kostet 4,99 Euro. Für eine Kinokarte müssen Sie 9 Euro hinlegen. Ja, so eindeutig und klar ist das bei vielen Produkten und Dienstleistungen. Doch oft lässt sich der Preis nicht einfach als eindimensionale und eindeutige Größe darstellen. Was zahlen Sie für eine Minute mobiltelefonieren? Oder für eine Kilowattstunde unter Einrechnung aller Gebühren? Was kostet Sie der gefahrene Bahnkilometer mit einer Bahncard? Und wie hoch sind die Gebühren (ein anderes Wort für Preis), wenn Sie über Ihre Bank Aktien kaufen? Was kostet Sie ein Kilometer mit Ihrem Auto? Wie viel zahlen Sie bei einem Ratenkauf tatsächlich? Ich wette, dass Sie mir diese Preise spontan nicht nennen können.

In der Realität erweisen sich Preise häufig als äußerst komplex. Denn Preise können aus mehreren oder sogar zahlreichen Komponenten bestehen, die zudem zu verschiedenen Zeitpunkten anfallen. Abbildung 2.1 listet eine Auswahl von häufig vorkommenden Preisparametern und -strukturen auf.

Preise sind Kinder der Komplexität. Kaum jemand überschaut die Preisstrukturen von Anbietern in der Telekommunikation, bei Banken, Fluggesellschaften oder Energieversorgern. Das Internet

Abbildung 2.1: Preise als komplexe Gebilde

- ❏ Grundpreis
- ❏ Rabatte, Boni, Preisnachlässe, Konditionen, Sonderangebotspreise
- ❏ Differenzierte Preise für verschiedene Packungsgrößen oder Produktvarianten
- ❏ Differenzierte Preise in Bezug auf Kundensegmente, Zeit, Ort oder Produktzykluslebensphase
- ❏ Preise für komplementäre oder substitutive Produkte
- ❏ Preise für Sonderausstattungen oder Service
- ❏ Mehrdimensionale Preise (zum Beispiel Grundpreis und nutzungsabhängiger Preis)
- ❏ Bündel- und Einzelkomponentenpreise
- ❏ Preise als Ergebnis von persönlichen Verhandlungen
- ❏ Herstellerabgabe- und Endverbraucherpreise

hat die Preistransparenz zwar massiv erhöht, indem es Preisvergleiche erleichtert. Gleichzeitig trägt es aufgrund der Informationsfülle sowie der Angebots- und Preisvielfalt zur weiteren Preisverwirrung bei. Der Versuch, im Internet Preisklarheit zu gewinnen, endet oft in der resignativen Feststellung: »I am still confused, but on a higher level.«

Die Preisliste einer Bank umfasst Hunderte von Positionen, man schaue sich nur die Seite bankrate.com an. Im Handel trifft man Sortimente von mehreren Zehntausend Artikeln mit entsprechender Preisvielfalt. Ersatzteilsortimente von Autoherstellern oder Maschinenbauern gehen in die Hunderttausende von Artikeln und Preispositionen. Fluggesellschaften führen im Lauf eines Jahres Millionen von Preisänderungen durch.

Wie gehen Kunden mit der großen Zahl und der Unübersichtlichkeit von Preisen, Preisparametern und Preisänderungen um? In einem Workshop bat ich einmal einen Manager von Emirates, einer der größten Airlines der Welt, mir die Preise zwischen Deutschland und Dubai zu erklären. »Das ist eine schwierige Aufgabe«, war seine Antwort. Ich entgegnete, genau diese Aufgabe müssten aber Millionen von Reisenden jeden Tag lösen. Manuell ist das in der Tat schwierig, aber mithilfe von spezialisierten Angebots- und Preisvergleichsseiten wie kayak.com lässt sich das Problem bewältigen. Wie steht es um die Preistransparenz? Wie sehen die Wirkungen des Preises auf Absatz, Umsatz und Gewinn aus? Die Komplexität und die Vieldimensionalität von Preisen deuten auf große Chancen hin – aber auch auf viele Gelegenheiten, das Falsche zu tun, sei es als Kunde oder als Anbieter. Es gibt nur einen richtigen Preis, aber viele falsche Preise. Treffend haben das die Russen in einem Sprichwort ausgedrückt: »In jedem Markt gibt es zwei Narren. Der eine hat zu hohe, der andere zu niedrige Preise.« Wenn Sie den Preis verstehen, können Sie vielleicht vermeiden, einer der beiden Narren zu sein. Für Anbieter wie Nachfrager ist es gleichermaßen lohnend, sich mit Preisheiten – den Weisheiten zum Preis – zu beschäftigen.

Die vielen Namen des Preises

Der Preis hat viele Namen. Nur bei »normalen« Gütern und Dienstleistungen verwendet man den schnöden Begriff »Preis«. Hersteller und Händler geraten regelmäßig aneinander, wenn es um die sogenannten Konditionen geht. In Wirklichkeit feilschen sie wie die Kesselflicker um Preise. Versicherungen sprechen nicht von Preisen, sondern von Prämien, was dezenter und harmloser klingt. Gehobene Dienstleister verwenden noch feinere Ausdrücke wie Honorare (Rechtsanwälte, Architekten) oder Gebühren (Notare). Auch im öffentlichen Bereich heißen Preise »Gebühren«, etwa für Straßenreinigung, Müllabfuhr oder Wasserver- und -entsorgung. Die GEZ spricht seit kurzem nicht mehr von »Rundfundgebühren«, sondern von »Beiträgen«, was wieder nur ein anderes Wort für Preis ist. Bei Autobahnen heißt der Preis für die Benutzung »Maut«. Viele Ärzte wären beleidigt, wenn man sie nach dem »Preis« für ihre Leistungen fragte. Wenn sie eine Rechnung schicken, nennen sie diese Liquidation. Ein Steuerberater stellt mir seine Leistungen per »Nota« in Rechnung (so heißt Rechnung auf Italienisch), und selbstverständlich hat er keine Preise pro Stunde, sondern Stundensätze. Auch im Beratungsgeschäft spricht man von Tagessätzen und nicht Tagespreisen. Eine englische Privatbank nennt ihre Preisliste »Schedule of Charges«, was weit vornehmer klingt als »Price List«. Vergütung ist ein weiterer Begriff, der die Nähe zu Ökonomie und Preis vernebelt. Auch Tarife, Zuschläge, Raten (etwa Leasingraten) sind Termini, die den unfeinen Ausdruck Preis vermeiden. Die Preise von Aktien heißen Kurse. Und im Bereich des Arbeitsmarkts spricht man von Lohn, Gehalt, Tantiemen oder Sold. Zins ist der Preis eines Kredits. Auch Miete ist nur ein anderes Wort für den Preis von Wohn- oder Gewerberaum. Pacht nennt man den Preis für die Überlassung von Land oder Gewerbebetrieben. Selbst die Einkommensteuer kann man als einen Preis für das Recht, Einkommen zu erwirtschaften, interpretieren.

Wie immer das Kind genannt wird, in all diesen Fällen handelt es sich um Preise und nichts anderes. Denn immer geht es um die monetäre Gegenleistung, die der Käufer für den Erhalt eines Produkts, einer Dienstleistung oder eines Rechts bezahlen muss. Lassen Sie sich also nicht von der Begriffsvielfalt vernebeln. Alles hat seinen Preis

Das neue Verb »preisen«

Im Englischen sind das Verb »to price« und das aus ihm abgeleitete Substantiv Pricing populär und weitverbreitet. Für »to price« erscheinen in Google 2,3 Millionen Einträge, für »Pricing« sind es sogar 435 Millionen. Auch in der deutschen Sprache gibt es das Verb preisen. Es hat jedoch eine andere Bedeutung, die in Wendungen wie »die Engel preisen den Herrn« oder »sich glücklich preisen« zum Ausdruck kommt. »Preisen« bedeutet also loben oder rühmen. Auch »Preis« im Sinne von Auszeichnung (etwa Nobelpreis) hat hier seinen Ursprung und trotz eines »Preisgeldes« nichts mit unserem ökonomischen Preis zu tun.

Es gibt allerdings im Deutschen mehrere Worte, die in unsere Richtung weisen. Das Wort »einpreisen« wurde 2009 erstmalig in den Duden aufgenommen.[9] Dort lautet die Definition: »Aussicht auf Gewinne oder Verluste beim Bestimmen der Preis- bzw. Kurshöhe mit berücksichtigen.« Typische Sätze sind: »Die Börse hat die erwartete Konjunkturbelebung bereits in die Kurse eingepreist« oder »der Gewinnrückgang des Unternehmens ist im Aktienkurs noch nicht eingepreist«. Das zugehörige Substantiv heißt »Einpreisung«. Ein weiteres Wort ist »bepreisen«. Der Duden definiert dieses Verb als »einen Preis für etwas festsetzen«, das Substantiv lautet gemäß Duden »Bepreisung« und wird mit »Festlegung eines Preises« umschrieben. »Einen Kredit nach dem Risiko bepreisen« ist eine typische Wendung. Im Duden wird auf den seltenen Gebrauch dieser Begriffe hingewiesen. Außerdem findet man das Verb »auspreisen« im Sinn von »Waren mit Preisschildern versehen«.

In unserer Beratungspraxis bei Simon-Kucher & Partners, als Weltmarktführer für Preisberatung, hat sich das einfachere Verb »preisen« durchgesetzt und wird im Sinne von »den Preis für ein Produkt bestimmen« gebraucht. Viele Verben haben in der deutschen Sprache mehrfache Bedeutungen. Ich schlage vor, das Verb »preisen« nicht nur für »loben« oder »rühmen«, sondern auch in der Form »ein Produkt preisen« zu verwenden. Damit bietet sich – analog und als Ersatz zu dem umständlichen »Bepreisung« – auch das Gerundium »Preisung« als neues Substantiv an. Es ist gleichbedeutend mit zusammengesetzten Begriffen wie Preissetzung, Preisbildung, Preisbestimmung oder ähnlichen. »Preisheiten« beschäftigen sich mit preisen und Preisung.

Pretium: Preis = Wert

Wohl tausendmal wurde ich gefragt, was der wichtigste Aspekt im Preismanagement sei. Meine Antwort lautete stets: »der Wert« oder auch: »der Kundennutzen«. Die Preisbereitschaft des Kunden und der damit vom Anbieter erzielbare Preis sind immer nur die Widerspiegelung des vom Kunden wahrgenommenen Werts oder Nutzens eines Produkts. Sieht der Kunde einen höheren Wert, ist er bereit, mehr zu zahlen. Ist der wahrgenommene Wert niedriger als bei einem Konkurrenzprodukt, so kauft er nur, wenn sein Preis ebenfalls niedriger ist.

Im Hinblick auf den erzielbaren Preis ist also nur der subjektiv wahrgenommene Wert des Kunden relevant. Alle anderen Werttheorien (etwa die Arbeitswerttheorie von Karl Marx, nach der sich der Wert eines Produkts an der hineingesteckten Arbeit bemisst) kann man vergessen.

Bereits die alten Römer haben diesen fundamentalen Zusammenhang verstanden. Denn die lateinische Sprache hat dasselbe Wort für Wert und Preis: PRETIUM. Interpretiert man diese Identität wörtlich, so sind Wert und Preis dasselbe. Und diese Auffassung ist keine schlechte Leitlinie für das Herangehen an Preisprobleme. Denn sie legt nahe, sich zunächst mit dem Wert in den Augen des Kunden zu befassen. Daraus ergeben sich drei wichtige Aufgaben:

- *Wert schaffen:* Eine Herausforderung für Innovation, Beschaffenheit des Materials, Produktqualität, Design etc.
- *Wert kommunizieren:* Diese Aufgabe umfasst Aussagen zu Produkt, Positionierung und nicht zuletzt die Marke. Auch Verpackung, Darbietung, Platzierung im Laden etc. lassen sich dieser Aufgabe zurechnen.
- *Wert erhalten:* Hier geht es um die Nachkaufphase. Bei Luxusartikeln oder dauerhaften Konsumgütern wie Automobilen liefert die Werterhaltung einen entscheidenden Beitrag zur Preisbereitschaft beim Erstkauf.

Erst wenn ein Anbieter über den Wert Klarheit gewonnen hat, sollte er an die Preissetzung herangehen. Und für den Nachfrager ist die Beschäftigung mit dem Wert gleichermaßen wichtig. Nur wenn man den Wert kennt, wird man als Käufer nicht über den Tisch gezogen und zahlt nicht zu viel. Die Kenntnis des Werts schützt einen vor dem Kauf eines Produkts, das auf den ersten Blick nach einem Schnäppchen aussieht, sich aber später als »Zitrone« herausstellt.[10] Der spanische Aphoristiker Baltasar Gracián (1601–1658) hat dies in höchst einsichtsreicher Weise ausgedrückt: »Es ist besser im Preis als in der Ware betrogen zu werden.«[11] Wenn ein Händler uns beim Preis über den Tisch zieht, uns das Produkt also zu teuer verkauft, dann ist das ärgerlich. Aber dieser Ärger ist temporär. Dreht der Händler uns hingegen eine schlechte Ware an, dann bleibt der Ärger ein ständiger Begleiter, bis wir uns des Produkts endlich entledigen, weil wir seiner überdrüssig sind. Die Moral aus dieser Einsicht: Achten Sie bei Kauf und Verhandlung mehr auf die Ware als auf den Preis! Allerdings ist das nicht einfach. Der Preis ist eine eindimensionale oder allenfalls eine geringdimensionale Größe, die Ware hingegen ist vieldimensional und insofern schwerer zu beurteilen.

In eine ähnliche Richtung zielt die französische Weisheit: »Le prix s'oublie, la qualité reste.« Den Preis vergisst man, die Qualität bleibt. Wer hat diese einfache, tiefe Wahrheit nicht selbst erfahren? Preis als ephemere, oft schnell vergessene Größe, hingegen Wert und Qualität als etwas Dauerhaftes. Wer hat sich nicht schon vorschnell gefreut über einen niedrigen Preis, darüber, ein Schnäppchen ergattert zu haben, um erst später zu bemerken, von welch mieser Qualität das scheinbar so günstige Produkt war. Und umgekehrt: Wer hat nicht schon beim Kauf mit einem hohen Preis gehadert und durfte später zu seiner Freude feststellen, dass er hervorragende Qualität erworben hat? Der englische Sozialreformer John Ruskin (1819–1900) hat den gleichen Sachverhalt ebenfalls präzise beschrieben: »Es ist unklug, zu viel zu bezahlen, aber es ist noch schlechter, zu wenig zu bezahlen. Wenn Sie zu viel bezahlen, verlieren Sie etwas Geld, das ist alles. Wenn Sie dagegen zu wenig bezahlen, verlieren Sie manchmal alles, da der gekaufte Gegenstand die ihm zugedachte Aufgabe nicht erfüllen kann. Das Gesetz der Wirtschaft verbietet es, für wenig Geld viel Wert zu erhalten. Nehmen Sie das niedrigste Angebot an, müssen Sie für das Risiko, das Sie eingehen, etwas hinzurechnen. Und wenn Sie das tun, dann haben Sie auch genug Geld, um für etwas Besseres zu bezahlen.«

Da die Betriebe in unserem Dorf sehr klein waren, teilten sich jeweils zwei oder drei Bauern einen Mähbinder. Das bedeutete, dass man dem anderen Bauern beim Ernten des Getreides helfen musste. Dazu hatte ich mit 16 keine Lust mehr. Deshalb kaufte ich, ohne meinen Vater zu fragen, bei einem Bauern, der seinen Betrieb aufgab, für 800 D-Mark einen gebrauchten Mähbinder. Der Preis von 800 D-Mark erschien sehr günstig. Ich war stolz, ein echtes Schnäppchen ergattert zu haben. Leider stellte sich bei der Ernte heraus, dass die Maschine, die mit einem neuen System arbeitete, sehr störanfällig war. Der günstige Preis war schnell vergessen, der

Ärger mit der Maschine blieb, bis wir sie nach zwei Jahren stilllegten. Ich hatte meine Lektion gelernt: Le prix s'oublie, la qualité reste. Ob öffentliche Auftraggeber, die in der Regel den billigsten Bieter nehmen, diese Weisheit und das Zitat von Ruskin kennen?

Werte schaffen und kommunizieren

Echte Werte sind eine notwendige, aber keineswegs hinreichende Bedingung für Erfolg. Zu oft höre ich von Managern, insbesondere von solchen mit technischem oder naturwissenschaftlichem Hintergrund, die Aussage, dass man nur ein gutes Produkt machen müsse, dann verkaufe es sich schon von selbst. Ein Opel-Vorstandsvorsitzender sagte mir einmal: »Wenn wir gute Autos bauen, dann brauchen wir uns um den Absatz keine Sorgen zu machen.« Das ist allerdings schon lange her. Welch ein Irrtum! Von modernen Managern hört man Gott sei Dank andere Töne. So sagte Martin Winterkorn in einem Workshop: »Wir müssen exzellente Autos bauen, aber die Marke ist genauso wichtig wie das Produkt.« Das ist eine bemerkenswerte Aussage für einen Ingenieur, die man in dieser Form vor 20 Jahren nicht gehört hätte.

Wert allein reicht also nicht, man muss ihn auch kommunizieren. Nur der vom Kunden wahrgenommene Wert erzeugt Preisbereitschaft und wird damit umsatz- und gewinnrelevant. Und hier klafft nach wie vor eine große Lücke. In einem Projekt für einen Hersteller von LKW-Klimaanlagen fragte ich, wie hoch der geldwerte Nutzen einer Klimaanlage für die Spedition sei. Niemand konnte mir eine Antwort geben. Deshalb wurde eine arbeitsmedizinische Studie in Auftrag gegeben, die nachwies, dass durch die Reduktion von Unfällen und Krankenstand der Nutzen in Geldeinheiten weit über dem Preis lag. Dieser Nachweis wurden zum entscheidenden Argument in den Preisverhandlungen mit den Speditionen.

Mithilfe moderner Methoden wie Conjoint Measurement lassen sich heute selbst die Werte von intangiblen Faktoren wie Marke, Design oder Service in Geldeinheiten messen und somit Kosten und Preisbereitschaft vergleichen. Den Wert muss man jedoch wirksam kommunizieren, und zwar möglichst in Geldeinheiten. Ein hervorragendes Beispiel liefert hier General Electric, wie so oft Pionier, wenn es um Pricing geht. Im Geschäftsbericht 2012 finden wir in Abbildung 2.2 in Dollar ausgedrückten Kundennutzen von Energieeinsparungen. Da es sich um langlebige Investitionsgüter handelt, wurden die Einsparungen begründeterweise für einen Zeitraum von 15 Jahren berechnet. So kommen sehr hohe Werte im zweistelligen Milliardenbereich zustande.

Abbildung 2.2: Wertkommunikation bei General Electric

The Power of 1 % A 1 % change can deliver tremendous value to customers		15-year savings
Aviation	1 % Fuel Savings	$ 30B
Power	1 % Fuel Savings	$ 66B
Rail	1 % Reduction in System Inefficiency	$ 27B
Healthcare	1 % Reduction in System Inefficiency	$ 63B
Oil and Gas	1 % Reduction in Capital Expenditures	$ 90B

Wenn möglich sollte man versuchen, den Wert in Form harter Daten zu kommunizieren. Das gilt insbesondere für Industriegüter. Bei Konsumgütern und Werten wie Prestige, Qualität, Design ist das schwieriger. Aber selbst da lässt sich einiges machen. So kommuniziert Miele regelmäßig, dass seine Waschmaschinen 20 Jahre halten. Das stimmt, und die Miele-Kunden wissen es. Deshalb liegt die Wiederkaufrate nahe an 100 Prozent. Nur wahrgenommener Wert erzeugt Preisbereitschaft.

Preis als Markträumer

Die volkswirtschaftlich wichtigste Funktion des Preises besteht darin, den Ausgleich von Angebot und Nachfrage herzustellen. Bei höheren Preisen steigt das Angebot. Die Angebotskurve hat also eine positive Steigung. Hingegen sinkt die Nachfrage mit höheren

Preisen. Die Nachfragefunktion weist eine negative Steigung auf. Der Schnittpunkt von Angebots- und Nachfragekurve bestimmt den Preis. Hierbei handelt es sich um den »markträumenden Preis« (market clearing price), denn bei diesem Preis (und nur bei diesem) sind Angebot und Nachfrage gleich. Jedem Anbieter, der bereit ist, zu diesem Preis zu verkaufen, wird die von ihm angebotene Menge abgenommen. Und jeder Nachfrager, der zu diesem Preis zu kaufen bereit ist, erhält die von ihm gewünschte Menge. In einem Markt mit freiem Angebot und freier Nachfrage kommt stets ein markträumender Preis zustande. Greift hingegen der Staat in die Preisbildung ein, so entstehen fast immer Ungleichgewichte zwischen Angebot und Nachfrage.

Preis als Knappheitsindikator

Eine sehr wichtige Funktion des Preises besteht darin, die Knappheit eines Gutes anzuzeigen. Der Preis ist der aussagekräftigste Knappheitsindikator. Ein steigender Preis sorgt dafür, dass das Angebot für ein knappes Gut ausgedehnt wird. Höhere Preise führen in der Regel zu höheren Gewinnen bei den Produzenten der knappen Güter, sodass diese ihre Produktion ausweiten. Zudem werden Ressourcen von der Produktion weniger knapper Güter zur Produktion knapper Produkte umgeleitet. Auch auf diese Weise können mehr Einheiten von dem knappen Gut erzeugt werden. Das Umgekehrte gilt bei sinkenden Preisen. Sie deuten darauf hin, dass ein Gut im Überfluss vorhanden ist. Die Anbieter fahren ihre Produktionsmengen zurück. Die Nachfrager kaufen bei niedrigen Preisen mehr, bis ein neues Gleichgewicht erreicht ist.

In einer der ersten Vorlesungen meines Volkswirtschaftsstudiums fragte ich den Dozenten, wie es eigentlich komme, dass auf dem Markt immer ungefähr die richtigen Mengen vorhanden seien. Er schaute mich entgeistert an, wie jemand eine derart törichte Frage stellen könne. Er war mit seinen Formeln und Theorien beschäftigt. Mit einer solch einfachen Frage konnte er sich offensichtlich nicht identifizieren. Dabei ist das die zentrale Frage der Ökonomie.

Schweinezyklen

Wirkungen von Preisänderungen treten oft erst mit zeitlichen Verzögerungen ein. Diese Gegebenheiten führen zu sogenannten Schweinezyklen. Ist das Angebot an Schweinen knapp, so steigen die Preise. Dies induziert bei den Landwirten eine Erhöhung der Produktion von Schweinen. Diese Produktionsausweitung kommt jedoch erst nach etwa einem Jahr zur Geltung. Mit einiger Wahrscheinlichkeit werden zu diesem Zeitpunkt zu viele Schweine angeboten, sodass die Preise wieder sinken. Das wiederum leitet die Bauern an, weniger Schweine zu mästen. Und ein Jahr später, wenn das verminderte Angebot wirksam wird, gehen die Preise erneut nach oben. Und so läuft es endlos weiter.

In manchen Märkten, etwa bei der Erdölexploration und -produktion, erstrecken sich die zeitlichen Verzögerungen über weit längere Zeiträume von zehn oder mehr Jahren, sodass sehr langfristige Preiszyklen auftreten. Im Jahr 1997 bearbeiteten wir ein Projekt für das damals größte deutsche Öl- und Gasexplorationsunternehmen, die Deminex GmbH. Seinerzeit lag der Preis für ein Barrel Öl bei etwas über 20 US-Dollar. Wir führten eine Umfrage zu den langfristigen Preiserwartungen bei Experten in aller Welt durch. Die meisten Aussagen tendierten in Richtung 15 Dollar pro Barrel. Tatsächlich sank der Preis bis zur Jahreswende 1998/99 auf etwa 12 Dollar. Die negativen Preiserwartungen hatten eine starke Absenkung der Investitionen in neue Explorationsprojekte zur Folge. Nur noch die vielversprechendsten Projekte wurden angegangen. Die negativen Preiserwartungen von damals sind eine der Ursachen für die hohen Ölpreise der letzten Jahre. Natürlich spielt auch die gestiegene Nachfrage in China und anderen Schwellenländern eine wichtige Rolle für den Anstieg des Ölpreises. In der 28. Kalenderwoche 2008 erreichte der Ölpreis mit 147,90 US-Dollar sein bisheriges Maximum. Das ist rund das Zehnfache der Erwartungen von 1998. Dazwischen liegen zehn Jahre, etwa die Zeit, die vom Beginn der Exploration bis zur vollen Produktion einer neuen Ölquelle vergeht. Es würde mich nicht überraschen, wenn der Ölpreis in einigen Jahren wieder sinkt, wenn die durch die hohen Preise induzierten, massiven Investitionen zu einer fühlbaren Erhöhung des Angebots führen. Es ist allerdings kaum abschätzbar, wie sich das Nachfragewachstum in den Schwellenländern, das zunehmende Umweltbewusstsein oder die höhere Energieeffizienz per saldo auswirken. Eine sichere Prognose der Ölpreisentwicklung ist unmöglich. Aber wie die Geschichte lehrt, sind Zyklen wahrscheinlicher als kontinuierliche Preisentwicklungen.

Preis und Staat

Wo immer Preismechanismen gestört werden, entstehen Ungleichgewichte. Der Staat ist in dieser Hinsicht der Hauptübeltäter. Er greift vielfach in die freie Preisbildung ein. Als Folge entstehen Überangebote wie Butterberge oder Milchseen bzw. Knappheiten, wie sie von Mietpreisbeschränkungen oder aus kommunistischen Systemen bekannt sind.

Die Lehre, die ich daraus ziehe: Man sollte möglichst viel der freien Preisbildung überlassen, und die Dinge werden sich regeln. Ich neige dazu, dieses Prinzip selbst im Problemfeld Energie für das richtige zu halten. Jedenfalls darf man die Eingriffe des deutschen Staates in die Energiepreise (speziell die auf 20 Jahre garantierten Preise für Solarstrom) infrage stellen.

Der Staat tritt auch selbst als Anbieter auf und setzt Preise für seine Angebote, die jedoch nicht Preise, sondern Gebühren heißen. Dazu zählen Autobahnmaut, Gebühren für Wasserver- und -entsorgung, Müllabfuhr oder die Ausstellung eines Passes. Das Zustandekommen staatlicher Preise unterliegt in der Regel nicht dem Marktmechanismus, sondern wird von politischen Aspekten bestimmt.

Zahlreiche staatliche Stellen sind mit Preisen befasst. Den ältesten mir bekannten Fall berichtete mir Dr. Marek Dietl, ein polnischer Freund. Einer seiner Vorfahren in der 13. Generation war unter König Sigmund um 1580 für die Festsetzung von Preisen verantwortlich. Erstmalig wurde seine Funktion im Jahr 1390 erwähnt. Etwa 100 Jahre später wurde ein zweiter Posten geschaffen, der die Einhaltung der Preise überwachte. In sozialistischen

Systemen gab es Preiskommissare, die die Preise kontrollierten. In der modernen Welt bedürfen die Preise von monopolistischen oder marktbeherrschenden Unternehmen der staatlichen Genehmigung, etwa bei Bahn, Post oder Energienetzen. Dafür sind spezielle Behörden wie die Netzagentur verantwortlich.

Der Staat achtet auf einen funktionierenden Wettbewerb. Das Kartellamt und die Europäische Kommission verfolgen Kartelle, bei denen Preise, Konditionen oder Mengen zwischen Konkurrenten abgesprochen werden. Diese Überwachung ist zunehmend strenger geworden, und die verhängten Strafen gehen in die Hunderte von Millionen oder in die Milliarden. Das bis dato höchste Bußgeld in der Europäischen Union betrug 1,47 Milliarden Euro. Es wurde am 5. Dezember 2012 gegen sieben Hersteller von Fernsehröhren verhängt. Das höchste Bußgeld gegen ein einzelnes Unternehmen in Europa waren die 896 Millionen Euro gegen Saint-Gobain im Autoglaskartell im Jahr 2008. In den USA können Kartellvergehen durch Gefängnisstrafen geahndet werden. In der bis dato »largest price fixing investigation ever« gegen führende, vor allem japanische Autozulieferer wurden zwölf Beschuldigte ins Gefängnis geschickt und Geldstrafen von einer Milliarde Dollar verhängt.[12] Die härtere Kartellpraxis trägt definitiv zu einem besseren Funktionieren des Preiswettbewerbs bei.

Ein bisschen widersprüchlich – um nicht zu sagen absurd – ist das schon. Der Staat verschafft der freien Preisbildung durch Kartellgesetz und -prozesse mehr Geltung und behindert gleichzeitig auf vielen Gebieten den freien Preismechanismus. Die Dinge sind, wie sie sind – selbst beim Preis.

Preis und Macht

Preismacht – oder Pricing Power, wie man im Englischen sagt – ist ein wichtiger Aspekt. Es geht hierbei um die Frage, inwieweit ein Anbieter in der Lage ist, seine Preisvorstellungen gegenüber seinen Kunden und dem Markt durchzusetzen. Auch in umgekehrter Richtung lässt sich Preismacht diagnostizieren. Kann ein Nachfrager seine Preisvorstellungen gegenüber seinen Lieferanten realisieren? So wird beispielsweise gesagt, dass Autohersteller gegenüber ihren Zulieferern eine hohe Preis- oder Nachfragemacht besitzen. Eine beträchtliche Nachfrage-/Preismacht wird auch großen Händlern gegenüber den Herstellern zugemessen. In Deutschland entfallen 85 Prozent der Umsätze im Lebensmitteleinzelhandel auf die vier großen Handelsketten Edeka, Rewe, Aldi sowie die Schwarz-Gruppe mit Kaufland und Lidl. Der Präsident des Bundeskartellamts Andreas Mundt sagt: »Wir wollen wissen, wie es um die Nachfragemacht des Handels steht und wie die Einkaufspreise und Bezugskonditionen zustande kommen.«[13]

Der berühmte Investor Warren Buffett hält Pricing Power für die entscheidende Determinante des Unternehmenswertes. Er sagt: »The single most important business decision in evaluating a business is pricing power. And if you need a prayer session before raising price, then you've got a terrible business.«[14] Der Wert einer Marke zeigt sich letztlich darin, ob sie in der Lage ist, einen Premiumpreis zu erzielen.

Eine ungewöhnliche Interpretation des Preises, die den Machtaspekt in den Mittelpunkt stellt, stammt von dem französischen Soziologen Gabriel Tarde (1843–1904). Tarde sieht jeden Preis, jeden Lohn und jeden Zins als einen momentan still gestellten Streit an.[15] Bei Tarifvereinbarungen ist das unmittelbar evident. Der Friede hält nur bis zur nächsten Tarifrunde. Dann bricht der Streit bis zur nächsten Einigung wieder aus. Bei der Festlegung des Preises geht es um einen Machtkampf zwischen Anbieter und Nachfrager. Es handelt sich zwar nicht um ein Nullsummenspiel, aber dennoch wird die Aufteilung des Kuchens zwischen Verkäufer und Käufer in wesentlichen Teilen durch den Preis bestimmt.

In der Realität ist es um die Preismacht der meisten Unternehmen bescheiden bestellt. In der »Global Pricing Study 2012« von Simon-Kucher & Partners wurden 2 713 Manager aus 50 Ländern befragt. Nur 33 Prozent von diesen attestierten ihrem Unternehmen hohe Preismacht. 67 Prozent waren hingegen der Meinung, dass ihre Firma am Markt nicht die Preise realisieren kann, die sie zur Erzielung einer angemessenen Rendite braucht. In Firmen, in denen sich das Top-Management selbst um die Preise kümmert, ist die Preismacht der Studie zufolge 35 Prozent höher als in Unternehmen, in denen nachgeordnete Manager über die Preise entscheiden. Und wenn es eine spezielle Pricingfunktion gibt, erhöht das die Preismacht um 24 Prozent. Es lohnt sich offenbar, hochkarätige Managementkompetenz auf die Preise anzusetzen. Das erzeugt höhere Preismacht, und Firmen mit stärkerer Preismacht sind erfolgreicher in der Realisierung von Preiserhöhungen. Sie halten höhere Preise zudem besser durch und fahren letztlich signifikant höhere Gewinne ein.

Preise im Vormarsch

In der Vergangenheit hatten viele Güter keine Preise. Sie wurden vom Staat, von Kirchen und gemeinnützigen Organisationen gratis zur Verfügung gestellt, oder es galt als moralisch inakzeptabel, bestimmte Leistungen gegen Preise anzubieten. Die Benutzung von Autobahnen war frei, es gab keine Studiengebühren, oder Einzelleistungen waren in einem Gesamtpreis verborgen. Auf vielen Gebieten galten Preise als tabu. Doch das ändert sich rapide. Wie der amerikanische Philosoph Michael J. Sandel in seinem 2012 erschienenen Buch *Was man für Geld nicht kaufen kann – Die moralischen Grenzen des Marktes* nachweist, dringen Preise immer stärker in alle Lebensgebiete vor.[16] Die Fluggesellschaft Easyjet bietet ihren Passagieren für 12 Euro das Recht an, zuerst ins Flugzeug zu steigen. Selbst für die Einreise in die USA muss man heute 14 Dollar bezahlen. So viel kostet der Eintrag in das ESTA (Electronic System for Travel Authorization). Gegen Zahlung einer Gebühr kann man in Amerika während der Rushhour auf Sonderspuren fahren. Die Preise variieren dabei je nach Verkehrslage. Für 1 500 Dollar pro Jahr offerieren amerikanische Ärzte ihre Handynummer und jederzeitige Erreichbarkeit. In Afghanistan zahlen private Unternehmen Söldnern 250 bis 1 000 Dollar pro Tag für Kampfeinsätze. Der Preis hängt von Qualifikation, Erfahrung und Staatsangehörigkeit des Kämpfers ab. Im Irak und in Afghanistan waren mehr Angestellte privater Sicherheits- und Militärunternehmen im Einsatz als Soldaten der US-Armee.[17] 6 250 Dollar kostet das Austragen eines Embryos durch eine indische Leihmutter. Das

Recht, in die USA einzuwandern, kann man für 500 000 Dollar kaufen. Es wird auch diskutiert, knappe Studienplätze an begehrten Universitäten meistbietend zu versteigern. Zunehmend wird alles mit einem Preisschild versehen. Immer stärker dringen Markt- und Preismechanismen in unser Leben vor. Dieses Übergreifen von Preisen auf Bereiche, die bisher von Normen außerhalb des Marktes gesteuert wurden, ist eine der bedeutsamsten Veränderungen unserer Zeit. Philosoph Sandel kommentiert diese Entwicklung wie folgt:»Wenn wir beschließen, dass bestimmte Güter ge- und verkauft werden dürfen, entscheiden wir – zumindest implizit –, dass es in Ordnung ist, sie als Waren zu behandeln, als Werkzeuge für den Profit und den Gebrauch. Doch nicht alle Güter werden angemessen bewertet, wenn man sie als Waren betrachtet. Menschen zum Beispiel.«[18]

In meiner Kindheit auf dem Bauernhof habe ich eine völlig andere Welt erlebt. Trotz meiner Anmerkungen zu den Schweinepreisen spielten Geld und Preise eine nachgeordnete Rolle. Die damalige Wirtschaftsweise war geld- und preisarm. Die Selbstversorgung dominierte, und die gegenseitige Nachbarschaftshilfe – ohne formellen Preismechanismus – war weitverbreitet. Heute regiert der Preis in nahezu allen Lebensbereichen. Die Frage, wie weit die Reichweite von Märkten und Preisen gehen soll, wird uns mit Sicherheit in der Zukunft noch intensiv beschäftigen. Umso wichtiger wird es, Preise und Preismechanismen zu verstehen.

Kapitel 3

Preis als Gewinntreiber Nr. 1

Wer sich mit dem Preis beschäftigt, muss sich auch dem Gewinn zuwenden. Der Gewinn begleitet den Preis vom Anfang als Zielgröße für die Preissetzung bis zum Ende als Resultat des Pricings. Nun ist Gewinn ein Reizwort. Noch stärker gilt das für den Begriff »Gewinnmaximierung«. Dennoch, der Gewinn ist die sinnvollste, man kann auch sagen: die einzig sinnvolle Zielgröße zur Steuerung eines Unternehmens und seiner Preise. Die Begründung für diese Aussage ist einfach. Nur der Gewinn bezieht alle Konsequenzen des wirtschaftlichen Handelns, nämlich die Umsatz- und die Kostenseite, gleichberechtigt mit ein. Alle anderen Zielsetzungen, wie etwa Umsatz- oder Marktanteilsmaximierung, berücksichtigen nur Teilaspekte des wirtschaftlichen Handelns.

Die Bedeutung des Gewinnziels geht aber über diese Aspekte hinaus und trifft das übergeordnete Unternehmensziel: zu überleben. Peter Drucker bringt diese Schlüsselrolle des Gewinns auf den Punkt: »Profit is a condition of survival. It is the cost of the future, the cost of staying in business.«[19] Gewinne sind demnach »Kosten des Überlebens«. Wer die Zukunft des Unternehmens sichern will, muss diese »Überlebenskosten« genauso verdienen wie alle übrigen Kosten.[20] Erich Gutenberg hat den gleichen Gedanken etwas bodenständiger ausgedrückt: »Am Gewinnmachen ist noch keine Firma kaputt gegangen.« Gewinn darf also keineswegs als Residualgröße, die hoffentlich ein positives Vorzeichen hat, oder als »Nice to have«-Aspekt des Geschäfts behandelt werden, sondern Gewinn sollte wie eine Kostenposition in die Kalkulation eingehen. Der Preis, als überragende Gewinndeterminante, wird damit zum Überlebensfaktor für das Unternehmen. Nicht wenige Firmen sind wegen falscher Preise zugrunde gegangen.

Gewinne: Illusion und Misere

Was verdienen Unternehmen eigentlich? Wie viele Euro bleiben von 100 Euro Umsatz für den Unternehmer am Schluss als Gewinn übrig? Wie hoch ist also die sogenannte Umsatzrendite, definiert als Gewinn/Umsatz und üblicherweise in Prozent ausgedrückt? Stellt man normalen Verbrauchern diese Frage, so erhält man abenteuerliche Antworten. Ich erinnere mich an eine Befragung in Amerika, bei der die Verbraucher den Gewinn auf 46 Prozent schätzten. In einer Studie einer deutschen Industrie- und Handelskammer waren es 33 Prozent. Typischerweise liegen solche Befragungsresultate in der Größenordnung von 25 Prozent oder etwas höher. Mit der Realität haben diese Wahrnehmungen von Verbrauchern wenig zu tun. Handelsunternehmen sind meistens zufrieden, wenn sie Umsatzrenditen von 1 bis 3 Prozent erreichen. Bei Industrieunternehmen gilt eine Umsatzrendite von 10 Prozent schon als überdurchschnittlich. Wenn die Renditen, wie von den Verbrauchern vermutet, bei 25 oder 30 Prozent lägen, könnte man mit dem Preis vergleichsweise gelassen umgehen. Wenn sich die tatsächlichen Renditen aber im einstelligen Prozentbereich bewegen, dann hat jedes Prozent mehr oder weniger beim Preis gravierende Auswirkungen auf die Gewinnlage eines Unternehmens. Wenn ein Unternehmen eine Umsatzrendite von 1 Prozent erwirtschaftet, dann ist der gesamte Gewinn weg, wenn der Preis um 1 Prozent sinkt.

Im internationalen Vergleich schneiden deutsche Unternehmen beim Gewinn nachhaltig schlecht ab. Abbildung 3.1 zeigt einen Renditevergleich für 22 Länder. Deutsche Unternehmen liegen in 2011 mit einer Umsatzrendite nach Steuern von 4,2 Prozent an siebtletzter Stelle. Dabei ist dieser Platz der beste seit Jahren.

In den acht Jahren von 2003 bis 2010 landeten deutsche Unternehmen einmal auf dem letzten, fünfmal auf dem vorletzten und zweimal auf dem viertletzten Platz. Im Schnitt erreichten die deutschen Firmen in den neun Jahren von 2003 bis 2011 eine Rendite von 3,4 Prozent. Der Durchschnitt für alle Länder lag bei 6,0 Prozent. Die Unternehmen in der Schweiz schafften 9,3, in Großbritannien 6,6 und in den USA 5,1 Prozent. Sogar Unternehmen in Frankreich übertrumpften diejenigen in Deutschland mit 4,5 Pro-

Abbildung 3.1: Gewinn nach Steuern in Prozent des Umsatzes in der gewerblichen Wirtschaft

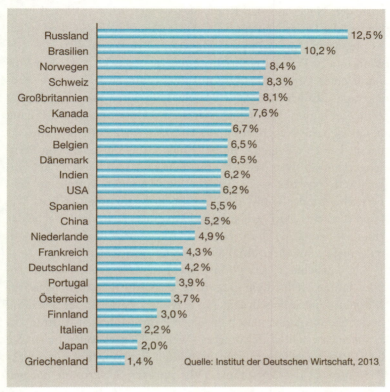

Russland	12,5 %
Brasilien	10,2 %
Norwegen	8,4 %
Schweiz	8,3 %
Großbritannien	8,1 %
Kanada	7,6 %
Schweden	6,7 %
Belgien	6,5 %
Dänemark	6,5 %
Indien	6,2 %
USA	6,2 %
Spanien	5,5 %
China	5,2 %
Niederlande	4,9 %
Frankreich	4,3 %
Deutschland	4,2 %
Portugal	3,9 %
Österreich	3,7 %
Finnland	3,0 %
Italien	2,2 %
Japan	2,0 %
Griechenland	1,4 %

Quelle: Institut der Deutschen Wirtschaft, 2013

zent Nachsteuer-Umsatzrendite. Nur in Japan lag die mittlere Rendite in diesen Jahren mit 2,3 Prozent noch niedriger als in Deutschland. Bei solch mageren Renditen kommt es auf jedes Zehntelprozent beim Preis an.

Falsche Ziele

Die Frage nach den Ursachen der niedrigen deutschen Renditen drängt sich auf. Neben gesamtwirtschaftlichen Faktoren spielen einzelwirtschaftliche Ursachen eine wesentliche Rolle. Eine solche

Ursache liegt in falsch gesetzten Zielen. Die folgende Aussage des Vorstands eines DAX-Unternehmens aus der Automobilindustrie trifft den Nagel auf den Kopf: »Seien wir ehrlich: Offiziell heißt bei uns das Unternehmensziel Gewinn. Aber in Wirklichkeit rollen Köpfe, wenn wir 0,1 Prozent Marktanteil verlieren. Wenn der Gewinn um 20 Prozent einbricht, interessiert das keinen.« Ein Vorstand einer Großbank sagte mir zu Beginn eines Beratungsprojekts, das ausdrücklich Gewinnsteigerung durch Preisoptimierung zum Ziel hatte: »Wir gehen jetzt an die Optimierung des Pricing heran. Scharfe Nebenbedingung ist, dass wir keinen Kunden verlieren, keinen einzigen.« In 2012 haben die Hersteller von Fernsehgeräten weltweit Verluste von mehr als 10 Milliarden Euro eingefahren, obwohl sie zahlreiche Innovationen einführten und Fernseher in der Gunst der Verbraucher ganz oben stehen. Wie kann das sein? Der Verbandsgeschäftsführer sieht die Ursache darin, dass »zu viele Unternehmen ihr Augenmerk nur auf Marktanteile anstatt auf ein profitables Ergebnis« ausrichten.[21]

Als Aufsichtsrat einer Maschinenbau AG machte ich in den 90er Jahren vielfach die Erfahrung, dass Aufträge trotz negativer Margen reingeholt wurden. Ein typisches Beispiel: der Vorstand berichtete mit Stolz, man habe einen Zehn-Millionen-Auftrag aus Frankreich erhalten. Ich fragte: »Welche Konzessionen haben Sie beim Preis gegenüber Ihrem ursprünglichen Angebot gemacht?« Die Antwort des Vorstands: »Wir mussten 17 Prozent nachgeben.« Meine nächste Frage: »Und welche Marge hatten Sie ursprünglich einkalkuliert?« Antwort: »14 Prozent.« Und so war es immer wieder. Da meine Appelle nichts fruchteten, gab ich mein Aufsichtsratsmandat auf. Fünf Jahre später stellte die Firma den Betrieb ein. Die Ausrichtung auf Beschäftigungssicherung und die Vernachlässigung einer gewinnorientierten Preispolitik erwiesen sich als Sargnägel für dieses technisch durchaus kompetente Unternehmen. Inwieweit solche Erfahrungen für deutsche Firmen insgesamt repräsentativ sind, will ich hier offenlassen. Sie sind in meiner jahrzehntelangen Erfahrung jedoch keinesfalls Ausnahmen. Im Jahr 2013 tobt im deutschen Pharmagroßhandel eine Schlacht um Marktanteile, vor allem zwischen dem Marktführer Phönix und dem Angreifer Noweda. Wie schon in der Vergangenheit dürfte auch diese Schlacht kaum zu Marktanteilsverschiebungen führen, aber die ohnehin sehr knappen Umsatzrenditen von unter einem Prozent weiter verschlechtern.[22] Marktanteils-, Umsatz-, Auslastungs- und dahinterstehend Beschäftigungsziele sind nicht nur in Deutschland weitverbreitet. In Japan sitzt die Marktanteilsorientierung sogar tiefer, was vielleicht auch erklärt, warum die Japaner gewinnmäßig noch schlechter abschneiden als wir und seit Jahren die rote Laterne in der internationalen Renditeliga tragen. Ich habe in Japan mehrfach Situationen erlebt, in denen Vorschläge zur Gewinnsteigerung von Top-Managern mit der Bemerkung »Dann verlieren wir Marktanteile« abgeschmettert wurden. Diese Vorschläge beinhalteten die Empfehlung, die aggressive Preis- und Rabattpolitik zu beenden. Das war dann meistens das Ende der Diskussion, da Marktanteilsverlust in Japan ein Tabuthema ist. In Japan wiegt der mit einem Marktanteilsrückgang verbundene Gesichtsverlust gesellschaftlich besonders schwer. In der japanischen Kultur ist ein Rückzug verpönt, da die Topographie des Landes keinen Raum für solche Manöver ließ. Liegt hier die tiefere Ursache für diese Einstellung? Ganz anders in China: Dort gilt Rückzug als etwas Ehrenvolles. Das Land ließ genug Raum für diese Option. Man darf gespannt sein, ob sich dieser Unterschied in den Strategien chinesischer Unternehmen widerspiegeln wird. In Deutschland spielt die Beschäftigungssicherung eine ähnliche Rolle wie die Marktanteilsverteidigung in Japan.

Erfreulicherweise ist in den letzten Jahren eine Reorientierung in Richtung Gewinn zu beobachten. Ein überzeugendes Fallbeispiel liefert die Lanxess AG, die 2005 das Motto »Price before Volume« (Preis vor Menge) einführte und damit erfolgreich gefahren ist. Seit 2004 ist der Gewinn vor Steuern, Abschreibungen und Amortisation (EBITDA) von 447 Millionen Euro auf 1,146 Milliarden Euro in 2011 gestiegen. Das ist ein jährliches Wachstum von 14,4 Prozent, das durch ein konsequentes, nutzenorientiertes Preismanagement realisiert wurde.[23] Dahinter steht das Commitment des Vorstandsvorsitzenden Axel Heitmann, das 2012 mit dem Aufstieg in den DAX belohnt wurde.

Umsatz-, Volumen- oder Marktanteilsziele geben keine brauchbaren Anleitungen für die Preissetzung. Wenn man den Absatz oder den Marktanteil maximieren will, wäre es am effektivsten, das Produkt zu einem Preis von null anzubieten. Dass dies kein sinnvolles Vorgehen sein kann, bedarf keiner weiteren Erörterung. Viele unsinnige Preisstrategien und -verhaltensweisen haben ihre tieferen Ursachen in falschen Zielen.

Was bringen zwei Prozent?

Wie würde eine zweiprozentige Preiserhöhung den Gewinn ausgewählter DAX-Unternehmen verändern? Um die Analyse einfach zu halten, nehmen wir an, dass sich nur der Preis verändert und alles andere gleich bleibt. Bei einer Preiserhöhung von 2 Prozent ist diese Annahme relativ harmlos. Denn diese geringe Erhöhung kann durchaus auf sehr subtile Weise realisiert werden. Bei einem industriellen Zulieferer mit rund 10 Milliarden Euro Umsatz führten wir zum Beispiel ein Anti-Rabatt-Incentive ein. Wenn der Ver-

Abbildung 3.2 Hebelwirkung einer zweiprozentigen Preiserhöhung auf Basis der Gewinne 2011

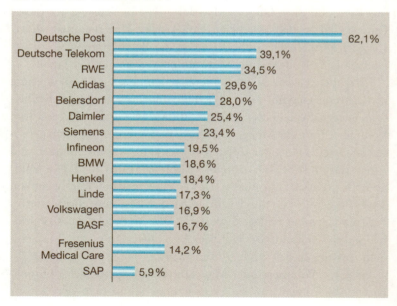

käufer weniger Rabatt gab, erhielt er einen höheren Provisionssatz. Das neue System wirkte schnell und stark. Innerhalb von drei Monaten sank der durchschnittlich gewährte Rabatt von 16 auf 14 Prozent. Mengen- oder Kundenverluste waren nicht festzustellen. Das ist nichts anderes als eine Preiserhöhung von 2 Prozent ohne Absatzrückgang.

Wie würden sich also die Gewinne ausgewählter DAX-Unternehmen verändern, wenn sie ihre Preise um 2 Prozent erhöhten? Abbildung 3.2 enthält die Antworten für 15 Firmen bezogen auf das Geschäftsjahr 2011.

Die Gewinnwirkungen der vergleichsweise geringen Preiserhöhung von 2 Prozent sind bei den meisten Unternehmen dramatisch. Wenn es der Deutschen Post gelänge, ihre Preise ohne Absatzverluste um 2 Prozent zu erhöhen, würde der Gewinn um 62,1 Prozent steigen. Bei BMW wären es 18,6 Prozent, bei der sehr profitablen SAP »nur« 5,9 Prozent, das ist immer noch das Dreifache der Preissteigerung. Es lohnt sich, den Preis zu optimieren.

Preis als Gewinntreiber

Wie stellt sich der Preis im Verhältnis zu den anderen Gewinntreibern dar? Der Gewinn ist bekanntlich definiert als Umsatz minus Kosten. Der Umsatz seinerseits ergibt sich als Preis mal Absatz. Es gibt also nur drei Gewinntreiber: Preis, Absatz und Kosten. Die Kosten kann man nochmals in variable und in fixe Kosten unterteilen. Alle drei Gewinntreiber sind wichtig. Aber in der Realität erfahren nicht alle drei die gleiche Aufmerksamkeit. Vermutlich entfallen die größten Bemühungen des Managements auf die Kosten, besonders gilt das in schwierigen Zeiten. An zweiter Stelle der Managementbemühungen dürfte der Absatz mit Themen wie Vertrieb, Außendienst und Wettbewerbsstrategie stehen. Erst an dritter Stelle in der Managementzuwendung folgt typischerweise der Preis. Ironischerweise steht diese Priorität im Gegensatz zur Gewinnwirkung der Gewinntreiber.

In Abbildung 3.3 betrachten wir den Fall eines Elektrowerkzeugs. Sein Preis ist 100 Euro, die variablen Stückkosten betragen 60 Euro, die Fixkosten 30 Millionen Euro. Es werden eine Million

Stück verkauft. Dieser Fall steht für eine typische industrielle Erlös- und Kostenstruktur. Was passiert mit dem Gewinn, wenn man die Gewinntreiber jeweils isoliert um 5 Prozent verbessert?

Abbildung 3.3: Gewinnwirkung einer Verbesserung der Gewinntreiber

Der Preis erweist sich als der effektivste Gewinntreiber, gefolgt von den variablen Kosten, dem Absatz und den fixen Kosten. Eine Preiserhöhung von 5 Prozent treibt den Gewinn um 50 Prozent nach oben. Eine fünfprozentige Absatzsteigerung bringt hingegen nur 20 Prozent mehr Gewinn. Bei den variablen Stückkosten sind es 30 Prozent und bei den Fixkosten 15 Prozent.

Angesichts dieser Gewinnwirkungen erscheint eine Anpassung der Managementprioritäten dringend angezeigt. Preise verdienen Top-Management-Aufmerksamkeit. Und wie die Global Pricing Studie von Simon-Kucher & Partners offengelegt hat, führt das Eingreifen der Geschäftsleitung in Preisentscheidungen in der Tat zu besseren Preisen und Renditen.

Die unverstandene Rolle des Preises

Mich erstaunt immer wieder, wie wenig die Bedeutung des Preises für den Gewinn durchschaut wird. Obwohl die grundlegenden Zusammenhänge einfach sind, fehlt vielen Managern das spontane Verständnis. Nehmen wir den soeben behandelten Fall. Der

Preis ist 100 Euro, die variablen Stückkosten betragen 60 Euro, die Absatzmenge eine Million Stück.

Nun meine Frage: Wenn man den Preis um 20 Euro senkt, wie viel Stück muss man mehr verkaufen, um den gleichen Gewinn zu erzielen? Spontan antworten viele Manager:»20 Prozent.« Diese Antwort ist falsch. Abbildung 3.4 zeigt, was passiert und wie viel man mehr absetzen muss, um denselben Gewinn zu erzielen.

Abbildung 3.4: Gewinnwirkungen einer Preissenkung

	Ausgangs-situation	Preissenkung von 20 %, Absatzstei-gerung von 20 %	Preissenkung von 20 %, Gewinn konstant
Preis (€)	100	80	80
Absatz (Stück)	1 Mio.	1,2 Mio.	2 Mio.
Umsatz (Mio. €)	100	96	160
Variable Kosten (Mio. €)	60	72	120
Deckungsbeitrag (Mio. €)	40	24	40
Fixkosten (Mio. €)	30	30	30
Gewinn (Mio. €)	10	−6	10

Setzt man nur 20 Prozent mehr ab, so gerät man in die Verlustzone. Wenn der Preis auf 80 Euro zurückgeht, halbiert sich der Deckungsbeitrag (= Differenz zwischen Preis und variablen Stückkosten). Man muss also die doppelte Menge verkaufen, um wieder auf einen Gewinn von 10 Millionen Euro zu kommen. Wie man sieht, sind das einfache Rechnungen. Dennoch sind viele Manager erstaunt, welch katastrophaler Gewinneinbruch bei einer Preissenkung von 20 Prozent eintritt, wenn die Absatzmenge nur um 20 Prozent steigt.

Ein Internethändler, der Socken versendet, gibt ab einer Bestellung von zehn Paaren 20 Prozent Rabatt. Als ich ihn fragte, ob das sinnvoll sei, antwortete er, dass er mit 100 Prozent Aufschlag auf seine Einstandspreise kalkuliere und sich das leisten könne. Ab einer Bestellsumme von 75 Euro verzichtet er zudem auf die Berechnung des Portos von 5,90 Euro. Abbildung 3.5 verdeutlicht die Folgen, wobei wir Fixkosten von null annehmen.

Abbildung 3.5: Folgen von Rabattgewährung und Nichtberechnung von Porto

	Ohne Rabatt, mit Berechnung von Porto	Mit 20 % Rabatt, ohne Berechnung von Porto
Preis (€)	10	8
Absatz (Paare)	10	10
Porto (€)	5,90	0
Umsatz (€)	105,9	80
Variable Kosten (€)	50	50
Portokosten (€)	5,9	5,9
Gewinn (€)	50	24,1
Gewinnindex (%)	100	48,2

Die Rabattgewährung und Nichtberechnung von Porto führt dazu, dass der Gewinn um 51,8 Prozent zurückgeht. Dieser Händler müsste mehr als die doppelte Menge, exakt 107 Prozent mehr, verkaufen, um denselben Gewinn zu erzielen. Die Preiselastizität müsste einen Wert von 5,35 haben (= Mehrmenge in Prozent/ Preissenkung in Prozent = 107/20), was illusorisch ist. Die Kunden dürften aufgrund des Rabatts insgesamt nicht mehr kaufen, sie bestellen jedoch seltener und dann mindestens zehn Paare, um in den Genuss des Rabatts und der Portofreiheit zu kommen.

Zooplus

Zooplus ist ein Online-Händler für Tiernahrung sowie -zubehör und nach Fressnapf der zweitgrößte Anbieter in Deutschland. Im ersten Halbjahr 2012 erkaufte sich Zooplus mit aggressiven Preissenkungen ein hohes Umsatzwachstum. Der Umsatz stieg in den sechs Monaten um 29,6 Prozent auf 145,5 Millionen Euro, im zweiten Quartal sogar um 34 Prozent. Auf der Umsatzebene sieht die Preissenkungsaktion also nach einem tollen Erfolg aus. Aber wie stellt sich die Gewinnsituation dar? Nach einer langen Verlustperiode hatte das Unternehmen im ersten Quartal 2012 die Rückkehr in die Gewinnzone geschafft. Aufgrund der aggressiven Preispolitik drehten sich die Margen jedoch im zweiten Quartal ins Negative. Zooplus rutschte wieder in die Verlustzone. Das operative Ergebnis im zweiten Quartal lag bei −0,5 Millionen Euro. Die Moral: Es kommt nicht auf den Umsatz, sondern auf den Gewinn an.[24]

Sie zahlen keine Mehrwertsteuer

Beliebt sind bei Händlern Aktionen, bei denen den Kunden die Mehrwertsteuer erlassen wird. »Mehrwertsteuer geschenkt«, »Steuersenkung von 19 %« oder ähnlich lauten die schreierisch aufgemachten Werbeslogans. Bei Erlass der Mehrwertsteuer von 19 Prozent beträgt der Rabatt für den Endverbraucher übrigens nicht 19, sondern nur 15,96 Prozent. Denn die 19 Prozent MWSt beziehen sich auf den Preis inklusive MWSt, also 119, sodass sich ein Rabatt von 19/119 = 15,96 Prozent ergibt. Der Kunde glaubt irrtümlich, einen Rabatt von 19 Prozent zu erhalten.

Eine der größten deutschen Einzelhandelsketten fuhr eine solche MWSt-Erlass-Kampagne. Der zuständige Vorstand berichtete mir vom Erfolg dieser Aktion: »Das hat unheimlich Traffic gebracht. Wir hatten 40 Prozent mehr Kunden in unseren Läden. Eine tolle Sache.« Wirklich? In Abbildung 3.6 vergleichen wir die Situation mit und ohne Mehrwertsteuer. Mit Mehrwertsteuer setzen wir die Absatzmenge auf 100, den Preis inklusive der MWSt von 19 Prozent auf 119 Euro. Wir unterstellen eine Bruttospanne von 30 Prozent, also variable Stückkosten von 70 Prozent. Die Fixkosten nehmen wir der Einfachheit halber mit null an. In der Ausgangssituation ergibt sich ein Gewinn von 3 000 Euro. Die beiden Spalten »Ohne MWSt« zeigen, was bei gleichem Absatz bzw. bei gleichem Gewinn passiert.

Abbildung 3.6: Wirkungen eines Erlasses der Mehrwertsteuer

	Ausgangs-situation mit Mehrwertsteuer	ohne Mehrwertsteuer	
		gleicher Absatz	gleicher Gewinn
Absatz (Stück)	100	100	213
Preis (€)	119	100	100
Umsatz (Mio. €)	11 900	10 000	21 300
Stückkosten (€)	7 000	7 000	14 900
Mehrwertsteuer (€)	1 900	1 597	3 400
Gewinn (Mio. €)	3 000	1 403	3 000

Bei gleichem Absatz würde der Gewinn um mehr als die Hälfte sinken. Um den gleichen Gewinn wie in der Ausgangssituation zu erzielen, müsste der Absatz um 113 Prozent steigen, sich also mehr als verdoppeln. Die von dem Vorstand hochgelobte Steigerung der Kundenzahl von 40 Prozent reicht bei weitem nicht, selbst wenn die Kunden etwas mehr kaufen als bisher. Es ist äußerst unwahrscheinlich, dass sich solche Preisaktionen rechnen. Auch die Hoffnung, dass die einmal angelockten Kunden in Zukunft wiederkommen, erweist sich als trügerisch. Denn auf solche Aktionen sprechen vor allem Sonderangebots- und Rabattjäger an, die sich durch eine geringe Ladentreue auszeichnen.

General Motors Mitarbeiterrabatt

Das Frühjahr 2005 lief schlecht für General Motors. Im April verkaufte GM in Amerika 7,4 Prozent weniger Autos als im Vorjahr. Auch im Mai lagen die Verkäufe noch 4,7 Prozent unter dem Vorjahreswert. Es musste etwas getan werden. So hatte man die revolutionäre Idee, dem gesamten Markt Autos zum Mitarbeiterrabatt anzubieten. Die Aktion begann am 1. Juni 2005 und lief bis Ende September. Abbildung 3.7 zeigt die Resultate.

Der durchschnittliche Rabatt ist nicht bekannt, aber es heißt: »GM's employee price is what a dealer actually pays for a ve-

Abbildung 3.7: GM-Mitarbeiterrabatt-Aktion 2005

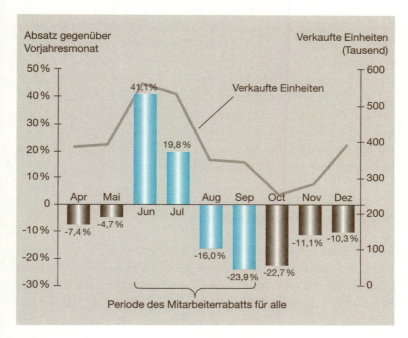

hicle.«[25] Die ungewöhnliche Aktion schlug wie eine Rakete ein. Im Juni stieg der Absatz gegenüber dem Vorjahr um 41,4 Prozent, und auch im Juli verzeichnete man noch ein Plus von 19,8 Prozent. Doch die Freude währte nur kurz. Und wo kamen die Mehrverkäufe von GM her? Auch diese Frage beantwortet die Abbildung. Sie wurden nämlich von der Zukunft »geborgt«. Obwohl die Aktion noch lief, brachen die Verkäufe bereits ab August massiv ein, nicht zuletzt deshalb, weil Ford und Chrysler ab Juli mit ähnlich radikalen Rabattprogrammen auf den Markt kamen. Die Wachstumsraten von GM blieben für den Rest des Jahres negativ. Statt also echte Mehrnachfrage auf GM zu ziehen, wurden nur die Preise zerstört und Käufe zeitlich vorgezogen. Die durchgezogene Kurve zeigt, wie dramatisch die Stückzahlen ab August zurückgingen. Von knapp 600 000 Einheiten im Juli brachen sie auf weniger als 300 000 Autos im Oktober ein. GM gab in dem Jahr im Durchschnitt 3 623 Dollar Rabatt pro Auto und fuhr einen Verlust von 10,5 Milliarden Dollar ein. Der Börsenwert stürzte von 20,9 Milliarden Dollar im August auf 12,5 Milliarden Dollar im Dezember 2005 ab. Ein Jahr später gab GM-Chairman Bob Lutz folgenden Kommentar ab: »We're getting out of the junk business, like employee pricing sales that boost market share but destroy residual values. It's better to sell fewer cars at higher margins than more cars at lower margins. Selling 5 million vehicles at zero profit isn't as good a proposition as selling 4 million vehicles at a profit.«[26] Da hat er wohl Recht. Aber man fragt sich, warum dem schlauen Bob Lutz diese offensichtliche Einsicht so spät kam.

Schlauer Kleinunternehmer

Im Vergleich zu einigen Top-Managern erwies sich ein Garten- und Landschaftsbauer, den ich bei der Gestaltung meines Gartens beschäftigte, als sehr viel klüger. Meine Forderung nach 3 Prozent Skonto bei sofortiger Zahlung lehnte er glattweg ab. Als ich ihn nach der Begründung fragte, antwortete er: »Ich habe eine Umsatzrendite von etwa 6 Prozent. Wenn ich 3 Prozent als Skonto weggebe, muss ich doppelt so viele Leute einstellen und doppelt so viel arbeiten. Ich kann Ihnen leider die 3 Prozent nicht gewähren. Bei mir bekommt kein Kunde Skonto.« Da blieb mir die Spucke weg, und ich sagte nur noch: »Respekt. Sie haben verstanden, um was es beim Preis geht.« Selten habe ich Unternehmer und Manager getroffen, die den Zusammenhang von Preis und Gewinn so auf den Punkt brachten. Hut ab vor diesem Kleinunternehmer!

Das Thema Inflation

Unter Inflation versteht man ein anhaltendes Ansteigen der Preise. Inflation schädigt den Geldhalter beziehungsweise den Bezieher von nominal fixierten Zahlungen. Umgekehrt begünstigt Inflation Schuldner.[27] Inflation führt also zur Umverteilung vom Geldhalter/Kreditgeber hin zum Schuldner/Kreditnehmer. Diese Effekte sind allgemein bekannt. Aber es gibt weitreichendere und komplexere Wirkungen von Inflation.

Inflation ist gleichbedeutend mit einem Anstieg der Geldmenge. Die Gewinner einer Geldmengenausweitung sind diejenigen, die als erste Zugriff auf die neue Geldmenge haben. Sie können noch zu niedrigeren Preisen einkaufen. Während diejenigen, die die neue Geldmenge erst später erhalten, nur zu höheren Preisen einkaufen können. Sie sind also die Verlierer. Es handelt sich hierbei um den sogenannten Cantillon-Effekt, benannt nach dem irischstämmigen Bankier und Ökonomen Richard Cantillon (1680–1734).[28] Das erinnert mich an eine Geschichte, die mir mein Großvater oft erzählte. Wenn er während der Hyperinflationszeit der 1920er Jahre Geld in die Hand bekam, lief er sofort zu einem Kaufmann, um etwas zu kaufen. Wenn man einige Stunden oder gar Tage wartete, bis man das Geld ausgab, bekam man nur noch die Hälfte an Waren.

Inflation führt auch dazu, dass eine wichtige Funktion der Preise außer Kraft gesetzt wird, nämlich das Anzeigen der Knappheitsverhältnisse in einer Volkswirtschaft. Bei Inflation ist für den Investor nicht mehr klar erkennbar, ob die Preise die tatsächliche Knappheit von Gütern anzeigen oder ob sie nur die Geldentwertung widerspiegeln. Das marodierende Geld stürzt sich auf bestimmte Anlageformen und bringt dort die Preise zum Explodieren, ohne dass tatsächliche Knappheit vorliegt. Dieses Phänomen der Blasenbildung ist in der Geschichte immer wieder beobachtet worden, sei es bei holländischen Tulpen, Internet-Unternehmen oder amerikanischen Immobilien. Irgendwann platzt die Blase, die Preise stürzen ab, und es dauert eine Zeit lang, bis sie wieder die echten Knappheiten anzeigen.

Inflation ist also eine gigantische Umverteilungsmaschinerie, bei der Sparer, Langsame und naive Investoren von den Schuldnern, den Schnellen und den Schlauen über den Tisch gezogen werden. Wenn Inflation droht, kommt es darauf an, nicht zu den Sparern, den Langsamen und den naiven Investoren zu gehören, die erst einsteigen, wenn die Preise auf dem Weg nach oben schon weit fortgeschritten sind. Besser ist es, frühzeitig Schulden zu machen, sofort bei Ausweitung der Geldmenge zuzugreifen und zu verkau-

Abbildung 3.8: Verbraucherpreisindex 1991 bis 2012

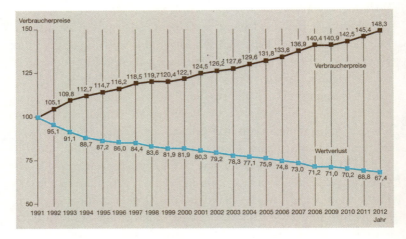

fen, wenn die Preise noch steigen. Das alles ist gesunder Menschenverstand. Die Kunst besteht darin, sich von der Psychologie der Masse fernzuhalten und sich nicht von den Informationen, die von inflationären Preisen ausgehen, fehlleiten zu lassen. Der Vollständigkeit halber sei angefügt, dass der Staat von der Inflation in seiner Rolle als Schuldner enorm profitiert.

Wenn wir von Inflation sprechen, haben wir normalerweise den Anstieg der Verbraucherpreise im Auge. Diese Art der Inflation wird durch den sogenannten Verbraucherpreisindex gemessen. Abbildung 3.8 zeigt dessen Entwicklung von 1991 bis Ende 2012, also über einen Zeitraum von 21 Jahren. Wir setzen den Ausgangsindexwert für 1991 auf 100 (in der offiziellen Statistik ist derzeit der Wert für 2010 auf 100 gesetzt).

Die obere Kurve zeigt den Anstieg der Preise. Diese liegen in 2012 um 48,3 Prozent über dem Wert von 1991. Das entspricht einer durchschnittlichen jährlichen Inflationsrate von 1,9 Prozent. Die obere Kurve ist für das Pricing relevant. Wer es nicht schafft, seine Preise gemäß dieser Kurve anzuheben, der erhält real weniger für seine Produkte und gehört damit zu den Inflationsverlierern. Die untere Kurve ergibt sich als Kehrwert des Verbraucherpreisindexes und zeigt den Kaufkraftverlust des Geldes. Dieser summiert sich über die 21 Jahre auf 32,6 Prozent. Geht man 20 weitere Jahre bis 1971 zurück, so beträgt der Kaufkraftverlust sogar 52,4 Prozent. 1971 ist insofern ein besonderes Jahr, als damals der Goldstandard des Bretton-Woods-Systems aufgegeben und die Schleusen für die schleichende Geldentwertung geöffnet wurden. Diese Zahlen zeigen, dass selbst bei Inflationsraten, die von der Politik als »moderat« apostrophiert werden und im Zielkorridor der Zentralbank liegen, eine enorme kumulative Geldentwertung eintritt. Trotz der »geringen« jährlichen Inflationsraten haben der Euro und vorher die D-Mark in gut zwei Jahrzehnten rund ein Drittel und in vier Jahrzehnten mehr als die Hälfte ihres Werts verloren. Es gibt kaum eine Diskussion um diese schleichende Zerstörung des Geldwerts, sie scheint allgemein akzeptiert. Die einzig wirksame Methode gegen diese versteckte Form der Enteignung dürfte in der Wiedereinführung des Goldstandards liegen. Dieser würde eine starke Entmachtung der Politiker bedeuten, insofern kann man leider nicht mit einer solchen Rückkehr zu einer Politik stabilen Geldes rechnen. Im Gegenteil, die hohe Verschuldung der meisten Staaten und die lockere Geldpolitik der Nachkrisenzeit lassen mittelfristig eher einen starken Anstieg der Inflationsraten erwarten. Der richtige Umgang mit der Inflation hat in den nächsten Jahren für Unternehmen überlebenswichtige Bedeutung. Dabei geht es vor allem um die Preise.

Eine Erfahrung aus Brasilien

In den 1980er Jahren führten wir in Brasilien ein Projekt für eine der größten Pharmafirmen der Welt durch. Brasilien hatte zu jener Zeit eine galoppierende Inflation von mehreren Hundert Prozent pro Jahr. Es ging um ein freiverkäufliches Schmerzmittel, das einen hohen Umsatz erzielte und stark beworben wurde. Das Pharmaunternehmen wollte die Inflation zur Steigerung des Marktanteils nutzen. Zu diesem Zweck erhöhte man die Preise bewusst unterhalb der Inflationsrate. Dadurch sank der Preis im Verhältnis zu den Konkurrenzprodukten. Gleichzeitig wurde verstärkt in Werbung investiert. Die Kombination von niedrigeren relativen Preisen und erhöhtem Werbedruck sollte den Marktanteil nach oben katapultieren. Die Konkurrenten sahen die Maßnahmen gelassen und erhöhten ihre Preise trotzdem. Diese Nichtreaktion schien die Erfolgswahrscheinlichkeit der Strategie unseres Klienten zu steigern. Es stellte sich jedoch heraus, dass die Strategie kontraproduktiv war. Die Verbraucher erkannten die günstigeren relativen Preise nicht, da ihr gesamtes Preisverständnis durch die ständigen und irregulären Preiserhöhungen gestört war. Sie konnten nicht einordnen, welche Preise günstiger und welche weniger günstig waren. Trotz der verstärkten Werbung gelang es nicht, diese Wahrnehmungsstörungen zu überwinden. Unsere Empfehlung beinhaltete das Gegenteil der bisherigen Strategie: nämlich die Preise überproportional bzw. zumindest mit der Inflationsrate zu erhöhen und die Werbung zu kürzen. Nachdem diese Maßnahmen umgesetzt waren, trat eine starke Gewinnverbesserung ein. Am Marktanteil änderte sich hingegen wenig, da die Kunden eine hohe Markentreue zeigten. Generell empfiehlt sich, in Inflationszeiten regelmäßige kleinere Preiserhöhungen statt seltener großer Preisanpassungen vorzunehmen. Verlorene Jahre lassen sich nur schwer nachholen. Auch sollte man lieber früher als später mit den Preisen hochgehen.

Preis, Marge, Gewinn

Wenn es bei der Preissetzung letztlich um den Gewinn geht, dann ist es problematisch, in Margen zu denken. Mit Marge oder Spanne meine ich hier den Stückdeckungsbeitrag. Er bezeichnet die Differenz zwischen Preis und variablen Stückkosten. Im Handel verwendet man meist die Differenz zwischen Einkaufs- und Verkaufspreis in diesem Sinne. Man spricht vom Stückdeckungsbeitrag, weil dieser zur Deckung der Fixkosten beiträgt. Ein Gewinn wird erst erzielt, wenn das Produkt aus Stückdeckungsbeitrag und Absatz, der Gesamtdeckungsbeitrag also, größer als die Fixkosten ist.

Diese Überlegungen zeigen, dass ein reines Denken in Spannen, Margen oder Stückdeckungsbeiträgen, wie es vor allem von Händlern gepflegt wird, nicht ausreicht. Hinter diesem Denken verbirgt sich meistens eine Kosten-Plus-Kalkulation. Der Preis wird dabei durch einen prozentualen Aufschlag auf die Stückkosten ermittelt. Wir diskutieren dieses Verfahren später noch ausführlicher. Die Reaktionen der Kunden auf den Preis und die daraus resultierende Mengenkomponente werden tendenziell vernachlässigt. Eine gute Spanne garantiert keineswegs einen ausreichenden Gewinn. Sie kann nämlich zu einem zu hohen Preis führen, der den Absatz negativ beeinflusst, sodass Gesamtdeckungsbeitrag und Gewinn spärlich ausfallen. Man nennt das »sich aus dem Markt herauskalkulieren«. Umgekehrt funktioniert ein Geschäft mit sehr niedrigen Spannen nur, wenn die Mengen sehr groß werden. Das aber erweist sich häufig als Illusion.

Die einfachste Methode, um diese Gegebenheiten abzuschätzen und sich gegen Fehlentscheidungen zu schützen, ist die Break-Even-Analyse. Nehmen wir wieder das Beispiel mit dem Preis von 100 Euro, variablen Stückkosten von 60 Euro und Fixkosten von 30 Millionen. Die Break-Even-Menge (B-E-M) ergibt sich als

$$\text{B–E–M} = \frac{\text{Fixkosten}}{\text{Preis} - \text{variable Stückkosten}} = \frac{30\,000\,000}{100 - 60} = 750\,000 \text{ Stück}$$

Bei einem Preis von 100 wird die Gewinnschwelle also bei 750 000 Stück erreicht. Darunter entsteht ein Verlust, darüber ein Gewinn. Bei einem Preis von 80 Euro müsste man 1,5 Millionen Stück absetzen, um die Gewinnschwelle zu erreichen. Bei einem Preis von 120 Euro sinkt die Break-Even-Menge auf 500 000 Stück. Der gegenüber der Break-Even-Menge bei einem Preis von 100 hinnehmbare Absatzrückgang wäre 250 000 Stück oder 33,3 Prozent, das würde einer Preiselastizität von 1,67 entsprechen (33,3/20).

Man sieht an diesem Beispiel, dass eine alleinige Betrachtung der Spanne gefährlich ist. Man muss immer auch die Absatzmenge, die bei dem jeweiligen Preis erreichbar ist, im Auge behalten. Die Break-Even-Analyse ist ein nützliches Instrument, um die Auswirkungen unterschiedlicher Preise auf die Gewinnschwelle abzuschätzen. Sie führt meistens zu einer realistischeren Einschätzung derart, dass sie vor allem vor Preissenkungen schützt, bei denen der Absatz horrend ansteigen müsste, um die Gewinnschwelle zu überspringen.

Der Preis, ein einzigartiges Marketinginstrument

Der Preis hat eine starke Wirkung auf Absatz und Marktanteil. Diese Wirkung wird durch die Preiselastizität gemessen. Die Preiselastizität gibt an, um wie viel Prozent sich der Absatz ändert, wenn der Preis um ein Prozent verändert wird. Die Preiselastizität hat ein negatives Vorzeichen, denn Preis und Absatz reagieren gegenläufig. Im Alltag benutzen wir jedoch meistens nur den Absolutbetrag. Eine Preiselastizität von 2 bedeutet, dass eine zehnprozentige Preissenkung den Absatz um 20 Prozent steigert bzw. eine zehnprozentige Preissteigerung den Absatz um 20 Prozent senkt. Aus zahlreichen Studien, die Tausende von Produkten einbeziehen, wissen wir, dass die Preiselastizität typischerweise in das Intervall 1,3 bis 3 fällt[29]. Der mittlere Wert liegt bei etwa 2, wobei die Schwankungen je nach Produkt und Branche sehr groß sein können.

Im Vergleich zu den Elastizitäten anderer Marketinginstrumente hat die Preiselastizität deutlich höhere Werte. Bei Konsumgütern ist die Preiselastizität im Mittel etwa zehn bis zwanzig Mal so hoch wie die Werbeelastizität und etwa acht Mal so hoch wie die Außendienstelastizität. Das heißt, eine Preisänderung hat die zehn- bis zwanzigfache Wirkung einer prozentual gleichen Änderung des Werbebudgets, beziehungsweise die achtfache Wirkung einer analogen Änderung des Außendienstbudgets

Sehr hohe Werte erreicht die Preiselastizität bei Sonderangebotsaktionen, insbesondere wenn diese durch verstärkte Werbung oder Zweitplatzierungen im Geschäft unterstützt werden. Bei solchen Aktionen kann der Absatz in einer Woche das Fünf- bis Zehnfache des normalen Volumens erreichen. Nimmt man einen Sonderangebotsrabatt von 25 Prozent an und steigt der Absatz um den Faktor 6, was 500 Prozent Zuwachs entspricht, so ergibt sich für die Sonderangebots-Preiselastizität ein sehr hoher Wert von 20.

Der Preis ist ein Marketinginstrument, das sich durch seine schnelle Einsetzbarkeit auszeichnet. Im Gegensatz zu Veränderungen am Produkt (Innovation), zu Werbekampagnen oder zu Kosteneinsparungen lässt sich der Preis – von Ausnahmen wie vertraglichen Bindungen oder Preisen, die an das Erscheinen neuer

Kataloge oder Preislisten gebunden sind, abgesehen – kurzfristig an neue Situationen anpassen. In modernen Läden lassen sich sogar alle Preise auf einen Schlag durch einen einfachen Computerbefehl ändern. Das Gleiche gilt beim E-Commerce. Die Wirkung des Preises bei den Nachfragern kann ebenfalls sehr schnell einsetzen. Wenn eine Tankstelle die Preise ändert und die örtlichen Konkurrenten nicht folgen, kann es innerhalb von Minuten zu massiven Verschiebungen der Marktanteile kommen. Bei anderen Marketingaktionen wie Werbekampagnen oder Neuprodukteinführungen reagiert die Nachfrage hingegen mit erheblichen Zeitverzögerungen.

Die Kehrseite der schnellen Umsetzbarkeit und Nachfragereaktion besteht darin, dass die Konkurrenz ebenfalls schnell mit dem Preis reagieren kann. Preisreaktionen der Konkurrenz erfolgen jedoch nicht nur schnell, sondern fallen oft stark aus. Aufgrund der schnellen Reaktionsfähigkeit der Konkurrenz lassen sich durch Preismaßnahmen alleine keine dauerhaften Wettbewerbsvorteile schaffen. Hierzu bedarf es vielmehr eines nachhaltigen Kostenvorteils, der verhindert, dass die Konkurrenz preislich mithalten kann.

Nicht zuletzt ist der Preis das einzige Marketinginstrument, bei dem vorab keine Ausgaben/Investitionen getätigt werden müssen. Somit kann selbst bei Finanzknappheit (neue Produkte, junge Unternehmen) ein optimaler Preis festgesetzt werden. Bei Instrumenten wie Werbung, Außendienst oder F&E, die zunächst Ausgaben verursachen und erst später zu Cashflows führen, ist ein optimales Niveau aufgrund finanzieller Engpässe oft nicht realisierbar.

Der Preis lässt sich auch zu ungewöhnlichen Zwecken einsetzen. Wenn man beispielsweise einen Kunden nicht verärgern, aber gleichzeitig einen bestimmten Auftrag nicht haben will, kann man dies auf elegante Weise lösen. Mein Bekannter Bruce Cheng, Gründer des taiwanesischen Unternehmens Delta Electronics[30], beschreibt einen solchen Fall: »RCA once asked us to manufacture more types of coils, including those that were relatively easy and cheap to make, but I didn't want to. However, not to reject a client flatly, we still gave them a quote, but with deliberately marked-up prices, so they would turn to other, cheaper suppliers.«[31] Philip Kotler nennt solche Maßnahmen, die Nachfrage abwehren sollen,

»Demarketing«. Der Preis ist ein sehr effektives Demarketing-instrument.

All diese Besonderheiten machen den Preis zu einem äußerst interessanten Marketinginstrument, das sich gleichwohl dadurch auszeichnet, dass mit seiner Handhabung erhebliche Fehlerrisiken einhergehen. Bevor man am Preis dreht, sind gründliches Nachdenken und große Vorsicht angezeigt. Oder in Reimform: Wenn du willst Gewinne machen, vermeide preislich halbe Sachen!

Kapitel 4

Preis und Entscheidung

Wer, was, wie?

Ein Produkt preisen, heißt über den Preis zu entscheiden. Aber wer entscheidet? In den Fällen mit homogenen Produkten und polypolistischer Marktstruktur (Beispiel des Schweinepreises in Kapitel 1 beschrieben) entscheidet der Markt. Das Zusammenspiel von Angebot und Nachfrage bestimmt den Preis. Der einzelne Anbieter kann seinen Umsatz und seinen Gewinn nur über die Anpassung seiner Menge beeinflussen, deshalb spricht man von Mengenanpasser. Aber selbst er muss entscheiden, oder er diesen Preis bzw. diesen Preisbildungsprozess akzeptiert. Typischer sind heute Märkte, bei denen der Anbieter einen gewissen Spielraum für seine Preissetzung hat. Bei Produkten, die besonders innovativ oder gar einzigartig sind, kann dieser Spielraum sehr groß sein. Das gilt selbst für scheinbare Commodities wie Wasser.[32] Der Preis für eine Flasche Evian ist in den meisten Ländern um ein Vielfaches höher als der Preis der lokalen Mineralwässer. Dieses Beispiel nenne ich, wenn bei meinen Vorträgen jemand fragt, ob man für Commodities differenzierte Preise durchsetzen könne. Falls der Frager nicht zu weit entfernt ist und Wasserflaschen aus Plastik auf dem Podium stehen, werfe ich ihm auch eine Flasche zu. Sie wurde bisher immer aufgefangen, und viele Frager sagten mir später, diese Lehre hätten sie nie mehr vergessen. Selbst für Produkte, die in ihrem Kern Commodities sind, kann man höhere Preise durchsetzen, wenn man sie mit einer starken Marke versieht, schöner verpackt, besseren Service bietet – aber dann sind sie natürlich, wie der Preis von Evian zeigt, keine Commodities mehr.

Und wer entscheidet im Unternehmen über die Preise? Das Unternehmen tut das jedenfalls nicht, nur Personen können entscheiden. Erstaunlicherweise lässt sich in der Praxis meistens nur schwer feststellen, wer letztlich den Preis bestimmt. Der Preis hat viele Väter, aber im Zweifelsfall wenige Verantwortliche. Viele Funktionen reden beim Preis mit: Marketing, Vertrieb, Controlling, Finanzen und natürlich die Geschäftsleitung – alle haben ihre Meinung zum Preis. Jeder ist Pricingexperte. Generell lässt sich nur sagen, dass die Sortimentsstruktur und die Organisation für die Frage, wer letztlich ein Produkt preist, bestimmend sind. In Unternehmen, die vergleichsweise wenige Hauptprodukte anbieten (etwa Maschinenbauer oder Flugzeughersteller), liegt das letzte Wort zu den Preisen beim Vorstand. Bei Anbietern mit riesigen Sortimenten (Handel, Fluggesellschaften, Tourismus, Logistik), wo über Hunderttausende oder gar Millionen von Preisen entschieden werden muss, kann sich der Vorstand nicht um jeden Preis kümmern, sondern nur Pricingprozesse und -prinzipien vorgeben. Die konkrete Preisentscheidung erfolgt auf den nachgeordneten Ebenen. Werden Preise verhandelt, was im B2B-Bereich die Regel ist, so entscheidet der einzelne Verkäufer innerhalb vorgegebener Spannen über den Transaktionspreis. Von zentral-hierarchisch hoch bis dezentral-hierarchisch niedrig, überall wird gepreist.

Über was ist zu entscheiden? Was ist Gegenstand der Preisentscheidung? Das kann im Extremfall ein einzelner Preis sein. Ich kenne jedoch kein einziges Unternehmen, das nur einen Preis hat. Selbst in sogenannten Einproduktunternehmen gibt es Varianten, Rabattkonditionen oder Preise für begleitende Services (etwa Versandkosten oder Anfahrtpauschalen). In aller Regel bieten Hersteller oder Händler jedoch nicht nur ein einziges Produkt an, sondern offerieren ein Sortiment, sodass zahlreiche Preisentscheidungen zu treffen sind. Ein Autohersteller braucht beispielsweise nicht nur Preise für seine Autos, das wäre eine überschaubare Zahl von Preisen. Nein, dieser Hersteller verkauft auch Ersatzteile, deren Zahl oft in die Hunderttausende geht. Und für jedes dieser Teile wird ein Preis benötigt. Bei der Bedienung unterschiedlicher Segmente oder bei mehrdimensionalen Preisstrukturen, etwa der Kombination von Grundpreisen und variablen Preisen, sind mehrere Preisparameter festzulegen. Hinzu kommen Preisdifferenzierungen aller Art, Konditionen, Incentives und Ähnliches. Beim Pricing geht es praktisch nie um eine einzelne Entscheidung, sondern um umfangreiche und komplexe Entscheidungsbündel.

Wie wird über Preise entschieden? Auch das ist ein weites Feld. Der Werbe-Guru David Ogilvy meinte dazu: »Pricing is guesswork. It is usually assumed that marketers use scientific methods to determine the price of their products. Nothing could be further from the truth. In almost every case, the process of decision is one of guesswork.«[33] Diese Aussage gilt auch heute noch für weite Teile der Wirtschaft.

Ein Basarhändler entscheidet ad hoc nach seiner Einschätzung der Zahlungsbereitschaft des Kunden. Die Professionalisierung des Pricing ist je nach Branche und Firma sehr unterschiedlich. Als die im Pricing professionellste Branche kann die Pharmaindustrie gelten. Auch im Premiumsegment des Automobilmarktes, wo interessante Preisspielräume bestehen, wird ziemlich professionell gepreist. Fluggesellschaften verfügen einerseits über komplexe, hoch entwickelte Pricingsysteme, lassen sich aber andererseits immer wieder in Preiskriege hineinziehen, was ich nicht als »professionell« bezeichnen würde. Auch im Internet finden wir Firmen mit hoher Pricingprofessionalität.

Wenn wir über das »wie« sprechen, kommen wir nicht umhin, die Preisentscheidung zumindest einmal systematisch durchzuspielen. Da müssen wir einfach durch. Denn ohne ein grundlegendes Verständnis dieser Entscheidung und ihrer Determinanten können wir die zahlreichen Praktiken, auf die wir in der Realität treffen, nicht richtig einordnen. Also schauen wir uns die Preisentscheidung systematisch an.

Wirkungsketten des Preises

Im Hinblick auf die Wirkungsketten des Preises waren die Überlegungen in den Vorkapiteln von größtmöglicher Einfachheit. Es wurde angenommen, dass sich nur der Preis ändert. Bei kleinen Preisänderungen ist das akzeptabel. Bei größeren Änderungen gilt das nicht mehr. In der Realität sind die Zusammenhänge und die resultierenden Wirkungsketten im Preismanagement komplexer. Mit dieser Komplexität müssen wir uns auseinandersetzen. Die Wirkungen des Preises sind nicht nur mehrdimensional, sondern interdependent und teilweise gegenläufig. Abbildung 4.1 verdeutlicht, dass vom Preis mehrere Pfade zum letztlich interessierenden Gewinn laufen. Die gestrichelten Pfeile markieren dabei sogenannte Definitionsgleichungen. So sind der Umsatz als Produkt aus Preis und Absatz, der Gewinn als Differenz von Umsatz und Kosten definiert. Diese Beziehungen sind aufgrund ihrer definitorischen Natur unproblematisch.

Abbildung 4.1: Wirkungszusammenhänge im Preismanagement

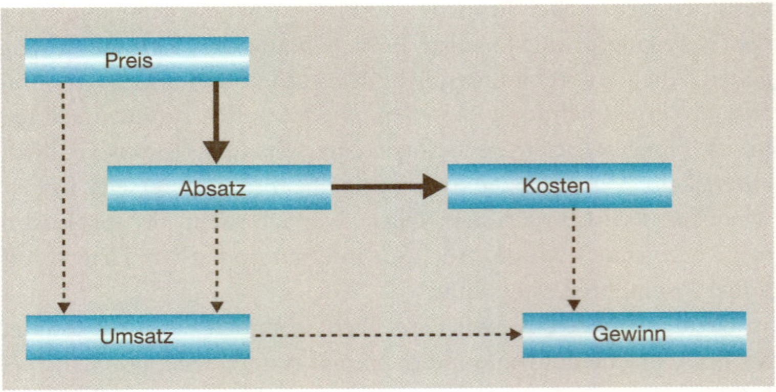

Die Kernrelation des Systems bilden die durch dicke Pfeile symbolisierten Verhaltensgleichungen, nämlich die Preisabsatz- und die Kostenfunktion. Die Preisabsatzfunktion gibt die Absatzmenge eines Produkts in Abhängigkeit vom Preis des Produkts wieder. Wie die Abbildung zeigt, ist die Kenntnis der Preisabsatzfunktion unabdingbare Voraussetzung für eine rationale Preisentscheidung. Ihre Bestimmung hat damit zentrale Bedeutung. Die Kostenfunktion gibt die Kosten in Abhängigkeit von der Absatzmenge an, wobei wir hier die Gleichheit von Absatz- und Produktionsmenge unterstellen.

Preisabsatz- und Kostenfunktion determinieren über die verschiedenen Zwischenstationen, wie der Preis den Gewinn letztlich beeinflusst. Dabei existieren im System gemäß Abbildung 4.1 genau drei Pfade, auf denen dieser Einfluss wirkt:

Preis → Umsatz → Gewinn
Preis → Absatz → Umsatz → Gewinn
Preis → Absatz → Kosten → Gewinn

Die Abbildung 4.1 behandelt den Fall mit nur einem Anbieter (Monopol) und nur einer Periode. Bei mehreren Konkurrenten (Oligopol, Polypol), mehreren Perioden oder Absatz über Händler ergeben sich komplexere Wirkungspfade:

Preis → Konkurrenzpreis → Marktanteil → Absatz → Umsatz → Gewinn
Preis heute → Absatz in der Zukunft → zukünftige Umsätze und Gewinne
Preis heute → Absatz → zukünftige Kosten → zukünftige Gewinne
Preis des Herstellers → Preis des Händlers → Absatz → Umsatz → Gewinn

Dies sind nur die wichtigsten und offensichtlichsten Wirkungspfade. Aufgrund der Komplexität und der schwierigen Quantifizierbarkeit dieser Wirkungsketten neigen viele Praktiker zu erfahrungsbasierten Preisentscheidungen und Hilfsverfahren. Dass hierbei optimale Lösungen erreicht werden, ist wenig wahrscheinlich.

Preis und Absatz

Im Normalfall hat der Preis eine negative Wirkung auf den Absatz: Je höher der Preis, desto weniger wird verkauft. Das ist eines der Fundamentalgesetze der Ökonomie. Der Zusammenhang von Preis und Absatz wird durch die Preisabsatzfunktion erfasst. Sie gibt für jeden Preis den zugehörigen Absatz an.

Eine Preisabsatzfunktion wird in der Regel für einen gesamten Markt oder ein Marktsegment angegeben. Eine solche aggregierte Preisabsatzfunktion setzt sich jedoch immer aus individuellen Preisabsatzfunktionen zusammen. Hierbei können wir zwei Fälle unterscheiden.

- *Dauerhafte Gebrauchsgüter*: Kunden kaufen in Abhängigkeit vom Preis entweder eine oder keine Einheit. Wir sprechen vom »Ja-Nein-Fall«. Beispiele sind Waschmaschine, Kamera, Personal Computer, Smartphone.
- *Verbrauchsgüter*: Hier kann der Nachfrager in Abhängigkeit vom Preis eine größere oder eine kleinere Zahl von Einheiten erwerben, also eine je nach Preis variable Menge. Wir sprechen vom »Variable-Menge-Fall«. Lebensmittel oder Dienstleistungen wie die Nutzung des Telefons fallen in diese Kategorie.

Im »Ja-Nein-Fall« kauft der Nachfrager, falls der Preis geringer ist als der (wahrgenommene) Nutzen des Produkts. Der höchste Preis, den ein Nachfrager für das Produkt zu zahlen gewillt ist, der sogenannte Maximalpreis (in der Literatur auch »Reservationspreis« oder »Prohibitivpreis« genannt) entspricht genau dem Nutzen des Produkts. Im gleichen Sinne sprechen wir auch von Preisbereitschaft.

Im »Variable-Menge-Fall« werden analog Preis und Nutzen für jede Einheit des Produkts verglichen. Dabei nimmt die Preisbereitschaft für jede weitere Einheit ab, da der Grenznutzen gemäß dem Gesetz von Gossen mit jeder weiteren Einheit zurückgeht (Gesetz des abnehmenden Grenznutzens). Die zweite, dritte und jede weitere Einheit bringt also einen geringeren zusätzlichen Nutzen als die jeweils vorhergehende. Folglich gilt im »Variable-Menge-Fall«: Je höher der Preis, desto geringer ist die von dem Nachfrager abgenommene Menge. Man kann sich den »Variable-Menge-Fall« als aus mehreren »Ja-Nein-Fällen« zusammengesetzt vorstellen. Bei jeder Einheit fällt der Verbraucher eine »Ja-Nein-Entscheidung«.

Wenn der Preis auf individueller Basis festgesetzt wird (etwa im Rahmen einer Verhandlung), ergeben sich in den beiden Fällen sehr unterschiedliche Implikationen. Im »Ja-Nein-Fall« sollte der Verkäufer bestrebt sein, den Maximalpreis des einzelnen Nachfragers auszuloten, und genau diesen Preis fordern. Dies ist das Hauptproblem der Preisbildung, wenn Preise mit dem einzelnen Kunden individuell ausgehandelt werden. Im »Variable-Menge-Fall« ergeben sich je nach Situation unterschiedliche Möglichkeiten. So kann unabhängig von der abgenommenen Menge ein einheitlicher Stückpreis festgesetzt werden oder der Preis kann nach Abnahmemenge differenziert werden (sogenannte nichtlineare Preisbildung). Da für die Bestimmung der Preisabsatzfunktion im »Variable-Menge-Fall« die Grenznutzen für jede Einheit des Produkts bekannt sein müssen, ist dieser Fall schwieriger als der »Ja-Nein-Fall«.

Die aggregierte Preisabsatzfunktion ergibt sich durch Summation der Mengen bei jedem Preis über alle Nachfrager. Die Nachfrager können homogen oder heterogen sein. In der Realität sind sie praktisch immer heterogen, das heißt sie haben unterschiedliche Nutzenvorstellungen und Preisbereitschaften. In beiden Fällen hat die aggregierte Preisabsatzfunktion eine negative Neigung. Bei höherem Preis wird weniger gekauft. Wenn wir eine große Zahl von Nachfragern einbeziehen, kann die Funktion durch eine kontinuierliche Kurve angenähert werden. Es ist dennoch wichtig, die strukturellen Unterschiede zwischen dem Ja-Nein-Fall und dem Variable-Menge-Fall zu verstehen und im Auge zu behalten.

Preisentscheidungen

Bei einer fundierten Preisentscheidung sind die Ziele des Anbieters, die Kosten, das Kundenverhalten (das durch die Preisabsatzfunktion erfasst wird) sowie der Wettbewerb zu berücksichtigen. Doch nicht alle Preisentscheidungen in der Praxis werden dieser Forderung gerecht. Man kann sogar sagen, dass die Mehrzahl explizit nur die Kosten einbezieht. Hierbei handelt es sich um die sogenannte Kosten-Plus-Preisbildung.

Kosten-Plus-Preisbildung

Wenn Sie einen Händler fragen, wie er seine Preise bildet, wird er Ihnen vermutlich sagen, dass er einen Aufschlag auf seine Einstandskosten vornimmt. Wenn ihn das Produkt im Einkauf 5 Euro kostet, dann schlägt er vielleicht 100 Prozent auf, sodass er seinen Kunden das Produkt zu einem Preis von 10 Euro anbietet. Dieses einfache Verfahren hat durchaus Vorteile. Zum einen basiert es auf harten Kostendaten. In jedem Fall erhält der Anbieter so eine positive Bruttostückmarge. Wenn zudem alle Konkurrenten in der Branche den gleichen Aufschlagsatz anwenden, mindert das den Preiswettbewerb. Bei Akzeptanz eines branchenüblichen Aufschlagsatzes wirkt dieser faktisch wie ein Preiskartell. Diese Faktoren erklären, warum die Kosten-Plus-Methode in der Praxis nach wie vor sehr beliebt und stark verbreitet ist.

Jedoch hat diese Methode auch gravierende Nachteile. Deren größter ist die Nichtberücksichtigung der Kundenreaktion oder, mit anderen Worten, der Preisabsatzfunktion. Denn es könnte ja sein, dass nur wenige Kunden bereit sind, einen Preis von 10 zu zahlen. Oder umgekehrt, viele Kunden sogar bereit wären, 12 Euro für das Produkt auszulegen. Die Kosten-Plus-Kalkulation beinhaltet also sowohl die Gefahr, dass man einen zu hohen Preis fordert, als auch das Risiko, dass man einen zu niedrigen Preis wählt und damit Gewinnpotenzial verschenkt.

Wettbewerbsorientierte Preisbildung

Bei diesem Verfahren richtet man seine Preise am Wettbewerb aus. Das kann bedeuten, sich den Konkurrenzpreisen anzugleichen oder aber sich bewusst über oder unter diesen zu positionieren. In einem Projekt für einen großen Supermarktbetreiber stellten wir fest, dass dieses Unternehmen bei 600 sogenannten Eckartikeln einfach die Preise von Aldi übernahm. Ständig waren Mitarbeiter unterwegs und erfassten die Aldi-Preise. Die 600 Eckartikel machten mehr als die Hälfte des Umsatzes aus. Das Unternehmen hatte seine Preispolitik faktisch an Aldi delegiert. Aldi war die ausgelagerte Pricingabteilung. Natürlich muss man die Wettbewerbspreise immer im Auge haben und sich in angemessener Weise nach ihnen richten. Aber eine sture, formelartige Anpassung dürfte nur selten zu optimalen Ergebnissen führen. Im betrachteten Fall war es mehr als unwahrscheinlich, dass unser Klient die gleichen Kosten- und Nachfragestrukturen wie Aldi hatte. Warum sollten dann die optimalen Preise in beiden Kanälen dieselben sein?

Marktorientierte Preisbildung

Die Nachteile der Kosten-Plus- und der wettbewerbsorientierten Methode lassen sich nur vermeiden, wenn man die Wirkung des Preises auf den Absatz explizit berücksichtigt. Nur wenn man weiß, wie die Kunden auf verschiedene Preise reagieren, kann man den Preis bestimmen, der zum Gewinnmaximum führt.

Wir demonstrieren hier die Bestimmung des optimalen Preises bei linearer Preisabsatz- und Kostenfunktion. Wir greifen dabei aus das bereits bekannte Beispiel des Elektrowerkzeugs zurück. Es bestehen Fixkosten in Höhe von 30 Millionen Euro. Die variablen Stückkosten belaufen sich auf 60 Euro. Die empirisch ermittelte Preisabsatzfunktion lautet

Absatz = 3 000 000 − 20 000 × Preis.

Aus unseren früheren Berechnungen wissen wir, dass beim Preis von 100 Euro ein Absatz von 1 Million Stück und ein Gewinn von 10 Millionen resultieren. Wo aber liegt der optimale (gewinnmaximale) Preis? Um diesen zu ermitteln, vergleichen wir in Abbildung 4.2 die Ergebnisse für insgesamt sieben verschiedene Preise, die in Fünfersprüngen von 90 bis 120 Euro reichen.

Abbildung 4.2: Ermittlung des optimalen Preises

Preis (€)	90	95	100	105	110	115	120
Absatz (Mio. Stück)	1,2	1,1	1,0	0,9	0,8	0,7	0,6
Umsatz (Mio. €)	108,0	104,5	100,0	94,5	88,0	80,5	72,0
Variable Kosten (Mio. €)	72,0	66,0	60,0	54,0	48,0	64,0	36,0
Deckungsbeitrag (Mio. €)	36,0	38,5	40,0	40,5	40,0	38,5	36,0
Fixkosten (Mio. €)	30,0	30,0	30,0	30,0	30,0	30,0	30,0
Gewinn (Mio. €)	6,0	8,5	10,0	10,5	10,0	8,5	6,0
Gewinnänderung (%)	− 42,9	− 19,1	− 4,8	0,0	− 4,8	− 19,1	− 42,9

Der optimale Preis liegt bei 105 Euro. Bei diesem Preis wird ein Gewinn von 10,5 Millionen Euro erreicht. Bei niedrigeren Preisen steigen zwar die Umsätze, aber die variablen Kosten steigen noch stärker, sodass der Gewinn fällt. Bei höheren Preisen nehmen Umsatz und variable Kosten ab, aber der Umsatz nimmt stärker ab als die Kosten, sodass der Gewinn ebenfalls fällt. Man beachte auch, dass sich Abweichungen vom optimalen Preis nach oben wie nach unten gleichermaßen negativ auf den Gewinn auswirken, und zwar symmetrisch. Der in der Praxis verbreitete Glaube, im Zweifel sei es besser, sich beim Preis nach oben statt nach unten zu irren, ist falsch. Das russische Sprichwort trifft die Wahrheit: Ein zu hoher Preis ist genauso schlecht wie ein zu niedriger Preis. In beiden Fällen verschenkt man unnötigerweise Gewinn. Es kann allerdings in der Praxis einfacher sein, einen ursprünglich zu hoch angesetzten Preis zu senken, als einen zu niedrig angesetzten zu erhöhen. Insofern ist es vielleicht doch besser, sich nach oben zu irren – falls der Irrtum nicht so groß ist, dass das Produkt am falschen Preis scheitert.

Die Zahlen zeigen auch, dass relativ geringfügige Abweichungen vom optimalen Preis weniger gravierend sind als große Abweichungen. Irrt man sich beim Preis um 5 Euro, dann nimmt der Gewinn um 4,8 Prozent ab. Bei 15 Euro Abweichung vom optimalen Preis geht der Gewinn hingegen um 42,9 Prozent zurück. Das ist eine wichtige Erkenntnis. Sie bedeutet, dass es nicht so schlimm ist, wenn man den optimalen Preis nicht bis auf die letzte Kommastelle erwischt. Es kommt allerdings darauf an, die richtige Preislage zu treffen. Je weiter man sich vom gewinnmaximalen Preis entfernt, umso stärker geht es mit dem Gewinn bergab.

Für den hier betrachteten Fall mit linearer Preisabsatz- und Kostenfunktion gibt es für den optimalen Preis eine einfache Entscheidungsregel. Der optimale Preis liegt nämlich genau auf der Mitte zwischen Maximalpreis und variablen Stückkosten. Als Maximalpreis erhalten wir in unserem Fall $p^{max} = 3\,000\,000/20\,000 = 150$ Euro. Bei diesem Preis würde niemand mehr kaufen. Der optimale Preis ergibt sich somit als

Optimaler Preis = ½ × (150 + 60) = 105 Euro.

Diese einfache Entscheidungsregel enthält weitere interessante Lehren. Da der optimale Preis auf der Mitte zwischen variablen Stückkosten und Maximalpreis liegt, sollte man Kostenerhöhungen nur zur Hälfte an die Kunden weitergeben. Steigen die variablen Stückkosten zum Beispiel um 10 auf 70 Euro, so wird der optimale Preis nicht um 10 Euro, sondern nur um 5 Euro auf 110 Euro erhöht. Das ist dann erneut die Mitte zwischen 70 und 150 Euro. Umgekehrt gilt, dass auch Kostensenkungen nur zur Hälfte an den Kunden weitergereicht werden. Wenn die variablen Stückkosten von 60 auf 50 Euro sinken, geht der optimale Preis nur um 5 und nicht um 10 Euro zurück. Auch auf Wechselkursänderungen lässt sich dieses Prinzip anwenden. Es ist nicht optimal, Wechselkursänderungen voll auf den Kunden abzuwälzen. Es ist ebenfalls nicht optimal, überall in Euro zu fakturieren. Denn der Kunde außerhalb des Euroraumes rechnet in seiner Währung. Und wenn diese abgewertet wird, dann wird das Produkt für ihn teurer. Gleiches gilt für die Mehrwertsteuer. Bei einer Erhöhung des Steuersatzes um 1 Prozent steigt der optimale Preis um weniger als 1 Prozent. Das genaue Ausmaß hängt dabei von der Neigung der Preisabsatzfunktion ab.[34]

Auch wenn die Preisbereitschaft der Kunden, die wir als Maximalpreis bezeichnen, steigt, verfährt man ähnlich. Verschiebt sich der Maximalpreis in unserem Beispiel um 10 Euro auf 160 Euro, dann steigt der optimale Preis nur um 5 und nicht um 10 Euro. Die erhöhte Preisbereitschaft der Kunden wird nicht voll ausgeschöpft. Hinter diesen Überlegungen steckt ein wichtiges Prinzip guten Pricings, nämlich Vor- und Nachteile etwa hälftig zwischen Anbieter und Kunden zu teilen.

Wenn der Nutzen seines Produkts 20 Prozent höher ist als der eines Konkurrenzerzeugnisses, dann sollte der Anbieter nicht 20 Prozent, sondern nur 10 Prozent mehr fordern. Dann haben er selbst und der Kunde einen Vorteil. Setzt der Anbieter seinen Preis um 20 Prozent höher, so schöpft er den gesamten Mehrnutzen für sich ab, und der Kunde geht leer aus. Unsere Überlegungen liefern eine theoretische Untermauerung dieser Prinzipien, die erfahrenen Kaufleuten nicht fremd sind.

Falls der Wettbewerb auf die eigene Preissetzung reagiert, kann es zu Modifikationen dieser Empfehlungen kommen. Dieses Thema wird uns noch beschäftigen.

Die Abbildung 4.2 eignet sich auch zur Veranschaulichung des Konzepts der Preiselastizität. Bei einem Preis von 100 Euro werden 1 000 000 Einheiten abgesetzt. Verändert man den Preis um 1 Euro, also um 1 Prozent, verändert sich die Absatzmenge um 20 000 Stück, was 2 Prozent des Ausgangswerts von 1 000 000 entspricht. Die Preiselastizität in diesem Punkt ist demnach gleich 2. Eine Preiselastizität von 2 besagt, dass die prozentuale Absatzänderung doppelt so groß ist wie die prozentuale Preisänderung. Erhöhen wir den Preis um 5 Prozent, so sinkt der Absatz um 10 Prozent. Im Bereich des gewinnmaximalen Preises muss die Preiselastizität immer größer als 1 sein. Denn sonst würde der Absatz prozentual um weniger zurückgehen, als der Preis steigt, was automatisch zu einer Gewinnsteigerung führte. Das Umsatzmaximum liegt übrigens genau dort, wo die Preiselastizität gleich 1 ist. In unserem Beispiel wird das Umsatzmaximum bei 75 Euro erreicht. Bei diesem Preis werden 1 500 000 Einheiten abgesetzt und ein Umsatz von 112,5 Millionen Euro erzielt. Allerdings entsteht bei diesem Preis ein Verlust von 7,5 Millionen Euro.

Wir haben hier den Spezialfall mit linearer Preisabsatz- und Kostenfunktion behandelt. Natürlich sind diese Funktionen in der Realität nicht immer linear, sodass sich modifizierte Empfehlungen für den optimalen Preis ergeben können. Jedoch zeigt meine jahrzehntelange Erfahrung, dass in den meisten Fällen und innerhalb relevanter Preisintervalle die lineare Preisabsatzfunktion eine ausreichende Näherung an die Realität darstellt. Insofern sind die Lehren, die wir aus diesem Modell gezogen haben, durchaus in gewisser Weise verallgemeinerungsfähig.

Wie man zu Preisabsatzfunktion und Preiselastizität kommt

Wenn die Preisabsatzfunktion und die Preiselastizität eine derart zentrale Rolle im Preismanagement spielen, dann stellt sich die

Frage, wie man diese Zusammenhänge quantitativ erfasst. Die Betonung liegt hierbei auf quantitativ. Denn es nützt wenig, wenn man weiß, dass bei einem niedrigeren Preis »etwas« oder »deutlich« mehr verkauft wird. Für das »etwas« oder das »deutlich« brauchen wir Zahlen. Denn der zu bestimmende Preis ist eine Zahl, auch Kosten sind Zahlen, und die resultierende Absatzmenge ist ebenfalls eine Zahl. Aus diesen Zahlen können wir dann Umsatz und Gewinn errechnen. Es geht um Zahlen und nichts anderes. Gott sei Dank hat es in den letzten drei Jahrzehnten bei der Quantifizierung von Preiselastizität und Preisabsatzfunktion enorme Fortschritte gegeben. Heute steht uns ein umfassender Werkzeug- und Methodenkasten für diese Zwecke zur Verfügung. Im Rahmen des vorliegenden Buches können wir diese Konzepte nur kurz vorstellen. Für eine weitergehende Beschäftigung sei auf mein Standardwerk *Preismanagement* verwiesen.[35]

Direkte Schätzung der Preiselastizität

Das einfachste Verfahren besteht in der direkten Schätzung der Preiselastizität durch Experten. Man fragt dazu, um wie viel Prozent die Absatzmenge sinkt, wenn der Preis um 10 Prozent gesenkt wird. Erhält man 50 Prozent als Antwort, so entspricht das einer Preiselastizität von 5, und man weiß, dass die Nachfrage sehr stark auf den Preis reagiert und man mit Preiserhöhungen äußerst vorsichtig sein muss. Wird für eine Preissenkung von 10 Prozent eine analoge Absatzsteigerung von 50 Prozent erwartet, so kann eine Rücknahme des Preises erwägenswert sein. Man sollte sich dann aber Gedanken darüber machen, wie die Konkurrenz reagiert. Wird sie mitziehen? Dann kann die Sache völlig anders ausgehen. Solche Schätzungen lassen sich für unterschiedliche Preisänderungen durchführen. So erfährt man, ob die Preiselastizität überall gleich ist oder ob größere Preisänderungen eine überproportionale Absatzwirkung erzeugen, was häufig der Fall sein dürfte.

Expertenurteile

Bei diesem Verfahren lässt man Experten die Absatzmengen für unterschiedliche Preise schätzen. Experten können dabei Manager, Außendienstler, Verkäufer, Händler oder ähnliche Marktkenner sein. Das Verfahren ist auch für neue Produkte, die Experten – anders als Verbraucher – einigermaßen fundiert beurteilen können, geeignet. Ein besonderer Vorteil besteht darin, dass man Szenarien mit unterschiedlichen Konkurrenzreaktionen durchspielen kann. Dabei empfiehlt sich ein systematisches Vorgehen mit Computerunterstützung. Expertenschätzungen lassen sich schnell und kostengünstig durchführen. Ihr Nachteil besteht darin, dass sie die Meinungen der Experten und nicht der Kunden wiedergeben. Und selbst Experten können irren, wenn sie das Verhalten ihrer Kunden antizipieren sollen.

Direkte Kundenbefragung

Um die Reaktion auf unterschiedliche Preise oder Preisänderungen zu testen, kann man Kunden direkt befragen. Solche Fragen können sich darauf beziehen, ob die Kunden das Produkt bei einem bestimmten Preis kaufen würden (im Ja-Nein-Fall), wie viele Einheiten sie beim Preis X erwerben würden (Variable-Menge-Fall) oder bei welchem Preisunterschied sie zur Konkurrenz wechseln würden. Ähnliche Fragen können sich auf den akzeptablen oder den maximalen Preis beziehen. Es gibt umfassende Fragebatterien wie etwa das Van Westendorp Price Sensitivity Meter. Alle direkten Fragen haben allerdings den Nachteil, dass man den Kunden »mit der Nase auf den Preis stößt«. Das macht die Befragung einfach, aber auch inhaltlich fragwürdig. Denn die Validität der Antworten bleibt zweifelhaft. Gibt die Versuchsperson auf die Frage, ob sie ein Produkt zu einem hohen Preis kaufte, eine ehrliche Antwort? Ist diese Antwort mit einem Prestigeeffekt verbunden? Führen die Nennung und damit die Bewusstmachung des Preises nicht zu einer unnatürlichen Reaktion, etwa im Vergleich zu einem Spontan- oder Routinekauf? All das sind Risiken, die eine Bestimmung der Preisabsatzfunktion allein auf der Basis direkter Kundenbefragungen nicht ratsam erscheinen lassen.

Indirekte Kundenbefragung

Valider und zuverlässiger als die direkte ist die indirekte Kundenbefragung. Bei dieser Methode wird nicht direkt nach dem Einfluss des Preises gefragt. Vielmehr werden die Informationen zu Nutzen und Preis simultan erhoben. Man spricht deshalb auch von Conjoint Measurement oder Verbundmessung. Die Versuchspersonen werden mit unterschiedlichen Wahlmöglichkeiten konfrontiert. Sie brauchen nur zu sagen, welche der dargebotenen Alternativen sie kaufen bzw. bevorzugen würden. Diese Alternativen sind so konfiguriert, dass man aus einer Reihe von Antworten den Nutzenbeitrag der Produktqualität, des Markennamens, technischer Merkmale und eben auch des Preises berechnen kann. Mithilfe von komplexen Simulationsmodellen lassen sich dann für unterschiedliche Preise die zugehörigen Absatzmengen berechnen. Damit hat man alle Informationen, die für eine fundierte Preisentscheidung benötigt werden. Die ersten Conjoint-Measurement-Verfahren wurden in den 70er Jahren entwickelt. Seither hat es zahlreiche Weiterentwicklungen und Verbesserungen gegeben. Den entscheidenden Durchbruch brachte in den 80er Jahren die Verfügbarkeit von Personal Computern, mit denen die Befragung flexibilisiert und auf die einzelne Versuchsperson zugeschnitten werden kann. Die Wahlsituation nähert sich damit der realen Kaufsituation an. Entsprechend valider sind die Ergebnisse. Diese Methoden liefern heute zuverlässige Daten für die Bestimmung der Preisabsatzfunktion und des gewinnmaximalen Preises.

Preisexperimente

Befragungen erbringen immer nur Annäherungen an tatsächliches Verhalten. Dieses Problem kennen wir aus den Prognosen der Wahlforscher. Gesagt ist eben nicht getan. Preisexperimente liegen deutlich näher am Verhalten. Werden sie in einer Laborsituation durchgeführt, so stellt sich allerdings die Frage, ob die Versuchspersonen, die sich ja der Testsituation bewusst sind, wirklich das gleiche Verhalten zeigen wie in der Realität. Besser sind in dieser Hinsicht sogenannte Feldexperimente, bei denen die Preise in einem realen Laden oder einer E-Commerce-Kaufsituation systematisch variiert und die Verkäufe erfasst werden. Solche Experimente waren in der Vergangenheit sehr aufwendig und wurden deshalb nur selten für die Messung der Preiswirkung genutzt. Mit modernen Technologien wie Scannerdaten und vor allem im Internet lassen sich Preisexperimente schneller und kostengünstiger durchführen und haben dementsprechend an Bedeutung gewonnen. Diese Bedeutung wird in Zukunft weiter zunehmen.

Marktdaten

Mit dem Durchbruch der Ökonometrie und der Verfügbarkeit von Computern in den 70er Jahren verband man große Hoffnungen, dass sich Preiselastizitäten und Preisabsatzfunktionen aus Marktdaten der Vergangenheit schätzen ließen. In vielen Märkten variieren Preise, Marktanteile und Absatzmengen im Zeitverlauf, sodass es naheliegt, diese Daten in unserem Sinne zu nutzen. Die Hoffnung wurde allerdings enttäuscht. Marktdaten spielen für diesen Zweck keine große Rolle. Professor Lester G. Telser von der University of Chicago hatte das bereits 1962 vorhergesagt. Seine These war die folgende.[36] Wenn die Preiselastizität in einem Markt hoch ist, beobachtet man nur geringe Abweichungen zwischen den Konkurrenzpreisen. In der Sprache der Ökonometrie ausgedrückt, zeigt die unabhängige Variable Preis eine zu geringe Varianz, um valide Schätzungen möglich zu machen. Ist die Preiselastizität aber gering, so weisen die Preise möglicherweise eine hohe Varianz auf, aber diese schlägt nicht signifikant auf die Absatzmengen durch, mit anderen Worten, die Varianz der abhängigen Variablen Absatz ist zu gering. Dass diese These richtig ist, mussten wir auch bei Simon-Kucher & Partners lernen. Als wir 1985 starteten, war unser Plan, historische Marktdaten mithilfe ökonometrischer Methoden zu analysieren und zur Verbesserung von Preisentscheidungen einzusetzen. Von den mehr als 5 000 Pricingprojekten, die wir seither in aller Welt durchgeführt haben, basierten nicht mehr als 100 auf diesem Methodenansatz. Neben den von Telser genannten Argumenten kommen zwei weitere hinzu. Für neue Produkte sind historische Daten von beschränktem Wert, oft sogar völlig wertlos. Des weiteren werden aufwendige Preisanalysen vor allem dann durchgeführt und ein Berater hinzugezogen, wenn in der Sprache der Ökonometrie ein Strukturbruch stattgefunden hat, also beispielsweise ein neuer Wettbewerber in den Markt eintritt, Generika nach dem Ablauf eines Patents erscheinen oder neue Distributionskanäle wie das Internet entstehen. In all diesen Fällen geben die historischen Marktdaten keinerlei Aufschluss über die aktuellen und die zukünftigen Preisreaktionen der Kunden.

Keine der vorgenannten Methoden hat nur Vorteile. In der Praxis empfiehlt sich deshalb bei wichtigen Preisentscheidungen der Einsatz mehrerer Verfahren zur Kreuzvalidierung. Wenn alle Ergebnisse in die gleiche Richtung weisen, kann man ziemlich sicher sein, die Reaktionen der Kunden auf unterschiedliche Preise richtig erfasst zu haben und somit den optimalen Preis zu finden.

Und was ist mit dem Wettbewerbspreis?

Zugegeben, den Wettbewerbspreis haben wir bisher zwecks leichterer Verständlichkeit unter den Tisch fallen lassen. Im Kontext der Preisentscheidung bringt die Einbeziehung des Wettbewerbs zwei Komplikationen mit sich, eine vergleichsweise einfache und eine schwierige. Die einfachere ist die Wirkung der Konkurrenzpreise auf unseren eigenen Absatz. Denn es leuchtet ein, dass nicht nur unser Preis, sondern auch die Preise der Konkurrenten unseren Marktanteil und unseren Absatz beeinflussen. Gemessen wird dieser Einfluss durch die sogenannte Kreuzpreiselastizität. Sie drückt aus, um wie viel Prozent unser Absatz steigt (fällt), wenn sich der Konkurrenzpreis um x Prozent ändert. Nehmen wir an, die Konkurrenz senke ihre Preise um 10 Prozent und unser Absatz sinke um 6 Prozent. Dann ist die Kreuzpreiselastizitä 6/10 = 0,6. Sie hat ein positives Vorzeichen, denn die Änderungen des Konkurrenzpreises und unserer Absatzmenge gehen in die gleiche Richtung: je niedriger der Konkurrenzpreis, desto niedriger unser Absatz (et vice versa). Typischerweise ist die Kreuzpreiselastizität im Absolutbetrag kleiner als die direkte Preiselastizität. Je mehr ein Produkt allerdings Commodity-Charakter hat, desto ähnlicher werden sich die beiden Preiselastizitäten.

Es ist evident, dass der Konkurrenzpreis im Wettbewerbsfall in die Preisabsatzfunktion einbezogen werden muss. Dies kann auf verschiedene Weise geschehen. So kann man statt des eigenen Preises die Differenz zwischen eigenem und Konkurrenzpreis als erklärende (unabhängige) Variable verwenden. Auch der relative Preis, also der eigene Preis dividiert durch den Konkurrenzpreis, kann als unabhängige Variable benutzt werden. Alternativ lässt sich der Konkurrenzpreis in der Formel für die Preisabsatzfunktion in Form einer weiteren Variablen berücksichtigen. Die vorhin beschriebenen Methoden können auch für die Quantifizierung des Einflusses des Konkurrenzpreises verwendet werden.

Die Reaktion der Konkurrenten

Bei jeder Preisentscheidung müssen wir uns fragen, ob und gegebenenfalls wie die Konkurrenten auf unsere Preismaßnahme reagieren. Eine solche Reaktionsinterdependenz ist charakteristisch für das Oligopol, eine Marktform mit wenigen Anbietern. Preismaßnahmen eines Anbieters wirken sich in der Regel spürbar auf den Absatz der Konkurrenten aus. Diese werden sich fragen, ob sie diese Wirkung so hinnehmen oder reagieren sollen. Falls sie reagieren, hat das wiederum Rückwirkungen auf unseren Absatz. Und so geht diese Kettenreaktion wie bei einem Schachspiel weiter. Hier sind wir bei der Spieltheorie, die 1928 von dem berühmten Mathematiker John von Neumann, der auch den Computer erfunden hat, begründet wurde.[37] Die Einbeziehung der Konkurrenzreaktion erhöht die Komplexität von Preisentscheidungen. Nehmen wir an, dass wir unseren Preis spürbar senken wollen.

Reagiert die Konkurrenz nicht mit einer eigenen Preissenkung, sondern lässt ihre Preise konstant, dann können wir eine deutliche Absatzsteigerung erwarten. Zieht die Konkurrenz hingegen mit und senkt ebenfalls die Preise, dann ändert sich wenig. Unsere Preissenkung bringt uns keinen Preisvorteil, und möglicherweise kommt überhaupt keine Absatzsteigerung zustande. Dann haben wir nur Marge geopfert und schlimmstenfalls unseren Gewinn ruiniert. Ähnlich dramatische Auswirkungen hat die Konkurrenzreaktion bei Preiserhöhungen. Zieht die Konkurrenz nicht mit, dann entsteht für uns ein Preisnachteil mit einem entsprechenden Marktanteils- und Absatzeinbruch. Solche Situationen, in denen der Preisinitiator sogar seine Preiserhöhung zurücknehmen muss, sind in der Praxis nicht selten. So musste die Bitburger Brauerei im Sommer 2012 eine Preiserhöhung für ihre Premiumbiere rückgängig machen, weil die anderen Brauer nicht mitzogen. Folgt die Konkurrenz hingegen der Preiserhöhung eines Anbieters, so gibt es möglicherweise keinen Absatzrückgang, und alle Anbieter erzielen höhere Gewinne. In der Spieltheorie bezeichnet man solche Situationen als Gefangenen-Dilemma.

Von den oben dargestellten Methoden zur Bestimmung der Preisabsatzfunktion eignen sich insbesondere die Expertenschätzung und das Conjoint Measurement zur Einbeziehung der Konkurrenzreaktion. Die Frage, wie die Konkurrenz auf eigene Preismaßnahmen reagiert, ist für Preisentscheidungen in oligopolistischen Märkten von zentraler Bedeutung. Zudem stellt sich die Frage, ob und wie man das Verhalten der Konkurrenten beeinflussen kann.

Preisführerschaft

Das einfachste Vorgehen wäre eine Preisabsprache mit den Konkurrenten, also ein Kartell. Doch diese Methode ist verboten. Kartelle sind also keine Lösung. Eine verbreitete Verfahrensweise ist hingegen die sogenannte Preisführerschaft. Sie wurde beispielsweise im amerikanischen Automarkt über Jahrzehnte praktiziert. Die Rolle von General Motors als Markt- und Preisführer wurde von den übrigen Anbietern akzeptiert, und diese folgten den jährlichen Preiserhöhungen des Marktführers. Im deutschen Lebensmittelmarkt gilt Aldi bei sogenannten Eckartikeln als Preisführer. Viele Wettbewerber folgen Aldi beim Preisen ihrer Eckartikel.[38] In einem Bericht aus dem November 2012 heißt es: »Aldi erhöht die Milchpreise. Es wird erwartet, dass der gesamte Lebensmitteleinzelhandel nachzieht.«[39] Ein aktueller Fall von Preisführerschaft betrifft den amerikanischen Biermarkt. Marktführer istAnheuser Busch InBev (AB InBev), zweitstärkster Wettbewerber MillerCoors. Die amerikanische Kartellbehörde stellt fest: »AB InBev typically initiates annual price increases with the expectation that MillerCoors' prices will follow. And they frequently do.«[40] Ähnlich kommentiert das *Wall Street Journal*: »AB InBev has been steadily raising beer prices. And Miller Coors typically follows AB InBev's lead.«[41] Preisführerschaftssysteme brechen häufig zusammen, wenn neue Konkurrenten, die sich nicht an die eingefahrenen Spielregeln halten, in einen Markt eindringen. Im amerikanischen Biermarkt gilt der mexikanische Braukonzern Modelo als derartiger Störenfried. Es heißt dazu: »Modelo prices have not followed AB InBev's price increases.«[42]

Signaling

Preisänderungen sind immer riskant. Ziehen die Konkurrenten mit oder behalten sie ihren Preis bei, wenn wir erhöhen, um so auf unsere Kosten Marktanteile zu gewinnen? Senken sie den Preis vielleicht sogar noch stärker als wir und lösen damit möglicherweise einen Preiskrieg aus? Das sind Fragen, die mit höchster Ungewissheit behaftet sind. Die Risiken von Fehlentscheidungen mit gravierenden Gewinneinbußen sind groß. Oder es kann ein schwerer Imageschaden drohen, weil eine Preiserhöhung, die die Konkurrenz nicht mitmacht, wieder zurückgenommen werden muss. Eine Methode, um solche Unsicherheiten zu reduzieren, heißt Signaling. Frühzeitig vor der geplanten Preismaßnahme setzt man dabei im Markt »Signale« ab. Anschließend hört man in den Markt hinein, ob die Konkurrenten oder die Kunden ihrerseits reagieren und Signale zurücksenden. Zwar kann dabei geblufft werden, aber auch der Konkurrent muss sich überlegen, ob er etwas ankündigt, was er dann nicht umsetzt. Die Glaubwürdigkeit steht für alle Wettbewerber auf dem Spiel. Das Schöne an dieser Methode: Sie ist vom Gesetz gegen Wettbewerbsbeschränkungen nicht grundsätzlich verboten. Solange man es nicht übertreibt, kann man vor dem Kartellamt einigermaßen sicher sein. Signaling darf keinerlei Absprache- oder gar Vertragscharakter haben, etwa nach dem Motto: Wenn der Konkurrent X die Preise erhöht, dann werden wir mitziehen.

In der Kfz-Versicherung tobte seit Jahren ein Preiskrieg, den die HUK-Coburg angezettelt hatte. Im Oktober 2011 las man in der deutschen Presse: »Deutschlands größter Versicherungskonzern Allianz erhöht zum 1. Januar 2012 die Preise für die Autoversicherung drastisch.«[43] Auch andere Versicherer kündigten öffentlich Preiserhöhungen an. Im Verlauf von 2012 stiegen die Preise tatsächlich um etwa 7 Prozent an. »Im Jahr 2013 dürften die Preise nochmals steigen«, ließ Wolfgang Weiler, Vorstandssprecher der HUK Coburg, des schärfsten Rivalen der Allianz, verlauten.[44] Angesichts der vorangegangenen mehrjährigen Preissenkungen ist das eine bemerkenswerte Trendwende.

Signaling kann auch für die Ankündigung von Vergeltungsmaßnahmen genutzt werden, etwa um eine Preissenkung der Konkurrenz abzuwenden. So sagte Im Tak Uk, Chief Operating Officer von Hyundai: »If Japanese car makers become aggressive in raising incentives (ein anderes Wort für Rabatte, Anm. des Verfassers) and the red light comes on in achieving our sales target, we will consider raising incentives for buyers.«[45] Klarer kann eine Aussage zur Reaktion nicht ausfallen. Jedenfalls wissen die Japaner jetzt, was von Hyundai im Fall eigener Preisaktionen zu erwarten ist.

Konkurrenzreaktion und Preisentscheidung

Konkurrenzreaktionen und ihre Berücksichtigung können massiven Einfluss auf die optimalen Preise und die resultierenden Gewinne haben. Einige der oben für den Monopolfall gegebenen

Empfehlungen sind gegebenenfalls zu revidieren. Die Nichtberücksichtigung von oder falsche Annahmen zu Konkurrenzreaktionen können zu gravierenden Fehlentscheidungen führen. Anhand eines einfachen Zahlenbeispiels leiten wir einige wichtige Einsichten zu diesem komplexen Thema ab. Wir betrachten zwei gleich starke Konkurrenten. Beide sehen sich der gleichen Preisabsatzfunktion gegenüber:

Eigener Absatz = 1000 – 50 x eigener Preis – 25 x Konkurrenzpreis

Es handelt sich also um ein symmetrisches Oligopol. Die Wirkung des eigenen Preises auf den eigenen Absatz ist doppelt so stark wie die Wirkung des Konkurrenzpreises. Der optimale eigene Preis hängt hier nicht nur vom bisherigen Konkurrenzpreis, sondern auch davon ab, wie der Konkurrent auf eigene Preisaktionen reagiert. Die variablen Stückkosten sind 5 Euro pro Stück. Die Fixkosten betragen 5 000 Euro. In der Ausgangssituation, die in der zweiten Spalte in Abbildung 4.3 dargestellt ist, liege der Preis bei 20 Euro. Es wird ein Gewinn von 2 500 Euro erzielt. Lässt sich dieser Gewinn steigern? Das hängt entscheidend vom Verhalten des Konkurrenten sowie von den Annahmen über dasselbe ab. Dazu gibt es zwei bekannte Hypothesen zur Konkurrenzreaktion:

Chamberlin-Hypothese: Jeder Konkurrent nimmt an, dass der andere Preisänderungen voll mitmacht, und die Konkurrenten verhalten sich tatsächlich so. In Spalte 3 der Abbildung 4.3 wird gezeigt, dass die Preise dann auf 22,50 Euro und die Gewinne auf 2 650 Euro (+6 Prozent) steigen. Beide Wettbewerber verhalten sich wie ein Monopolist. Dieses Ergebnis kommt bei Preisführerschaft zustande. George Stigler, Nobelpreisträger 1982, hält deshalb die Preisführerschaft für die beste Lösung des Oligopolproblems.

Cournot-Hypothese: Jeder Konkurrent nimmt an, dass der andere auf eigene Preisänderungen nicht reagiere, diese Annahme erweist sich jedoch als falsch. In Wirklichkeit reagiert der andere und optimiert jeweils seinen Preis. Dann fallen die Preise auf 16,67 Euro und die Gewinne auf 1 803 Euro (–27,9 Prozent).

Abbildung 4.3: Wirkungen unterschiedlicher Konkurrenzreaktionen

	Ausgangs-situation	Chamberlin-Hypothese	Cournot-Hypothese
Preis (€)	20	22,50	16,67
Absatz (Stück)	500	437,5	583
Umsatz (€)	10 000	9 840	9 718
Variable Kosten (€)	2 500	2 190	2 915
Fixkosten (€)	5 000	5 000	5 000
Gewinn (€)	2 500	2 650	1 803
Gewinn-veränderung (%)	0	+ 6,0	– 27,9

In meinen früheren Vorlesungen habe ich viele Male jeweils zwei Gruppen mit genau diesem Zahlenbeispiel gegeneinander spielen lassen. Nach jeder Runde bekam jede Gruppe den eigenen Absatz und den Preis des Konkurrenten mitgeteilt. Die Chamberlin-Lösung kam nur sehr selten zustande, die Cournot-Lösung sehr viel häufiger. Man muss bei der Übertragung von Experimenten auf die Realität vorsichtig sein. Dennoch behaupte ich, dass man auch in der Realität häufiger auf die sehr nachteiligen Cournot- oder ähnliche Lösungen trifft als auf die sehr vorteilhafte Chamberlin-Lösung.

Dieses Fallbeispiel illustriert anschaulich und nachdrücklich, wie wichtig es ist, Konkurrenzreaktionen richtig zu antizipieren. Das gilt in beide Richtungen. Wird die Konkurrenz bei Preiserhöhungen mitziehen? Nur dann dürfte die Preiserhöhung vorteilhaft sein. Und wie reagiert der Wettbewerb auf eine Preissenkung? Zieht er mit, dann ist es oft besser, die Finger von der Preissenkung zu lassen, denn letztlich opfert man nur Marge, ohne nennenswert Absatz zu gewinnen. Wenn diese Asymmetrie der Konkurrenzreaktion zu erwarten ist (bei Preiserhöhungen zieht die Konkurrenz nicht mit, bei Preissenkungen zieht sie hingegen mit), erscheint es ratsam, den Preis nicht anzufassen. Diese Hypothese liefert eine

Erklärung für die in oligopolistischen Märkten oft zu beobachtende Preisstarrheit.

Folgende Aspekte, die die Preisentscheidung im Oligopol betreffen, sind festzuhalten:

- Im Oligopol gibt es im Allgemeinen keinen eindeutigen optimalen Preis. Dieser hängt vielmehr von den Vermutungen und den Informationen über die Konkurrenzreaktion ab.
- Befinden sich die Oligopolisten in ähnlichen Kosten- und Marktpositionen, verfolgen sie ähnliche Ziele, besitzen sie ausreichende strategische Intelligenz und besteht zusätzlich ein gewisses Vertrauen zwischen ihnen, so kann es gelingen, den gemeinsamen Monopolpreis (Chamberlin-Preis) zu realisieren beziehungsweise in dessen Nähe zu kommen. Die Preisführerschaft ist eine Methode, die dorthin führt.
- Sind diese Voraussetzungen nicht gegeben oder gibt es andere Gründe, die einen oder mehrere Oligopolisten davon abhalten, an Preisbewegungen in Richtung des gemeinsamen Monopolpreises teilzunehmen, so ist es ratsam, den bestehenden Preis nicht anzutasten beziehungsweise ihn nur im Rahmen von Kostensteigerungen, die alle Oligopolisten betreffen, zu erhöhen. Preissenkungen versprechen in dieser Situation keine dauerhaften Vorteile, da sie mit entsprechenden Reaktionen beantwortet werden und Preiskämpfe provozieren können.

Dieses Kapitel war ziemlich methodisch und damit etwas trocken. Doch ab jetzt wird es lustiger, denn im nächsten Kapitel behandeln wir die seltsame Psychologie des Preises.

Kapitel 5

Behavioral Pricing: Die seltsame Psychologie des Preises

Von der klassischen zur Verhaltensökonomie

Die klassische Ökonomie, auf der die bisherigen Überlegungen basierten, geht davon aus, dass Anbieter und Nachfrager sich rational verhalten. Die Anbieter maximieren ihren Gewinn, die Nachfrager ihren Nutzen. Zudem unterstellt die klassische Ökonomie vollständige Information. Der Anbieter weiß, wie die Nachfrager auf unterschiedliche Preise reagieren, er kennt also die Preisabsatzfunktion. Die Kunden überblicken das gesamte Angebot, kennen die Preise und können die Produkte fundiert beurteilen. Paul Samuelson (Nobelpreis 1970) und Milton Friedman (Nobelpreis 1976) sind prominente Vertreter dieser Richtung. Friedman sagt zwar, dass die Verbraucher ihre Entscheidungen nicht anhand ausgefuchster mathematischer Modelle oder Theorien treffen, sich aber im Wesentlichen rational verhalten. Gary Becker (Nobelpreis 1992) dehnte das Nutzenkalkül auf andere Lebensbereiche wie Verbrechen, Drogenhandel oder Familie aus. Auch in seinen Modellen verhalten sich die Beteiligten gewinn- bzw. nutzenmaximierend. Erste Bedenken gegen die Rationalitäts- und Informationsannahmen trug Herbert A. Simon (Nobelpreis 1978) vor. Die Wirtschaftssubjekte verfügen ihm zufolge nur über beschränkte Kapazitäten zu Informationsaufnahme und -verarbeitung. Sie streben deshalb nicht nach Gewinn- und Nutzenmaximierung, sondern begnügen sich mit »zufriedenstellenden« Lösungen. Er prägte dafür den Begriff »Satisficing«.

Daniel Kahneman und Amos Tversky begründeten mit ihrer 1979 vorgetragenen Prospekttheorie die sogenannte Verhaltensökonomie (Behavioral Economics).[46] Kahneman erhielt 2002 den

Nobelpreis. Tversky war zu diesem Zeitpunkt schon verstorben. Die Zahl der Autoren und Publikationen, die sich verhaltensökonomischen Problemen widmen, schwillt seither explosionsartig an. Der Preis spielt auf diesem Gebiet eine zentrale Rolle, mit überraschenden und oft kontraintuitiven Konsequenzen für das Preismanagement. In diesem Kapitel geht es um das Behavioral Pricing. Das Thema *Verhaltensökonomie* können wir nur ansatzweise behandeln, da es zu komplex und umfangreich ist. Diese Forschungsrichtung, deren Entstehung bezeichnenderweise auf Nichtökonomen zurückgeht, dürfte die Wirtschaftstheorie verändern. Wer sich intensiver damit befassen möchte, sollte Daniel Kahnemanns Bestseller *Thinking Fast and Slow* lesen. Neben den neueren Erkenntnissen waren aber schon immer psychologische Effekte des Preises bekannt, die dem ökonomischen Grundgesetz »höherer Preis führt zu niedrigerem Absatz« widersprachen. Diese Phänomene wollen wir zunächst kurz behandeln und anschließend die neueren Befunde zum Behavioral Pricing vorstellen.

Preisschwellen und gebrochene Preise

Unter Preisschwellen versteht man bestimmte Preise, bei deren Über- oder Unterschreiten besonders starke Absatzveränderungen, die sogenannten Preisschwelleneffekte, auftreten. In der Regel liegen solche Preisschwellen bei runden Zahlen wie 1, 5, 10 oder 100. Viele Preise enden knapp darunter, sehr häufig auf die Ziffer 9. Kucher fand heraus, dass von 18 096 untersuchten Preisen 43,5 Prozent eine 9 als Endziffer hatten.[47] Preise mit der Endziffer 0 kamen hingegen nicht vor. Bei Diller und Brambach betrug der Anteil der auf 9 endenden Preise 25,9 Prozent.[48] In der Tankstellenbranche enden praktisch alle Preisziffern mit einer 9, und zwar nicht auf den vollen Cent, sondern auf den Cent-Bruchteil, also 0,1 Cent unter dem vollen Cent. Eine Tankfüllung von 60 Litern kostet bei einem Literpreis von 1,599 Euro 95,94 Euro. Bei 1,60 würde sie 96,00 Euro kosten, also 6 Cent mehr. Allein diese Betrachtung zeigt, welch ökonomische Absurdität hinter gebrochenen Preisen stecken kann.

Wissenschaftlich überzeugende Nachweise zur Existenz von Preisschwellen gibt es nicht. Als wichtigste Begründung für derartige Effekte wird angeführt, dass Kunden die Ziffern eines Preises von links nach rechts mit abnehmender Intensität wahrnehmen. Demnach beeinflusst die erste Ziffer die Preiswahrnehmung am stärksten, das heißt ein Preis von 9,99 wird als 9 plus etwas, jedoch nicht als 10 wahrgenommen. Die Gehirnforschung bestätigt, dass eine weiter rechts stehende Zahl einen geringeren Einfluss auf die Preiswahrnehmung hat. Kunden unterschätzen gemäß dieser Hypothese also Preise, die unterhalb von runden Zahlen liegen. Einer anderen Vermutung zufolge werden auf 9 endende Preise mit Sonderangeboten assoziiert. In der Tat beobachtet man gelegentlich, dass ein Preis von beispielsweise 1 Euro auf 99 Cent heruntergesetzt wird und der Absatz stark ansteigt. Allerdings dürfte dieser Effekt vor allem auf der Kennzeichnung als Sonderangebot, weniger auf der Preisreduzierung um 1 Prozent beruhen.

Die Tatsache oder der Glaube, dass solche Preisschwelleneffekte existieren, verhilft gebrochenen Preisen zu der starken Verbreitung in der Praxis. Die Gewöhnung der Verbraucher an die gebrochenen Preise kann zudem eine erhöhte Preisempfindlichkeit bei Überschreiten der Preisschwelle erzeugen. Der Vergleich von Preiserhöhungen bei den drei Sektmarken Mumm, Kupferberg und Fürst Metternich deutet auf die Existenz eines Preisschwelleneffekts hin. Abbildung 5.1 gibt die Zahlen wieder.[49]

Abbildung 5.1: Preiserhöhungen und ihre Wirkung für drei Sektmarken

	Mumm		Kupferberg		Fürst von Metternich	
	vorher	nachher	vorher	nachher	vorher	nachher
Preis (€)	4,99	5,49	3,45	3,90	7,75	8,50
Absatz (Index)	100	63,7	100	64	100	94
Preis-elastizität	3,64		2,77		0,62	

Nur bei der Preiserhöhung von Mumm wurde eine Preisschwelle, nämlich fünf Euro, überschritten. Die Preiselastizität ist bei Mumm mit 3,64 deutlich höher als bei Kupferberg mit 2,77 und erst recht bei Fürst von Metternich, wo sie nur einen Wert von 0,62 erreicht. Wie viel davon auf den Preisschwelleneffekt und wie viel auf den normalen Preiserhöhungseffekt entfällt, lässt sich allerdings nicht genau sagen. Nimmt man als grobe Annäherung eine Aufteilung von 50:50 an, so läge die Preisschwellenelastizität bei etwa −1,82.

Trotz immer wieder berichteter Fälle fehlen wissenschaftlich überzeugende Nachweise zu Preisschwelleneffekten. Bereits 1936 hat Ginzberg das Phänomen untersucht.[50] Dean berichtet 1951 von Versandhausexperimenten, in denen Preise um die Preisschwelle herum systematisch variiert wurden. »The results are shockingly variable […] sometimes moving a price from 2.98 dollars to 3.00 dollars greatly increased sales, and sometimes it lowered them. There was no clear evidence of concentration of sales response at any figure.«[51] Auch Kucher konnte 1985 keine systematischen Effekte beim Überschreiten von Preisschwellen nachweisen.[52] In einer weiteren Studie mit Damenbekleidung wurden drei Preise getestet, 34, 39 und 44 Dollar. Die Ergebnisse sind überraschend. Der höchste Absatz wurde beim Preis von 39 Dollar erzielt. Bei 34 und 44 Dollar wurden jeweils etwa 20 Prozent weniger verkauft.[53] Das deutet daraufhin, dass der auf 9 endende Preis besondere Preisgünstigkeit signalisiert. Die insgesamt unklaren Befunde sprechen für die bereits 1964 von Gabor/Granger vertretene Hypothese, dass sich der Glaube an Preisschwelleneffekte als Folge der herrschenden Marktpraktiken herausgebildet hat.[54]

Preisschwellen können sich bei Inflation als problematisch erweisen. Irgendwann muss man die Preisschwelle überschreiten. Das kann zu starken Absatzeinbrücken führen. Eine amerikanische Expertin empfiehlt folgenden Trick zur Vermeidung nominaler Preiserhöhungen.[55] Nehmen wir an, ein Unternehmen braucht einen Preis von 100 Euro. Dann kann es den nominalen Preis beispielsweise mit 149 Euro ausweisen und 50 Euro Rabatt geben. Der tatsächliche Transaktionspreis liegt bei 99 Euro. Im Rahmen der Inflation wird nun nicht der nominale Preis erhöht, sondern der Rabatt reduziert, beispielsweise auf 40 oder 30 Euro. Ob sich die Kunden allerdings durch diesen Trick täuschen lassen, sagt die Autorin nicht. Eine andere, allerdings problematische Taktik besteht darin, die Packungsgröße zu verändern, um unter der Schwelle bleiben zu können. Vor einigen Jahren reduzierte Tchibo die Packungsgröße bei Kaffee von 500 auf 400 Gramm. Die Verbraucherreaktion war extrem negativ, sodass man schnell wieder zum gewohnten Pfund Kaffee zurückkehrte.

Dass in Preisschwellen ein verschenktes Potenzial liegen kann, rechnen Diller/Brielmaier vor.[56] Sie zeigen auf, dass ein Festhalten an 9er Preisen zu erheblichen Gewinneinbußen führen kann, wenn die Preisschwellenannahme sich nicht bestätigt. Auch Gedenk/Sattler argumentieren, dass die Fehlannahme von Preisschwellen zu negativen Auswirkungen führen kann.[57] Müller-Hagedorn und Wierich weisen darauf hin, dass Handelsunternehmen oft nur eine Umsatzrendite von einem Prozent erzielen und insofern eine durchgängige Preiserhöhung von 0,99 Euro auf 1,00 Euro bei unveränderter Absatzmenge zu einer Gewinnverdopplung führt.[58] Selbst wenn die Menge deutlich (etwa um 10 Prozent) zurückginge, wäre der Gewinneffekt positiv. Unsere eigenen Befunde zeigen, dass es keinen Sinn macht, Preise von zum Beispiel 9,90 oder 9,95 Euro zu fordern. Wenn man schon unter der Preisschwelle bleibt, dann ist es sinnvoll, möglichst nahe an diese heranzugehen, im vorliegenden Fall also auf 9,99 Euro.

Prestigeeffekte des Preises

In der klassischen Preistheorie besitzt der Kunde vollkommene Information und beurteilt die Qualität eines Produkts unabhängig vom Preis. Der Preis hat für die Kaufentscheidung nur als budgetschmälernde Größe Bedeutung, und die Preisabsatzfunktion ist negativ geneigt. Von dieser Situation gibt es jedoch Ausnahmen, die zu scheinbar irrationalen Konsequenzen führen. Thorstein Veblen hat in seinem Klassiker *The Theory of the Leisure Class* bereits 1898 darauf hingewiesen, dass Preise Status und Sozialprestige signalisieren und damit dem Käufer psychosozialen Nutzen liefern. Hieraus entsteht der sogenannte Veblen- oder Snob-Effekt. Der Preis selbst wird zum Qualitäts- und Exklusivitätsmerkmal von Luxusgütern. Ein Ferrari wäre eben kein Ferrari, wenn er nur 100 000 Euro kostete. Die Preisabsatzfunktion für solche Produkte ist zumindest in Teilbereichen positiv geneigt, sodass eine Preiserhöhung zu höherem Absatz führt. Der Gewinn steigt dann sowohl aufgrund der höheren Stückmarge als auch der höheren Absatzmenge. Es findet eine regelrechte Gewinnexplosion statt.

Solche Fälle sind in der Praxis tatsächlich zu beobachten. So hat Delvaux, ein belgischer Hersteller exklusiver Taschen, im Rahmen einer Repositionierung der Marke die Preise massiv erhöht. In der Folge stiegen die Absatzmengen stark an, da die Produkte jetzt als relevante Alternative zu Louis-Vuitton-Taschen angesehen wurden. Der Absatz der berühmten Whiskymarke Chivas Regal lief in den 70er Jahren nicht mehr so richtig. Um die Marke neu zu positionieren, wurde ein ansprechenderes Etikett entwickelt und der Preis um 20 Prozent angehoben. Der Whiskey selbst blieb unverändert. In der Folge stieg der Absatz deutlich an.[59] Die MediaShop Gruppe, die zu den bedeutendsten Direkt-Response-TV-Anbietern im deutschsprachigen Raum zählt, führte ein neues Kosmetikaccessoire zu einem Preis von 29,90 Euro ein. Die Verkaufszahlen entwickelten sich sehr schleppend, worauf die Geschäftsführung das Produkt wieder aus dem Verkauf nahm, um wertvollen Sendeplatz für umsatzstärkere Artikel frei zu haben. Wenige Wochen später startete man erneut eine Verkaufsoffensive und erhöhte den Preis auf 39,90 Euro, was einer Preiserhöhung von satten 33 Prozent entsprach. Diesmal hatte man offenbar die richtige Preislage getroffen. Schon nach wenigen Tagen erklommen die Absatzzahlen lichte Höhen und sorgten sogar für einen kurzfristigen Lieferengpass. Der Artikel entwickelte sich zu einem Top-Artikel, nicht trotz, sondern wegen des höheren Preises!

Bei Premium- und Luxusgütern muss man wissen, ob solche Prestigeeffekte existieren und die Preisabsatzfunktion einen positiv geneigten Ast hat. Dieser Teil der Preisabsatzfunktion kommt für die Preissetzung nicht infrage. Der optimale Preis liegt immer höher, also im negativ geneigten Bereich der Preisabsatzfunktion. Der Anbieter muss die Preisabsatzfunktion kennen, wenn er diesen Bereich bei der Preissetzung erreichen will. Ansonsten stochert er »im Nebel«. Wenn man unsicher ist, kann sich ein allmähliches Herantasten in die höhere Preisregion empfehlen. Oft ist es ratsam, wie in den Fällen von Chivas Regal und Delvaux, die preisliche Höherpositionierung mit einem neuen Design oder einer Aufwertung der Verpackung zu verbinden.

Der Preis als Qualitätsindikator

Eine dem Prestigeeffekt ähnliche Wirkung kommt zustande, wenn der Preis von den Nachfragern als Qualitätsindikator gewertet wird. Ein niedriger Preis verleitet dann nicht zum Kauf, sondern erzeugt Misstrauen bezüglich der Qualität des Produkts. Viele Kunden handeln nach der Maxime »Was nichts kostet, ist nichts wert«. Und auch der gewagte Umkehrschluss »Was einen hohen Preis hat, muss von hoher Qualität sein« wird als vereinfachte Kaufentscheidungsregel genutzt. In solchen Fällen kann eine Preiserhöhung ebenfalls zu einer Absatzsteigerung führen.

Warum fällt gerade dem Preis eine Rolle als Qualitätsindikator zu? Hierfür lässt sich eine Reihe plausibler Gründe anführen:

- Die Erfahrung zeigt, dass hohe Preise mit größerer Wahrscheinlichkeit bessere Qualitäten garantieren als niedrige Preise.
- Anhand des Preises lassen sich Produkte unmittelbar und objektiv vergleichen. Der Preis ist zudem im Konsumgüterbereich oft fest vorgegeben und für den Kunden nicht verhandelbar. Dort, wo Preise ausgehandelt werden (zum Beispiel bei Industriegütern oder in einem orientalischen Basar), fungieren sie selten als Qualitätsindikatoren.
- Der Preis ist ein vom Verkäufer übermitteltes Signal von hoher Glaubwürdigkeit (etwa im Gegensatz zu Aussagen der Werbung). In der Vorstellung vieler Kunden steht er in enger Beziehung zu den Kosten. Bei Verbrauchern dominiert eine Kosten-Plus-Vorstellung vom Preis.

Die preisabhängige Qualitätsbeurteilung tritt vor allem bei Produkten auf, zu denen Erfahrungen fehlen, die selten gekauft werden und bei denen der absolute Preis nicht hoch ist. Im Hinblick auf situative Einflüsse kommt die Qualitätsindikation des Preises bei geringer Preistransparenz und unter Zeitdruck zustande. Auch Käufer, die sich bezüglich des Produkts unsicher fühlen, nutzen den Preis als Qualitätsindikator.

Die Rolle des Preises als Qualitätsindikator und damit zusammenhängende positiv geneigte Abschnitte der Preisabsatzfunktion sind vielfach empirisch beobachtet worden. Sie beziehen sich auf so verschiedene Produktkategorien wie Möbel, Teppiche, Shampoo, Zahnpasta, Kaffee, Konfitüre oder Radios. Für Dienstleistungen wie Restaurants und Hotels wurden ähnliche Effekte beobachtet. Absatzsteigerungen nach Preiserhöhungen werden unter anderem für Nasenspray, Strumpfhosen, Tinte und Elektrogeräte berichtet. So stieg der Absatz eines Elektrorasierers um das Vierfache, nachdem der Preis stark erhöht wurde und damit näher am Preis des Marktführers Braun lag. Die Preisdifferenz war noch groß genug, um einen Kaufanreiz zu bieten, aber nicht mehr so groß, dass die meisten Kunden an der Qualität des Rasierers zweifelten. Die Qualitätsindikation des Preises gilt keineswegs nur bei Konsumgütern, sondern auch im B2B-Bereich. Eine Softwarefirma führte eine betriebliche Cloud-Software zu einem extrem niedrigen monatlichen Preis von 19,90 Euro pro Arbeitsplatz an. Die Preise vergleichbarer Konkurrenzangebote lagen bei mehr als 100 Euro. Nach einigen Monaten im Markt sagt mir der Geschäftsführer: »Kleine Unternehmen sind von den niedrigen Preisen begeistert. Zum ersten Mal können sie sich eine solche Software leisten. Größere Unternehmen hingegen sehen die Preise als so niedrig an, dass sie kein Vertrauen in unser Angebot haben. In unserem extrem niedrigen Preis mussten wir eine Absatzhemmung erkennen.« Die Lösung bestand in einer Angebots- und Preisdifferenzierung. Das Softwarepaket wurde leistungsmäßig aufgestockt und den größeren Firmen zu einem deutlich höheren Preis pro Monat angeboten. Damit war es zwar immer noch günstig, passte aber insgesamt besser in den gewohnten Preis-Leistungs-Rahmen, und die negative Preis-Qualitätsindikation war aus der Welt geschafft.

Placebo-Effekte des Preises

Doch die Wirkung der Qualitätsindikation des Preises geht über die reine Wahrnehmungsebene hinaus bis hin zu echten Placebo-Effekten. Als Placebo-Effekt bezeichnet man das Auftreten therapeutischer Wirkungen nach Scheinbehandlungen, insbesondere nach der Gabe von Scheinpräparaten. In einem Test erhielten Versuchspersonen ein angebliches Schmerzmittel zu unterschiedlichen Preisen. In einer Gruppe zeigte das Preisschild einen hohen Preis, in der anderen einen niedrigen Preis. Die Versuchspersonen mit dem hohen Preis sagten durchgängig, das Schmerzmittel sei sehr wirksam gewesen. In der Niedrigpreisgruppe berichtete dies nur die Hälfte der Personen.[60] In beiden Fällen handelte es sich um ein Vitamin-C-Placebo, das den Schmerz objektiv nicht beeinflusste. Der einzige Unterschied zwischen den beiden Gruppen bestand im Preis. Nach Konsum eines Power Drinks zum Preis von 2,89 Dollar gaben Sportler signifikant bessere Trainingsergebnisse als die Trainierenden an, die denselben Drink zu einem Preis von 0,89 Dollar erhalten hatten. Am überraschendsten waren die Ergebnisse in einem Versuch zur geistigen Leistungsfähigkeit. »Participants who consumed an energy drink they purchased at a discount price performed worse on a puzzle-solving task than did equivalent participants who purchased the same drink at its regular price.«[61] Preisunterschiede können signifikante Placebo-Effekte auslösen.

Der Preis als stumpfe Waffe

Wenn es in einem Markt Prestige-, Qualitäts- oder Placebo-Effekte des Preises gibt, dann hat das große Bedeutung für die Wahl der Preislage und die Preiskommunikation. Der optimale Preis liegt nie im positiv geneigten Abschnitt der Preisabsatzfunktion, sondern immer bei einem höheren Wert. Der Preis bleibt unter diesen Umständen eine stumpfe Waffe. Will ein Anbieter seinen Marktanteil durch aggressives Pricing steigern, dann scheitert er. Eventuell gehen seine Absatzmenge und sein

Marktanteil sogar zurück. Der Markteintritt für unbekannte Anbieter oder Marken wird durch solche Effekte erschwert. Versuche, mit niedrigen Preisen Kunden zu gewinnen, funktionieren nicht. Die beiden Effekte erklären auch, warum Sonderangebote bei No-Name-Produkten oder schwachen Marken nicht ziehen. Der reduzierte Preis wird mit schlechter Qualität oder geringem Prestige assoziiert. Der VW Phaeton soll nach allem, was ich höre, ein gutes Auto sein. Dennoch verkauft er sich in Deutschland schlecht, da es mit dem Prestige hapert. Die Marke VW, die in ihrem Kernsegment sehr stark ist, hat nicht die Kraft, ein Produkt im Luxus-/Premiumsegment des Marktes zu tragen. Als Folge bleiben selbst die sehr niedrigen Preise und Leasingraten, die für den Phaeton offeriert werden, ohne große Wirkung. Schwache Marken reagieren kaum auf niedrige Preise. Starke Marken hingegen erleben bei Preisaktionen regelrechte Absatzexplosionen, da bei ihnen die Qualitätsbeurteilung eben nicht vom Preis abhängt.

Wie soll ein Anbieter vorgehen, wenn er den Preis nicht als Wettbewerbswaffe einsetzen kann? Die beste Methode dürfte sein, sich in der Preislage zu positionieren, die der tatsächlichen Qualität des Produkts entspricht. Danach ist Geduld erforderlich, bis die Kunden die Qualität sowie das Preis-Leistungs-Verhältnis tatsächlich kennen und schätzen lernen.

Ein ökonomisches Paradoxon

Kann es sein, dass selbst bei »normalem« ökonomischem Verhalten der Absatz für ein Produkt zunimmt, wenn der Preis steigt? Diesen scheinbaren Widerspruch zum Grundgesetz der Ökonomie gibt es in der Tat. Man spricht vom Giffen-Paradoxon. Es tritt ein, wenn bestimmte Kaufkraft- oder Budgetrestriktionen wirksam werden. Nehmen wir an, ein Verbraucher mit beschränktem Budget konsumiere nur Fleisch und Brot. Nun steigen die Preise für beide Lebensmittel. Dann kann es sein, dass dieser Verbraucher mehr Brot essen muss, um seinen Kalorienbedarf zu decken, da er sich Fleisch nicht mehr oder nur noch in geringerer Menge leisten kann. Trotz des gestiegenen Brotpreises kauft er also mehr Brot. Mit empirischen Nachweisen des Giffen-Paradoxons sieht es eher spärlich aus. In einer Studie in einer armen Region Chinas gelang es vor wenigen Jahren, das Phänomen nachzuweisen. Wenn der Preis für Reis um 1 Prozent stieg, zog der Verbrauch um 0,24 Prozent an, die Preiselastizität war 0,24 und positiv.[62] Allerdings hat das Giffen-Paradoxon für die heutige Pricingpraxis in hoch entwickelten Ländern keine große Bedeutung.

Bei der Betrachtung von Preisen und Absatzmengen muss man sich vor Fehlinterpretationen hüten. Nicht alle Beobachtungen, bei denen höhere Preise mit höheren Absatzmengen einhergehen, deuten auf eine positive Preiselastizität hin. Ein Beispiel ist die Entwicklung im Brennholzmarkt. Im Jahr 2005 kostete ein Raummeter Brennholz 15 Euro. Bis 2012 verdoppelte sich der Preis auf 30 Euro. Gleichzeitig stieg der Verbrauch um fast das Doppelte an. In einem größeren Forstrevier wurden in 2005 10 000 Raummeter Holz verkauft, in 2012 waren es 18 000 Raummeter.[63] Liegt hier ein Giffen-Paradoxon vor? Nicht wirklich! Die Nachfragekurve hat sich von 2005 bis 2012 nach oben verschoben und damit zu der starken Preiserhöhung geführt. Bei der Interpretation von Preis- und Absatzdaten darf man Korrelation nicht mit Kausalität verwechseln. Man könnte die Preis-Absatz-Veränderung bei Holz fälschlicherweise als positiv geneigte Preisabsatzfunktionen interpretieren und käme zu einer positiven Preiselastizität von 0,8 (= 80 % Absatzsteigerung/100 % Preissteigerung). Diese (Fehl)Interpretation würde nahelegen, den Preis weiter zu erhöhen, um den Absatz zu steigern, eine offensichtlich falsche Schlussfolgerung.

Ankerpreiseffekte

Wie geht man als Käufer vor, wenn man weder die Qualität eines Produkts fundiert beurteilen kann noch etwas über den Preis weiß? Eine Methode besteht darin, sich umfassend zu informieren, Testberichte zu lesen oder Bekannte zu befragen. Bei bedeutenden Käufen (etwa einem neuen Auto) mag man dieses aufwendige Verfahren auf sich nehmen. Was macht man aber bei geringwertigen Artikeln, für die sich der Informationsaufwand nicht lohnt? Man sucht nach Anhaltspunkten oder sogenannten Ankern. Das führt zu interessanten Wirkungen. Die unterschiedlichsten Informationsquellen können dabei als Preisanker dienen. Dabei muss es nicht immer um einen bewussten Prozess gehen. Preisanker werden oft auch unbewusst genutzt.

Die folgende Geschichte stammt aus dem Buch *Influence* von Robert B. Cialdini.[64] Die Brüder Sid und Harry betrieben in den 1930er Jahren in New York ein Kleidergeschäft. Sid war der Verkäufer, Harry der Schneider. Wenn Sid bemerkte, dass einem Kunden ein Anzug gefiel, stellte er sich schwerhörig. Fragte der Kunde nach dem Preis, rief Sid nach hinten in die Schneiderwerkstatt: »Harry, was kostet dieser Anzug?« Harry rief zurück: »Dieser schöne Anzug? 42 Dollar.« Sid tat, als hätte er nichts verstanden: »Wie viel?« »42 Dollar«, wiederholte Harry. Sid wandte sich dem Kunden zu und sagte: »22 Dollar.« Der Kunde zögerte keine Sekunde, legte 22 Dollar auf den Tisch und verschwand. Der Preisanker der beiden Brüder hatte seine Wirkung getan.

Solche Preisanker funktionieren keineswegs nur bei Verbrauchern, sondern auch bei Profis. Thomas Mussweiler von der Universität zu Köln hat Experimente durchgeführt, bei denen der Wert eines Gebrauchtwagens geschätzt werden sollte. Scheinbar zufällig stand jemand neben dem Auto und machte unaufgefordert eine Aussage zum Preis. »Dieses Auto ist x Euro wert.« In einer Studie mit 60 Autoexperten schätzten diese den Wert auf 3 563 Euro, wenn die neutrale Person 3 800 Euro als Ankerpreis vorgab, hingegen auf 2 520 Euro, wenn die Vorgabe 2 800 Euro lautete.[65] Die lapidaren Anmerkungen einer Zufallsperson setzten also Preisanker, welche die Wertwahrnehmung der Autoexperten um 1 043 Euro veränderten. Das sind bezogen auf den mittleren Preis von 3 300 Euro 32 Prozent. In vielen anderen Studien wurden ähnliche Ankereffekte beobachtet. Mussweiler et al. stellen fest: »The findings indicate that anchoring is an exceptionally robust phenomenon that is difficult to avoid.«[66]

Die Magie der Mitte oder die Geschichte vom Vorhängeschloss

Eine weitere interessante Auswirkung von Ankerpreisen besteht in der »Magie der Mitte«. Wie ein Preis relativ zu anderen Preisen liegt, kann das Kundenverhalten stark beeinflussen. Beim selben Preis von 10 Euro kommt es zu völlig unterschiedlichen Reaktionen, je nachdem, ob dieser Preis der höchste, niedrigste oder mittlere innerhalb eines Sortiments ist. Ebenso kann die Zahl der angebotenen Alternativen einen starken Einfluss auf die Wahl des Kunden ausüben. Für meinen Bauernhof brauchte ich ein Vorhängeschloss. Wann hatte ich zum letzten Mal ein Vorhängeschloss gekauft? Ich konnte mich nicht erinnern. Ich wusste auch nicht, was so ein Schloss kostet. In einem Baumarkt fand ich eine große Auswahl passender Schlösser mit Preisen zwischen 4 und 12 Euro. Was tat ich? Da ich einerseits keinen hohen Sicherheitsbedarf hatte, der den Kauf eines besonders teuren Schlosses erforderte, aber andererseits der Qualität der billigen Schlösser nicht traute, wählte ich ein Exemplar in der mittleren Preislage, nämlich zu 8 Euro. Was sagt uns dieses Erlebnis? Wenn man nicht weiß, was ein Produkt kostet, und keinen speziellen Bedarf (hoher Qualitätsanspruch oder niedrigster Preis) hat, neigt man zum mittleren Preis. Was bedeutet das für den Anbieter? Nun, ganz einfach, dass er den Kauf über die Preisspanne seines Sortiments steuern kann. Wäre die Preisspanne der Schlösser im Baumarkt von 4 bis 16 Euro (statt von 4 bis 12) gegangen, so hätte ich vermutlich ein Schloss für 10 Euro gekauft. Das wären für den Baumarkt 25 Prozent mehr Umsatz und noch mehr Deckungsbeitrag gewesen.

Weder der billigste noch der teuerste Wein

Dieselbe Verhaltensweise beobachtet man in Restaurants bei der Auswahl von Weinen. Die Gäste lassen sich die Weinkarte zeigen. Und fast immer wählen sie einen Wein in der mittleren Preislage. Nur selten wird der teuerste oder der billigste Wein gekauft. Die Mitte hat eine magische Anziehungskraft. Den gleichen Effekt kann man bei Menüs beobachten. Nehmen wir an, ein Restaurant biete bisher Menüs in der Preisspanne von 10 bis 20 Euro an und 20 Prozent der Nachfrage entfallen auf das Menü, das 18 Euro kostet. Wenn jetzt zusätzlich ein attraktives Angebot von 25 Euro in die Speisekarte aufgenommen wird, ist es wahrscheinlich, dass der Anteil des 18 Euro-Menüs steigt. Auch am unteren Ende der Preisskala wurde ein analoger Effekt beobachtet. Nimmt man eine noch billigere Alternative als die bisher billigste ins Sortiment, so steigt der Absatz der bisher billigsten, vorher eher selten gekauften Alternative, da diese nun näher an die Mitte rückt.[67] Die Magie der Mitte wirkt umso stärker, je geringer die Kenntnisse über die objektive Beschaffenheit und die Preise der jeweiligen Produkte sind. Vermutlich ist dieses Kaufverhalten angesichts der beschränkten Information sogar einigermaßen rational. Durch die Wahl des mittelpreisigen Produkts reduziert der Kunde sowohl das Risiko, eine schlechte Qualität zu erwischen, als auch das Risiko, zu viel auszugeben. Man darf die äußeren Ankerpreise allerdings nicht zu extrem ansetzen, sonst können sie Kunden abschrecken. Das gilt nach oben wie nach unten.

Nie gekauft und dennoch ein Gewinnbringer

Bei Ankerpreiseffekten kann es sich lohnen, ein Produkt selbst dann zu führen, wenn es nie gekauft wird. Hierzu eine Geschichte. Ein Kunde betritt ein Fachgeschäft, um einen Koffer zu kaufen. Die Verkäuferin fragt ihn, wie viel er ausgeben möchte. »Ich habe an 200 Euro gedacht«, antwortet der Kunde. »Dafür bekommen Sie einen guten Koffer«, kommentiert die Verkäuferin. »Aber bevor wir in die engere Auswahl einsteigen, darf ich Ihnen etwas wirklich Schönes zeigen – nur damit Sie über das Angebot informiert sind, nicht weil ich Sie zum Kauf eines teuren Koffers überreden will.« Sodann zeigt die Verkäuferin dem Kunden einen Koffer für 500 Euro – im Hinblick auf Qualität, Design und Marke ein Spitzenmodell. Erst danach wendet sie sich den Koffern in der vom Kunden genannten Preisklasse zu, lenkt dabei aber dessen Augenmerk auf Artikel, deren Preise etwas höher, also bei 250 bis

300 Euro, liegen. Wie wird der Kunde reagieren? Mit großer Wahrscheinlichkeit kauft er aufgrund der Ankersetzung durch das tolle 500-Euro-Produkt einen Koffer für 250 oder 300 Euro und nicht, wie ursprünglich geplant, für 200 Euro. Selbst wenn sich der teure Koffer für 500 Euro also nie verkaufen sollte, lohnt es sich für den Händler, dieses wertvolle Stück im Sortiment zu führen. Der Preis von 500 Euro setzt einen Anker, relativiert die Preise in der Klasse 200 bis 300 Euro und verschiebt die Preisbereitschaft des Kunden nach oben.

Knappheiten erzeugen

Einer der geschicktesten Tricks zur Absatzbelebung besteht in der Erzeugung wahrgenommener Knappheit. Wenn Verbraucher den Eindruck haben, dass es ein Produkt nur in beschränkten Mengen gibt, stellt sich oft ein starker Kaufzwang ein. In einem Feldexperiment in USA mit Campbell's Fertigsuppen wurde eine Testgruppe mit dem Schild »Limit of 12 per Person« konfrontiert, bei der anderen Gruppe lautete das Schild »No Limit per Person«. In der ersten Gruppe wurden im Schnitt sieben Dosen gekauft, in der anderen Gruppe waren es nur halb so viele. Hier spielt sowohl der Ankereffekt hinein (12 signalisiert, dass es normal sei, viele Dosen zu kaufen), aber durch das Schild wird auch der Trieb zum Horten aktiviert. Wenn es solche Schilder gibt, dann muss irgendeine Knappheit im Busch sein. Ähnliche Reaktionen entstehen, wenn sich vor einer Tankstelle Warteschlangen von Autos bilden. Im Sozialismus waren Knappheiten Alltagserscheinungen. Deshalb kaufte dort jeder, was gerade verfügbar war. Man wusste ja nie.

Mehr Umsatz durch mehr Alternativen

Eines der erstaunlichsten Ergebnisse der Behavioral-Pricing-Forschung wird von Dan Ariely in seinem Buch *Predictably Irrational* berichtet.[68] Abbildung 5.2 stellt das Experiment für die Wirtschaftszeitschrift *Economist* und die Ergebnisse dar.

Abbildung 5.2: Absatzeffekt von zwei und drei Alternativen

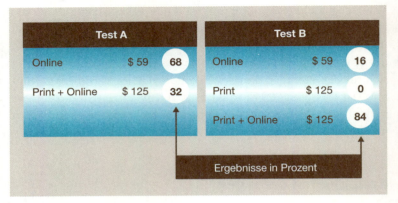

In Test A werden nur zwei Alternativen geboten, das Online-Abonnement zu 59 Dollar pro Jahr und das kombinierte Online-Print-Abonnement zu 125 Dollar pro Jahr. 68 Prozent wählten das billigere Online-Abo, 32 Prozent das teurere Kombi-Abo. Im Test B wurde als dritte Alternative das reine Print-Abo hinzugefügt, und zwar zum selben Preis von 125 Dollar wie das Kombi-Abo. Jetzt wählten 84 Prozent das Kombi-Abo zu 125 Dollar, und niemand entschied sich für das reine Print-Abo. Dieses Ergebnis entzieht sich klassisch-ökonomischer Rationalität. Durch die Hinzufügung einer Alternative, die niemand wählte, gelang es, den Käuferanteil des Kombi-Abos von 32 auf 84 Prozent, also um 52 Prozentpunkte, zu erhöhen. Nehmen wir an, dass bei beiden Varianten 10 000 neue Abonnenten gewonnen werden, dann ist der Mehrumsatz bei Modell A 801 200 Dollar und bei Modell B 1,14 Mio. Dollar. Das sind 42,8 Prozent mehr. Bei A wird ein Durchschnittspreis pro neuem Abonnenten von 80,12 Dollar erzielt, bei B solcher von 114,40 Dollar.

Wie ist ein solches Phänomen zu erklären? Eine mögliche Erklärung besteht in der »Magie der Null«. Bei Preisgleichheit von Print- und Kombi-Abo erhält der Kunde eine Mehrleistung zu einem Preis von null. Dieser Verlockung können viele Kunden nicht widerstehen und wählen das Kombi-Abo. Auch das Ankerargument kann eine Rolle spielen. Da im rechten Fall zwei der drei

Alternativen preislich bei 125 Dollar liegen, wird der Preisanker nach oben verschoben, und dort fällt die Wahl hin.

Das von Ariely beobachtete Phänomen, dass die Hinzufügung einer Alternative die Produktauswahl stark beeinflusst, haben wir auch in unserer Beratungspraxis beobachtet. Abbildung 5.3 zeigt die Resultate einer Studie, in der in Test A zwei Alternativen angeboten wurden, ein Girokonto zu 1 Euro pro Monat und ein Girokonto plus Kreditkarte zu 2,50 Euro pro Monat.[69] 59 Prozent wählten das Kombi-Angebot, 41 Prozent das reine Girokonto.

Abbildung 5.3: Bankprodukte mit zwei und drei Alternativen

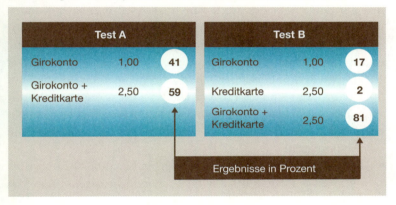

In Test B wurde die Kreditkarte als dritte Alternative zum selben Preis wie das Kombi-Angebot offeriert. Das Design entspricht also genau demjenigen von Ariely, und auch die Ergebnisse gehen in die gleiche Richtung. Nur 2 Prozent nehmen die Kreditkarte allein, und der Anteil des Kombi-Angebots schnellt von 59 auf 81 Prozent hoch. Der Durchschnittserlös pro Kunde steigt um 28 Prozent von 1,89 auf 2,42 Euro, das sind 28 Prozent mehr – ohne Preiserhöhung, sondern nur durch ein geändertes Angebot. Banken haben große Kundenzahlen. Bei 1 Million Kunden bedeutet das einen Mehrumsatz von 530 000 Euro pro Monat oder 6,36 Mio. Euro pro Jahr – sozusagen geschaffen aus dem Nichts. In unseren Projekten stellen wir häufig fest, dass durch die Hinzufügung weiterer Alternativen der Kauf höherpreisiger Produkte gesteigert werden kann.[70]

Das folgende Projektbeispiel stammt aus der Telekommunikation.[71] Im ersten Test wurden zwei Tarife mit Grundgebühren von 25 und 60 Euro angeboten. 78 Prozent entschieden sich für den 25-Euro-Tarif und 22 Prozent für den Tarif mit 60 Euro. Pro Kunde wurde ein Durchschnittsumsatz (sogenannter ARPU = Average Revenue per User) von 32,80 Euro erzielt. Dieser Umsatz schließt alle Nebengebühren ein, auch solche für eingehende Gespräche aus fremden Netzen. Im zweiten Test wurden drei Tarifalternativen offeriert: 25, 50 und 60 Euro. Der untere und obere Preis blieben also gleich. Es wurde lediglich eine mittlere Tarifvariante mit 50 Euro dazwischengeschoben. Wiederum finden wir den Effekt bestätigt. Nur noch 44 Prozent der Kunden wählten jetzt den billigsten Tarif (statt vorher 78 Prozent), fast gleich viele, nämlich 42 Prozent, entschieden sich für 50 Euro, und die restlichen 14 Prozent wählten den teuersten Tarif. Der ARPU (wiederum einschließlich aller Nebengebühren) stieg auf 40,50 Euro, das sind 23 Prozent mehr als beim Angebot mit nur zwei Tarifvarianten, ein enormer Mehrumsatz. Was sind mögliche Erklärungen für die Wahl des mittleren Preises? Hier sind vier Hypothesen:

- Unsicherheit bezüglich der tatsächlichen Nutzung: »Ganz falsch werde ich mit dem mittleren Tarif schon nicht liegen«, also Magie der Mitte.
- Qualitätsvermutung: »Bei dem billigen Grundpreis ist der Service vielleicht nicht so gut.«
- Sicherheit/Risikovermeidung: »Wenn ich viel telefoniere, kann es mit dem niedrigen Grundpreis wegen der höheren variablen Gebühren sehr teuer werden.«
- Status: »Ich kann mir das leisten.«

In der Realität treten diese Motive nicht in Reinform auf, sondern wirken zusammen. Es versteht sich nach diesen empirischen Belegen, dass psychologische Effekte für die Angebots- und Preisgestaltung von herausragender Bedeutung sind. Durch kleine Änderungen in der Angebots- und Preisstruktur können starke Umsatz- und Gewinnwirkungen erzielt werden, ohne dass die Kosten steigen.

Die Prospekttheorie

Das Gesetz vom abnehmenden Grenznutzen wurde 1854 von Hermann Heinrich Gossen formuliert und ist eines der bekanntesten ökonomischen Gesetze. Es besagt, dass der Grenznutzen eines Produkts mit jeder zusätzlichen Einheit, die man konsumiert, abnimmt. Gossen machte dabei keinen expliziten Unterschied zwischen positivem und negativem Grenznutzen. Ähnliche Gedanken wie Gossen trug schon der Schweizer Mathematiker Daniel Bernoulli (1700–1782) vor. Die Psychologen Daniel Kahneman und Amos Tversky modifizierten die Ideen von Gossen und Bernoulli mit der sogenannten Prospekttheorie. Das Grundkonzept der Prospekttheorie ist in Abbildung 5.4 dargestellt.

Abbildung 5.4: Die Prospekttheorie von Kahneman und Tversky

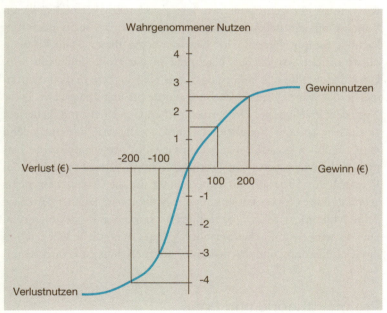

Der positive Zweig der Nutzenkurve im rechten oberen Quadranten entspricht dem Gossenschen Gesetz. Der wahrgenommene

Nutzen eines Gewinns steigt stetig an. Der Nutzen der ersten 100 Euro Gewinn ist dabei größer als der zusätzliche Nutzen der zweiten 100 Euro Gewinn. Die Prospekttheorie unterscheidet nun zwischen einem positiven »Gewinnnutzen« und einem negativen »Verlustnutzen«. Letzterer ist im linken unteren Quadranten dargestellt. Zum einen nimmt der Grenznutzen, zutreffender wäre der Begriff »Grenzschaden«, mit zunehmender Größe der Verluste ab. Das ist nicht überraschend. Die neue und entscheidende Aussage der Prospekttheorie ist vielmehr, dass der negative Nutzen von Verlusten im Absolutbetrag größer ist als der entsprechende positive Nutzen von Gewinnen. Das führt zu überraschenden, aber sehr realitätsnahen Konsequenzen. Eine solche ist, dass nicht nur der Nettonutzen zählt, sondern auch, wie er zustande kommt.

Der folgende reale Vorfall illustriert diesen Effekt exemplarisch. Am 3. April 2013 wurden bei der Lottoziehung wie üblich sechs Gewinnzahlen gezogen. Millionen von Zuschauern verfolgten diesen Vorgang am Fernsehen, darunter auch solche, die sechs oder fünf Richtige getippt hatten. Der Gewinnnutzen dieser »Glücklichen« dürfte ob der erfreulichen Nachricht in die Höhe geschnellt sein. Doch dann stellte sich heraus, dass zwei Kugeln nicht in die Lostrommel gerollt waren, und die Ziehung wurde für ungültig erklärt. Diese Nachricht erzeugte bei den vermeintlichen Gewinnern mit Sicherheit einen sehr starken Verlustnutzen (linker unterer Quadrant), denn man hat ihnen gerade einen hohen Gewinn »weggenommen«. Das mögen die Menschen nicht (Verlustaversion). Obwohl sich also im Vergleich zur Situation vor der Ziehung für die Betroffenen nichts geändert hatte (vorher hatten sie keine Million und nachher hatten sie keine Million), wird ihr »Nettonutzen« stark negativ gewesen sein. Die »Gewinner« brauchen vermutlich Tage, wenn nicht Wochen, um ihre Enttäuschung und das negative Nutzenerlebnis zu verarbeiten.

Prospekttheorie und Preis

Was hat die Prospekttheorie mit dem Preis zu tun? Sie besitzt zentrale Bedeutung für das Pricing, obwohl dieser Begriff in Kahnemans Buch nur zweimal vorkommt. Denn die Zahlung eines Preises erzeugt einen »Verlustnutzen«. Der Betrag, den man hergibt, bewirkt ein Opfer, einen Verlust. Aus dem Erwerb und Gebrauch des Produkts resultiert hingegen ein »Gewinnnutzen«. Die Asymmetrie von Gewinn- und Verlustnutzen erzeugt seltsame Effekte. Ein solcher ist der Besitzeffekt (englisch: endowment effect). Seine Wirkung wird in einem Experiment, das Kahneman 1990 durchführte, sichtbar. Eine Zahl von Studenten wurde in zwei Gruppen aufgeteilt. Die Studenten in einer Gruppe erhielten einen Kaffeebecher mit dem Logo der Universität im Wert von etwa 6 Dollar. Die andere Gruppe erhielt nichts. Die Studenten in dieser Gruppe konnten ihren Kommilitonen aber die Tasse abkaufen. Die Verkäufer forderten im Schnitt 7,12 Dollar, die Käufer waren hingegen im Schnitt nur bereit, 2,87 Dollar zu zahlen – eine große Differenz. Da die Gruppen zufällig aufgeteilt waren, durfte man logischerweise in beiden die gleiche Preisbereitschaft erwarten. Die klassische Ökonomie kann die Diskrepanz zwischen den beiden Preisen nicht erklären. Die Prospekttheorie schafft das. Der Verlustnutzen eines Gutes, das man einmal besitzt, ist wesentlich höher als der Gewinnnutzen eines Gutes, das man erst kaufen muss. Man gibt ungerne etwas her.

Business oder Economy?

Auch mein folgendes seltsames Verhalten lässt sich durch die Prospekttheorie erklären. Am 27. Oktober 2011 checke ich in der chinesischen Großstadt Guangzhou am Business-Class-Schalter der Lufthansa zum Rückflug nach Frankfurt ein. Ein Lufthansa-Mitarbeiter informiert mich, dass die Business Class überbucht sei, und fragt, ob ich bereit sei, auf die Economy Class auszuweichen. Er biete 500 Euro. Ich sage ihm, dass ich dazu nicht bereit sei. Sofort erhöht er sein Angebot auf 1500 Euro. Da komme ich schon ans Überlegen. 1500 Euro für 12 Stunden – kein schlechter Stundenlohn.

Etwas Ähnliches passierte mir einige Jahre früher in Boston. Damals begleitete mich meine Frau. Das Angebot für den Wechsel von der Business Class in die Economy lautete auf 1000 Dollar.

Ich sagte zu meiner Frau: »Für einen Flug von 6,5 Stunden ist das nicht schlecht.« Meine Frau sah das etwas rationaler und hatte die passende Antwort: »Das ist doch der Mehrbetrag, den du bei der originären Business-Class-Buchung zu zahlen bereit warst. Warum hast du nicht gleich Economy gebucht? Dann hättest du die 1 000 Dollar von Anfang an gespart.« Das stimmte natürlich. Bei der Originalbuchung hätte ich nicht im Traum daran gedacht, diese Nachtflüge in der Economy zu machen. Wieso kam ich also ans Überlegen? Die Prospekttheorie liefert eine plausible Erklärung: Der Verlustnutzen bei der Originalbuchung, die in abstrakter Weise per Kreditkarte bezahlt wurde, muss kleiner gewesen sein als der Gewinnnutzen des Barbetrages, den der Lufthansa-Mitarbeiter mir anbot.

Geschenkt ist nicht gekauft

Die Prospekttheorie erklärt auch das folgende Phänomen. Jemand hat eine Karte für ein Open-Air-Konzert. Am Tag des Konzerts regnet es. Die Wahrscheinlichkeit, dass er zu dem Konzert geht, ist wesentlich höher, wenn er die Karte mit eigenem Geld bezahlt hat, als wenn er sie geschenkt bekommen hat. In beiden Fällen handelt es sich um »sunk costs«, d.h. das Geld ist verloren, egal ob man zu dem Konzert geht oder nicht. Aber der Drang, den Preis der Karte »zurückzuverdienen«, ist deutlich größer, wenn die Karte mit eigenem Geld bezahlt wurde, als wenn sie ein Geschenk ist. Im Sinne der Prospekttheorie ist der Verlustnutzen größer, wenn die Karte bezahlt wurde.

Sollte man im B2B-Bereich »Geschenke« mit Preisen versehen? Die Lufthansa gewährt ihren Kunden Statuskarten wie Senator- oder Hon-Card, wenn bestimmte Meilenkontingente erreicht werden. Was die wenigsten wissen: Man kann die Senator-Card gegen Zahlung eines Preises von 2 000 Euro für ein Jahr verlängern. Das heißt, der Senator-Status erhält durch diesen Preis eine quantitative Bewertung. Wie viele Kunden den Status zu diesem Preis kaufen, ist mir nicht bekannt. Wenn es nicht allzu viele sind (was ich annehme), könnte die Lufthansa den

Preis für die Karte deutlich erhöhen, z.B. auf 10 000 Euro, und diesen Preis stärker kommunizieren, um die Wertwahrnehmung der Karte zu steigern. Die amerikanische Telefongesellschaft AT&T hat dies in den 90er Jahren mit ihrer Discovery-Kreditkarte getan. Obwohl sie diese Karte ihren Kunden kostenlos abgab, war der offizielle Preis der Karte 35 Dollar. Das schuf Wertwahrnehmung, die nichts kostete. Eine Karte, die einen Preis von 35 Dollar hat, ist allemal mehr wert als eine mit einem Preis von null.

Lieber mit Bargeld zahlen

Heute kann man praktisch überall mit Karten zahlen. Das ist bequem, geht schnell, und man braucht kein Bargeld herumzuschleppen. Dennoch ziehen es viele – und gerade die Deutschen – vor, mit Bargeld zu zahlen. Warum? Ökonomen gingen früher davon aus, dass die Transaktionskosten die Wahl zwischen den Zahlungsformen bestimmen. Doch die Bargeldzahlung hat darüber hinaus Eigenschaften, die aus Verbrauchersicht durchaus vorteilhaft sein können. Zum einen fällt das Ausgeben von Bargeld schwerer, es erzeugt im Sinne der Prospekttheorie einen höheren Verlustnutzen als die Zahlung per Karte. Wer also seinen Kaufdrang zähmen und sparsamer wirtschaften will, dem hilft die Bargeldzahlung, diese Ziele zu erreichen. In 2011 haben Ökonomen der Bundesbank einen weiteren Effekt entdeckt. In einer Untersuchung von 25 500 Einzeltransaktionen stellten sie fest, dass vor allem die Verbraucher auf Kartenzahlung verzichten, die einen Überblick über ihre Ausgaben haben wollen. Die Forscher bezeichnen diesen Effekt als »Erinnerungsfunktion des Bargelds«.[72] Man sieht am Portemonnaie, wie viel man bereits ausgegeben hat und wie wenig noch drin ist. Insbesondere Menschen, die keine großen finanziellen Spielräume haben, benutzen die Bargeldzahlung als Kontrollmechanismus, sie zahlen zwei Drittel ihrer Einkäufe mit Bargeld. Für überschuldete Verbraucher geben die Forscher den Rat: »Benutzt Bargeld.«

Verführerische Kreditkarten

Kreditkartenzahlungen sind aus weiteren Gründen verführerisch. Sie erlauben den Konsum einige Wochen vor der tatsächlichen Belastung des Kontos oder, anders ausgedrückt, einen zeitlichen Aufschub der tatsächlichen Zahlung. Die Zahlung ist weniger spürbar, da man statt Geld in die Hand zu nehmen und es dem Verkäufer zu überreichen, elegant mit einer Unterschrift oder einer PIN bezahlt. Man muss sich von nichts physisch trennen. Der Verlustnutzen ist kleiner. Da zahlreiche Positionen auf der monatlichen Abrechnung erscheinen, wird die Wahrnehmung der einzelnen Zahlung verwässert. Diese tut somit weniger weh. Manche Kreditkarten strahlen Prestige aus und verleihen dem Inhaber bei der Zahlung oder beim Vorzeigen (etwa beim Einchecken im Hotel) einen herausgehobenen Status. Der Verlustnutzen der Zahlung wird abgemildert durch den Prestigenutzen der Karte.

Kreditkarten lassen sich auch als Preiskampfmittel einsetzen. Wenn man im Einzelhandel zunächst die Zahlung per Kreditkarte »androht« und alternativ offeriert, gegen einen Rabatt bar zu zahlen, dann zeigt sich der Verkäufer flexibel. Zum einen spart er die Kreditkartengebühr, zum anderen erhält er das Geld sofort. Das ist ihm oft einen Rabatt von 3 oder 5 Prozent wert.

Cash Back und andere Absurditäten

Die Prospekttheorie vermag auch Preisstrukturen zu erklären, die auf den ersten Blick und unter klassisch-ökonomischer Perspektive absurd erscheinen. Eine in Amerika verbreitete Taktik sind sogenannte Cash Backs beim Autokauf. Man kauft ein Auto für 30 000 Dollar und erhält anschließend 2 000 Dollar in bar zurück. Welchen Sinn soll das machen? Nun, die Prospekttheorie hat eine Antwort. Die Zahlung der 30 000 Dollar kreiert einen Verlustnutzen. Diesem steht der Gewinnnutzen durch den Erwerb des Autos gegenüber. Hinzu kommt der Gewinnnutzen der 2 000 Dollar, die man in bar erhält. Anscheinend empfinden viele Autokäufer bei dieser Preisstruktur einen höheren Nettonutzen, als wenn sie einfach 28 000 Dollar für das Auto zahlen und keinen Rabatt in Form des Cash Backs erhalten. Verstärkt werden kann dieser Effekt dadurch, dass der eigentliche Kaufpreis per Scheck, Überweisung oder Kreditkarte gezahlt wird, was im Vergleich zur Barzahlung einen geringeren Verlustnutzen erzeugt. Die Rückzahlung gibt es aber in bar. Oft höre ich auch die Erklärung, dass dies bei hoch verschuldeten Verbrauchern eine der seltenen Gelegenheiten sei, bei denen sie Cash in die Hand bekommen. Diese Vermutung kann im Kontext der Prospekttheorie einen weiteren Erklärungsbeitrag liefern.

Sehr viele Rabatttaktiken laufen nach einem ähnlichen Schema ab. In meiner Kindheit waren Rabattmarken populär, die man sammelte und in ein Heft klebte. Pro eingekaufter D-Mark erhielt man drei Marken im Wert von jeweils einem Pfennig. Der gewährte Rabatt betrug also 3 Prozent. Das mit 150 Marken vollgeklebte Heft konnte man dann gegen 1,50 DM einlösen. Warum setzte der Händler nicht einfach die Preise um 3 Prozent runter, statt den Aufwand mit den Marken zu betreiben? Die Einlösung der Hefte erzeugte insbesondere bei uns Kindern einen hohen Gewinnnutzen. Dieser dürfte erheblich höher gewesen sein als die Reduktion des Verlustnutzens durch um 3 Prozent niedrigere Preise. Hinzu kamen der Sammeltrieb und die Loyalitätswirkung beim Händler.

Mondpreise

Im Alltag finden wir massenweise Listenpreise, die nie gezahlt werden. Ist es besser, ein Produkt zu 100 Euro anzubieten und 25 Prozent Rabatt zu geben oder gleich 75 Euro zu verlangen? Die klassische Ökonomie muss hier passen. Denn im Endergebnis sind beide Optionen identisch. Der Kunde zahlt jeweils 75 Euro. Hingegen hat die Prospekttheorie eine Antwort. Der Kunde bezieht aus dem Rabatt einen zusätzlichen Gewinnnutzen. Der Nettonutzen beim Preis von 100 und einem Rabatt von 25 Prozent kann größer sein als bei einem Preis von 75 Euro. Diese Situation treffen wir regelmäßig beim Autokauf an. Es gibt Listenpreise, die so gut wie nie realisiert werden. Warum sind solche »Mondpreise« dennoch sinnvoll? Darauf gibt es zwei Antworten. Zum einen erlauben sie eine Preisdifferenzierung, denn nicht jeder Kunde bekommt den gleichen Rabatt. Eine Aufgabe des Verkäufers besteht darin, einen möglichst geringen Rabatt zu gewähren, ohne dass der Kunde abspringt. Die zweite Begründung folgt aus der Prospekttheorie. Ich habe das selbst bei meinem letzten Autokauf erlebt. Zum einen freute ich mich auf das neue Auto. Zum anderen hatte ich einen hohen Rabatt ausgehandelt. Dieser massive Rabatt trug nicht unerheblich zu meinem Nettonutzen bei. Kaum jemand dürfte bestreiten, dass eine erfolgreiche Preisverhandlung, die zu einem attraktiven Rabatt führt, solche Gefühle auslöst.

Ähnlich ist es bei Zeitschriften. In den USA laufen Abos nach einer bestimmten Zeit aus und müssen erneuert werden. Man erhält dann Schreiben wie das folgende: »I have authorized our business office to extend your subscription for as little as Euro 0.81 per issue. That's a savings of up to 82 % off our cover price.« 82 Prozent Rabatt gegenüber dem auf der Zeitschrift abgedruckten Preis, wer kann da widerstehen? Und zusätzlich zu dem extremen Rabatt werden dann noch ein »mystery gift«, ein »invaluable business tool« sowie »full and unrestricted access to Time online« dazugepackt. Allerdings bewirken übertriebene Mondpreise, dass irgendwann niemand mehr an sie glaubt und sie damit ihre Gültigkeit als Preisanker verlieren.

Preisstrukturen

Die Prospekttheorie liefert konkrete Hinweise zur Gestaltung von Preisstrukturen. Eine Frage betrifft die Preismetrik. Nehmen wir das Beispiel einer KFZ-Versicherung. Dort wird der Preis in der Regel als Jahresprämie ausgewiesen. Diese betrage 600 Euro. Sollte man nicht besser ein Quartal oder einen Monat als Preisbasis nehmen? Dann wären die entsprechenden Preiszahlen 150 bzw. 50 Euro, was möglicherweise eine günstigere Preiswahrnehmung auslöst.[73] Bei der tatsächlichen Zahlung der Versicherungsprämie kann es hingegen sinnvoller sein, die Jahresprämie in einer Zahlung von 600 Euro statt in in zwölf Raten à 50 Euro abzuwickeln. Bei der Ratenzahlung tut es zwölfmal »weh«, und die Summe der Verlustnutzen ist höher als bei Einmalzahlung. Umgekehrt gilt, dass beispielsweise ein Incentive oder eine Rückerstattung besser in mehreren kleineren Beträgen statt als größerer Einmalbetrag gezahlt wird. Statt einmal im Jahr einen Bonus von 1 200 Euro zu zahlen, kann man der Prospekttheorie zufolge mit zwölf Zahlungen à 100 Euro einen größeren Gewinnnutzen erzeugen. Meine Vermutung ist allerdings, dass man bei kleinen Beträgen vorsichtig sein muss und sich diese Effekte umkehren können. Es kann also besser sein, 10 Euro in einem Betrag zu zahlen statt zehnmal 1 Euro. Oder es ist vorteilhafter, die Abonnementgebühr für eine Zeitung in Höhe von 360 Euro einmalig pro Jahr statt in zwölf Abbuchungen von je 30 Euro einzuziehen.

Man sollte sich allerdings vor Verallgemeinerungen und vorschnellen Übertragungen auf andere Bereiche hüten. Gourville und Soman sind der Frage nachgegangen, ob ein Fitnessstudio die Jahresgebühr eher in einer Zahlung oder in zwölf Monatsraten einziehen sollte.[74] Die Prospekttheorie legt, wie oben beschrieben, eine Einmalzahlung nahe, da es dann nur einmal »wehtut«. Des Weiteren sprechen die Verfügbarkeit des Kapitals und die Transaktionskosten aus Sicht des Anbieters für die Einmalzahlung. Doch es gibt im Fall des Fitnessstudios einen zweiten Effekt. Nach der Zahlung wollen die Kunden das Geld »zurückverdienen« und besuchen das Studio regelmäßiger. Die Besuchsintensität nimmt mit größerem Abstand vom Zahlungszeitpunkt ab. Durch monatliche Zahlung entsteht immer wieder ein neues Incentive zum »Zurückverdienen«. Die Nutzungsintensität bleibt höher und – entscheidend – die Wiederkaufrate ist am Jahresende signifikant höher, sodass sich ingesamt – im Widerspruch zur Prospekttheorie – eine monatliche Zahlung empfiehlt. Eine interessante, aber unbeantwortete Frage ist, ob und wie sich dieser Befund verallgemeinern lässt.

Diese Überlegungen sind nicht ganz einfach, aber sehr gewinnfördernd. Das belegt unsere Erfahrung aus zahlreichen Projekten in den verschiedensten Branchen durchgängig. Sie sollten sich ohnehin aus dem Kopf schlagen, die Früchte des Pricing mit naiven

Methoden ernten zu können. Man muss sich schon etwas Mühe geben und nachdenken.

Mental Accounting

Die Theorie des Mental Accounting (mentale Buchführung) geht auf Richard Thaler zurück. Gemäß dieser Theorie teilen die Verbraucher ihre Transaktionen in unterschiedliche mentale Konten ein und geben ihr Geld je nach Konto mehr oder weniger leicht aus.[75] Im Sinne der Prospekttheorie hat also jedes Konto eine andere Kurve des Verlustnutzens. Die Konten können nach unterschiedlichen Kriterien gebildet sein, z.B. Essen, Urlaub, Hobby, Auto, Geschenke. Eine solche Kategorisierung hilft dem Verbraucher, seine Ausgaben zu planen und den Überblick zu behalten (z.B. ich gebe für Urlaub maximal x Euro aus). Je nach Konto können Ausgabeverhalten und Preisempfindlichkeit unterschiedlich ausfallen.

Für die Hälfte aller Deutschen ist nach einer Umfrage der Gesellschaft für Konsumforschung der Preis das einzige Kriterium beim Essenskauf. Und das, obwohl Lebensmittel vor allem wegen der Discounter ohnehin schon 15 bis 20 Prozent billiger sind als bei unseren europäischen Nachbarn. Die Deutschen geben 10 Prozent aller Konsumausgaben für das Essen aus, während es in Italien und Spanien knapp 15 Prozent und in Frankreich 13,4 Prozent sind. Noch niedriger sind die Ausgaben für das Essen in den USA. Dort machen sie nur 6,9 Prozent aus.[76] Die Amerikaner dürften also vorwiegend Junk essen. Ganz anders sieht es beim Konto Auto und Autozubehör aus. Die Deutschen geben deutlich mehr Geld für Motorenöl als für Speiseöl aus. Für einen Komfortsitz beim Kauf eines Siebener BMWs zahlte ich ohne mit der Wimper zu zucken einen Aufpreis von 2 200 Euro. Etwa gleichzeitig brauchte ich einen neuen Bürostuhl. Ich verglich Preise und gab nur 800 Euro aus. Es scheint, dass diese beiden Produkte und ihre Preise in meinem Kopf in verschiedenen Konten geführt werden.

Ein berühmtes Experiment von Kahneman und Tversky offenbart absurde Wirkungen eines falschen Mental Accounting, bei dem nicht zwischen versunkenen und damit nicht entscheidungs-relevanten Kosten und entscheidungsrelevanten Kosten unter-schieden wird. Eine Theaterkarte kostet 10 Dollar. Im Experiment gibt es zwei Gruppen. Den Versuchspersonen in der einen Gruppe wird gesagt, sie stünden vor dem Theater und hätten die Karte verloren. Die Versuchspersonen in der anderen Gruppe sollen die Karte erst an der Kasse kaufen. Ihnen wird gesagt, sie hätten kurz vorher 10 Dollar verloren. Von der Gruppe mit der verlorenen Karte entschieden sich 54 Prozent zum Kauf einer neuen Theater-karte, bei den Verlierern des 10-Dollar-Scheines waren es 88 Pro-zent. Die Kartenverlierer verbuchten sowohl den Preis für die ver-lorene als auch die neu zu kaufende Karte auf das Konto Theaterbesuch, dessen mentaler Preis somit auf 20 Dollar stieg. Das war 46 Prozent von ihnen zu teuer. Die Dollarscheinverlierer verbuchten den Verlust von 10 Dollar auf ihrem Bargeldkonto. Ihr mentaler Preis für die Theaterkarte blieb bei 10 Dollar, und fast alle kauften. Gewinne und Verluste werden auf verschiedenen Konten verbucht. Die Verlustaversion (loss aversion) ist besonders stark ausgeprägt. Als Folge dieser Aversion werden Verluste bei Aktienkäufen meistens viel zu spät realisiert.[77]

Aus Sicht eines Anbieters ist es wichtig zu wissen, in welchen Konten die Verbraucher die von diesem angebotenen Produkte einordnen. Landet man in einem Konto, bei dem nur der niedrige Preis zählt (wie es beim deutschen Lebensmitteleinzelhandel der Fall ist), dann hat man preislich einen schweren Stand. Eine Mög-lichkeit besteht in der Steuerung des Kontos, in das man eingeord-net wird. In einer Studie für die Firma Huf, europäischer Markt-führer bei modernen Fachwerkhäusern im gehobenen Preissegment, stellten wir fest, dass Fertighäuser in Frankreich ein ausgesproche-nes Billigimage haben, die Verbraucher diesen Haustyp also in die unterste Preisschublade einordnen, in die Huf-Häuser definitiv nicht passen. Unsere Empfehlung lautete, sich möglichst von Fer-tighäusern zu distanzieren und das Huf-Haus als eine eigenstän-dige Kategorie zu etablieren, das heißt im Sinne des Mental Ac-counting ein neues Konto aufzumachen. Wenn das gelingt, eröffnen sich preislich völlig andere Möglichkeiten, als wenn man in ein existierendes, preisempfindliches Konto gesteckt wird.

Neuro-Pricing

Die neueste Forschungsrichtung baut auf dem Behavioral Pricing auf und erweitert dieses durch die Messung körperlicher Reaktionen auf Preisstimuli. Das Neuro-Pricing nutzt Technologien moderner Hirnforschung, um die Gehirnreaktionen auf Preisinformationen zu untersuchen. »Die Wahrnehmung von Preisen unterscheidet sich nicht von der Wahrnehmung anderer Reize«, sagt der Gehirnforscher Kai-Markus Müller.[78] Preiswahrnehmungen lösen im Gehirn Reaktionen aus, die mit ständig zunehmender Präzision gemessen werden können. Wichtige Emotionen im Kontext des Pricing sind Vertrauen, Wert und Verlangen. Diese Emotionen werden erfasst, um den Erfolg von Marketingkampagnen zu beurteilen. Der interessanteste bisherige Befund des Neuro-Pricing ist, dass Preisinformationen das Schmerzareal des Gehirns aktivieren und dort verarbeitet werden. Eigentlich ist das nicht überraschend, denn dass man als Käufer mit Preisen eher angenehme Gefühle verbindet, dürfte die Ausnahme sein.

Genau genommen ist der Begriff Neuro-Pricing falsch. Denn Pricing bezeichnet, wie in Kapitel 2 erläutert, die Tätigkeit des Preisens eines Produkts. Neuro-Pricing ist hingegen ein Teil der Verhaltensforschung bzw. der Marktforschung. In diesem Sinne kann es wertvolle ergänzende Informationen zu den klassischen Methoden liefern. Es ist in der Lage, Prozesse, die dem Verbraucher nicht bewusst sind, aber seine Entscheidung beeinflussen, objektiv zu messen, ohne dabei auf verbale Antworten der Versuchspersonen angewiesen zu sein. Ziel ist es, die entsprechenden Prozesse besser zu verstehen und im Sinne des Anbieters zu beeinflussen. Dass man sich hier auf ein ethisch heikles Gebiet wagt, ist evident. Problematisch dürfte auch die Validität der Ergebnisse sein. Das fängt mit der Stichprobe an. Die Stichprobenauswahl folgt zwar den gleichen Prinzipien wie in der klassischen Marktforschung. Jedoch dürften viele Angesprochene nicht bereit sind, sich für Marketingzwecke einer gehirnphysiologischen Untersuchung zu unterziehen. Ich würde das jedenfalls ablehnen. Für Neuro-Marketing-Untersuchungen muss man sich in spezielle Labors begeben, was die Repräsentativität weiter einschränken dürfte. Inwieweit Messergebnisse unter diesen Umständen auf die Realität übertragen und hochgerechnet werden können, ist eine offene Frage.

Bisher sind zudem relativ wenige Ergebnisse bekannt, aus denen sich praktikable Preisempfehlungen ableiten lassen. Müller berichtet über eine von ihm durchgeführte Gehirnstudie zu Starbucks-Kaffee, in der er zu folgendem Ergebnis kommt: »Zweitens ist die Zahlungsbereitschaft für eine Tasse Kaffee bei Starbucks offenbar wesentlich höher, als vom Konzern angenommen ... Starbucks lässt sich also Millionengewinne durch die Finger gehen, da die Zahlungsbereitschaft der Kunden nicht berücksichtigt wird.«[79] Nun weiß jeder halbwegs Kundige, dass die Starbucks-Preise bereits sehr hoch sind. Die Aussage von Müller halte ich, mit Verlaub gesagt, für nicht valide.

Die Gehirnforschung liefert interessante neue Einsichten zur Gestaltung von Preisen. So aktiviert die übliche Notation von Preisen in der Form *16,70 Euro* das Schmerzzentrum besonders stark. Diese Aktivierung fällt schwächer aus, wenn die Zahl ohne das Währungszeichen, also nur als *16,70*, erscheint. Eine solche Zahl wird offenbar nicht sofort als Preis erkannt. Noch schwächer ist die Aktivierung des Schmerzzentrums bei einer ganzen Zahl, also hier aufgerundet *17*. Diese Form der Preiskommunikation findet man neuerdings häufiger in Restaurants. Und wenn der Preis in Worten, also als »*siebzehn*« geschrieben wird, löst er den geringsten Schmerz bzw. Verlustnutzen aus. Es bleibt abzuwarten, ob Speisekarten und Preislisten demnächst in dieser Form erscheinen. Es gibt auch Befunde zur Wirkung von Farben (so signalisieren rote Preisschilder Sonderangebote), zur Barzahlung (das Schmerzzentrum wird stärker aktiviert als bei Kartenzahlung), die Verwendung von Geldsymbolen in der Werbung (eher vermeiden, es sei denn, es geht um Selbstdarstellung und Prestige des Kunden).

Die Nutzung der Gehirnforschung für Marketing und Pricing steht ganz am Anfang. Viele der Behauptungen auf diesem Gebiet sind zu hinterfragen. Aber es kann keinen Zweifel geben, dass diese Technologie in Zukunft große Fortschritte bringen wird. Für eine Prognose, wie diese sich auf die Pricingpraxis auswirken werden, erscheint es mir zu früh.

Eine Warnung zum Schluss

Behavioral und Neural Economics sind spannende neue Gebiete. Diese neuen Forschungsrichtungen haben die Ökonomie bereits verändert und werden dies weiter tun. Die Ergebnisse der dargestellten Verhaltensforschung sind faszinierend. Die neuen Ansätze können viele Phänomene erklären, bei denen die klassische Ökonomie passen muss. Dennoch rate ich zum Abschluss dieses Kapitels zur Vorsicht. Ich bin überzeugt, dass die meisten Transaktionen nach wie vor den grundlegenden Gesetzen der Ökonomie unterliegen. Ein höherer Preis mag unter bestimmten Bedingungen zu erhöhtem Absatz führen. Aber die Regel ist das nicht. Vielleicht gilt das in fünf Prozent der Fälle. Ein großes Problem besteht in der Verallgemeinerbarkeit der Ergebnisse. Wann ist eine Einmalzahlung pro Jahr, wann sind vier oder zwölf Raten besser? Eine allgemeine Antwort darauf oder eine eindeutige Beschreibung der Bedingungen gibt es nicht. Der Ökonom und Wissenschaftshistoriker Philip Mirowski kritisiert zu Recht, dass die Verhaltensökonomie das »Fundament des rationalen Handelns untergräbt, aber nichts an seine Stelle setzt«.[80] Eine geschlossene Theorie besitzt die Verhaltensökonomie jedenfalls bis dato nicht.

Zunehmend kritisch werden auch einige Testergebnisse der Verhaltensökonomie hinterfragt. Die meisten Befunde stammen aus Laborsituationen, deren Übertragbarkeit auf die Realität zweifelhaft ist. Manche Stimuli wurden in einer Weise präsentiert, die das Verhalten in eine bestimmte Richtung lenken kann. Zusammenfassend kommt Hanno Beck zu folgendem Fazit: »Die theoretische und empirische Beweislage gegen die Verhaltensökonomie mahnt zur Vorsicht, die Idee vom rationalen Menschen nicht komplett über Bord zu werfen.«[81] Der Mensch ist nicht so rational, wie es die klassische Ökonomie sieht, und nicht so irrational, wie es manche Verhaltensökonomen unterstellen. Im Pricing dürfte man richtig liegen, wenn man beide Forschungstraditionen in seine Überlegungen einbezieht, dabei aber mit Vorsicht vorgeht.

Kapitel 6

Von Höhen und Tiefen

Sind hohe oder niedrige Preise besser für Gewinn und Überleben eines Unternehmens? Eines haben wir schon gelernt: Es gibt immer einen optimalen Preis, ein zu hoher Preis ist genauso schlecht wie ein zu niedriger Preis. Man sollte unbedingt vermeiden, einer der beiden russischen Narren zu werden, weder derjenige mit dem zu hohen noch derjenige mit dem zu niedrigen Preis. Beide Narren verschenken unnötigerweise Gewinn. Die Kernfrage ist, wo der optimale Preis liegt. Es geht also um die Wahl der Preislage. Ob ein Unternehmen sich preislich hoch oder tief positioniert, ist eine der grundlegendsten strategischen Entscheidungen. Oft, wenn nicht gar meistens, fällt diese Entscheidung schon bei der Gründung eines Unternehmens. Spätere Korrekturen sind nur eingeschränkt möglich. Die Wahl der Preislage betrifft viele Aspekte: Auswahl des zu bedienenden Marktsegments, Positionierung, Innovation, Qualität, Marke, Distributionskanäle und einiges mehr. Um die Antwort vorwegzunehmen: Man kann sowohl mit niedrigen als auch mit hohen Preisen erfolgreich sein. Allerdings sind die Bedingungen für Erfolg in den beiden Preislagen sehr verschieden.

Erfolgsstrategien mit niedrigen Preisen

Die überraschendere Kategorie, mit der hier begonnen werden soll, beschreibt spektakuläre Erfolge mit niedrigen Preisen.

Aldi & Co.

Der Hard-Discounter Aldi ist eines der erfolgreichsten deutschen Handelsunternehmen. Niedrige Preise bei akzeptabler Qualität bilden den Kern der Strategie von Aldi. Die Preise von Markenartikeln werden dabei um 20 bis 40 Prozent unterboten. Dennoch erzielt Aldi eine deutlich höhere Rendite als preislich höher positionierte Betriebe des Lebensmitteleinzelhandels. Wie kann das sein? Abbildung 6.1 vergleicht für Aldi und für traditionelle Supermärkte ausgewählte Kennzahlen.[82]

Abbildung 6.1: Aldi und Supermarkt im Vergleich

	Aldi	Supermarkt
Bruttoertrag pro m²	1160 €	890 €
Personalkosten (% vom Umsatz)	4,9 %	13,1 %
Kapitalumschlag	2,6	0,9
Umsatzrendite	6,7 %	3,0 %

Die Erklärung für Aldis um mehr als das Doppelte höhere Umsatzrendite[83] liegt in höherer Effizienz und niedrigeren Kosten. Der Bruttoertrag pro Quadratmeter Ladenfläche ist bei Aldi um 30,3 Prozent höher als im Supermarkt. Alleine bei den Personalkosten spart Aldi 8,2 Prozent des Umsatzes ein. Der Kapitalumschlag ist fast dreimal so hoch. Hoher Kapitalumschlag bedeutet, dass die Artikel nur kurz auf Lager liegen. Das Geld kommt bei Aldi schnell rein, die Lieferanten werden erst deutlich später bezahlt. In der Zwischenzeit kann Aldi das Geld zinsbringend anlegen. Aldi erzielt darüber hinaus aufgrund seiner hohen Volumina und geschickter Verhandlungen günstigste Einkaufspreise. In der Summe erwirtschaftet Aldi mit aggressiven Preisen eine nachhaltig höhere Rendite als die Branche. Auch in der jüngeren Vergangenheit werden vor Steuern Umsatzrenditen von 5 Prozent für Aldi Süd bzw. 3,5 Prozent für Aldi Nord und 3,7 bzw. 3,0 Prozent nach Steuern genannt.[84] Das Geschäftsmodell von Lidl ähnelt demjenigen von Aldi. Allerdings führt Lidl mehr Markenartikel und ein größeres Sortiment. Die Nachsteuer-Umsatzrendite von Lidl wird für 2011 mit 2,1 Prozent angegeben.[85] Zum Vergleich: Die Metro AG erzielte in 2011 bei einem Umsatz von 66,7 Milliarden Euro lediglich eine Nachsteuer-Umsatzrendite von 1,1 Prozent. Im Durchschnitt liegen die Umsatzrenditen im deutschen Lebensmitteleinzelhandel unter 1 Prozent. Aral, der größte Tankstellenbetreiber in Deutschland, erwirtschaftete in 2012 nur eine Marge von 1 bis 1,5 Prozent je Liter Kraftstoff. Wegen des scharfen Preiswettbewerbs bei Kraftstoffen stammen lediglich 12 Prozent des Ertrags von Aral aus dem Verkauf von Kraft- und Schmierstoffen, hingegen 62 Prozent aus den Tankstellenläden.[86]

IKEA

Eines der erfolgreichsten Handelsunternehmen der Welt ist IKEA. In 2011 senkte IKEA die ohnehin schon tiefen Preise um 2,6 Prozent. Trotzdem wuchsen der Umsatz um 6,9 Prozent auf 25,2 Milliarden Euro und der Gewinn um 10,3 Prozent auf 2,97 Milliarden Euro. Die Umsatzrendite von IKEA ist mit 11,7 Prozent für ein Handelsunternehmen sehr hoch. Ein Analyst kommentiert: »A key contributor were aggressive price investments (new power pricing strategy) on top selling products.« IKEA richtet alle Aktivitäten auf maximale Kosteneffizienz aus. IKEA kann zu so niedrigen Preisen anbieten, weil die Firma sehr große Volumina einkauft, kostengünstige Materialen verwendet und die Kunden die Möbel selbst abholen und zusammenbauen.

avandeo

Selbst ein Unternehmen wie IKEA sieht sich neuen Wettbewerbern aus dem Internet gegenüber. Ein Beispiel ist die 2009 gegründete deutsche Firma avandeo, die Designermöbel per Internet verkauft. Der Kunde erhält die Möbel fertig zusammengebaut. Dennoch liegt das Preisniveau von avandeo ungefähr bei demjenigen von IKEA, allenfalls leicht darüber. Der Verkauf von avandeo findet ausschließlich online statt. Die Großmöbel werden »on demand« produziert. Das heißt, die Fertigung eines Möbelstücks beginnt erst, wenn der Kunde seine Bestellung getätigt hat. Lagerhaltung, Zwischenhändler, teure Verkaufsflächen und Verkaufspersonal entfallen. Diese Faktoren machen einen sehr großen Teil der Kosten bei einem stationären Möbelhändler aus. Das Geschäftsmodell von avandeo ist aus verschiedenen Gründen rentabel. Der Einkauf im Internet stellt eine bequeme Alternative zum stationären Handel dar. Wurden noch bis vor wenigen Jahren lediglich kleine Produkte wie Bücher oder Schuhe online gekauft, richten immer mehr Menschen ihre vier Wände mit Möbeln und Wohnaccessoires aus dem Netz ein. avandeo kann Trends schnell aufgreifen und umsetzen, hochwertige Produkte anbieten und diese aufgrund des Direktmarketings trotzdem zu Preisen verkaufen, die mit IKEA-Preisen wettbewerbsfähig sind. Man darf gespannt sein, wie sich der Wettbewerb zwischen diesen Geschäftsmodellen weiterentwickelt.

H&M, Zara und Deichmann

Ähnlich wie bei IKEA sehen die Kostenstrategien bei den Modefirmen H&M und Zara aus. Mit 2 800 bzw. 5 500 Läden erzielen beide Umsätze von rund 14 Milliarden Euro und Gewinne von knapp 2 Milliarden Euro. Das ergibt für beide Anbieter Umsatzrenditen von etwa 13,6 Prozent. Alle Aktivitäten sind auf höchste Effizienz getrimmt. Dies gilt insbesondere für die Logistikprozesse. Diese garantieren einerseits, dass man zeitlich nahe am aktuellen Geschmack der Kunden liegt, und vermeiden andererseits Fehlproduktionen, die zu negativen Margen führen. In das gleiche Strategiemuster passt auch der Schuhhändler Deichmann, der gelegentlich als »Schuh-Aldi« oder als »H&M der Schuhbranche« bezeichnet wird. Im Jahr 2012 verkaufte Deichmann in 3 325 Filialen 165 Millionen Paar Schuhe zu Tiefstpreisen und setzte 4,5 Milliarden Euro um.[87] Die Umsatzrendite soll zweistellig sein, der Inhaber bezeichnet sie als »sehr zufriedenstellend«. 70 Prozent der Schuhe werden in Asien zu niedrigsten Kosten gefertigt. Auch bei Deichmann ist alles, insbesondere die Logistik, auf maximale Effizienz getrimmt. Auf alles Überflüssige, selbst auf Bankkredite, wird verzichtet.

Ryanair

Auch die Billigfluggesellschaft Ryanair zeigt, dass man mit niedrigen Preisen hohe Renditen erwirtschaften kann. Im Geschäftsjahr 2011/12 stieg der Umsatz um 21 Prozent auf 4,39 Milliarden Euro, der Gewinn sogar um 50 Prozent auf 560 Millionen Euro. Das entspricht einer für Fluggesellschaften äußerst ungewöhnlichen Umsatzrendite von 12,8 Prozent. Zum Vergleich: Die Lufthansa erzielte im Geschäftsjahr 2011 bei 28,7 Milliarden Euro Umsatz ein Ergebnis vor Steuern von 446 Millionen Euro und damit eine Umsatzrendite von 1,6 Prozent. Wie kann Ryanair bei derart niedrigen Preisen so profitabel sein? Zum einen sorgen die günstigen Preise für eine hohe Auslastung von rund 80 Prozent. Zum anderen achtet Ryanair penibelst auf Kosteneffizienz. Auf alles Unnötige wird verzichtet, bezeichnenderweise spricht man bei diesem Typ von »No-Frills-Airlines« (Keine-Kinkerlitzchen-Fluggesellschaften). Zum Beispiel passen diese Fluggesellschaften auf, dass die Passagiere nichts an Bord zurücklassen (etwa Zeitungen oder Zeitschriften). Das spart die Reinigung, die bei traditionellen Airlines 15 bis 20 Minuten dauert. Diese Zeit wird genutzt, die Passagiere von und an Bord zu bringen. Der Rekordhalter Southwest Airlines schafft das in 22 Minuten. Das Flugzeug ist schneller wieder in der Luft. Und nur in der Luft verdienen Flugzeuge Geld. Während die Maschinen bei traditionellen Airlines rund acht Stunden pro Tag in der Luft sind, schaffen die No Frills elf bis zwölf Stunden. Das heißt, die Kapitalproduktivität ist fast 50 Prozent höher. Und mit ähnlicher Konsequenz wird jeder Kostentreiber minimiert.

Zudem ist Ryanair ein Meister im Erfinden und Erheben von Zuschlägen (siehe dazu Kapitel 10). Der kommunizierte Preis ist zwar oft extrem niedrig. Gelegentlich werden Tickets zu Preisen von 0 oder 0,99 Euro angeboten. Die tatsächlich zu zahlenden Beträge rangieren weit darüber. Allerdings liegt Ryanair im tatsächlich realisierten Umsatz pro Ticket deutlich unter Easyjet und Germanwings.

Auch im Einkauf realisiert Ryanair offensichtlich niedrigste Preise. So soll die Billigairline bei einem Großauftrag an Boeing im Jahr 2003 einen Rabatt von 50 Prozent auf die Listenpreise erhalten haben. Und für eine weitere Großbestellung von 175 Boeing 737 im März 2013 wird ein ähnlicher Rabatt vermutet.[88]

SNCF

Das Preismodell der No-Frills-Airlines findet neuerdings Nachahmer im Eisenbahnbereich. Die französische Staatsbahn SNCF führte 2013 unter dem Markennamen »Ouigo« ein Angebot ein, bei dem man per Hochgeschwindigkeitszug für 10 Euro von Paris in dreieinhalb Stunden nach Marseille (Entfernung 770 Kilometer) reisen kann. Die Züge haben nur eine Klasse und kein Restaurant. Das Gepäck ist auf ein Stück Handgepäck sowie einen Koffer beschränkt, sonst wird ein Zuschlag erhoben. Die Buchung kann nur per Internet erfolgen. Aufgrund kleinstmöglicher Sitzabstände können 1270 Passagiere befördert werden. Die Preise werden je nach Zeit und Buchungsstand differenziert (Revenue Management). Die preisliche Höchstgrenze liegt bei 85 Euro, mindestens ein Viertel der Tickets soll weniger als 25 Euro kosten. Ähnlich wie Ryanair Nebenflughäfen nutzt, fährt der Ouigo Bahnhöfe außerhalb der Stadtzentren an. Zielgruppe sind junge Leute, Familien und Kleingruppen, für die attraktive Gruppentarife angeboten werden. Das Konzept ist demjenigen der Billigfluggesellschaften nachmodelliert. Man darf gespannt sein, ob es funktioniert.

Dell

Im November 1988 hörte ich an der Harvard Business School einen Vortrag von Michael Dell, der 1984, noch als Student, die Computerfirma Dell gegründet hatte. Er sagte sinngemäß: »Als Student arbeitete ich in einem Computerladen. Wir verkauften Computer, aber echten Nutzen brachten wir den Kunden nicht. Dafür kassierte der Händler 30 Prozent des Kaufpreises. Ich dachte mir, dass ich diese hohe Spanne durch Direktvertrieb einsparen und in Form niedrigerer Preise an die Kunden weitergeben könne. Und so gründete ich meine Firma.« Aus dieser Idee entstand der später größte PC-Hersteller der Welt. Heute beschäftigt Dell mehr als 100 000 Mitarbeiter. Im Jahr 2012 setzte Dell 63 Milliarden Dollar um und erzielte ein operatives Ergebnis von 4,43 Milliarden Dollar. Das ergibt eine Umsatzrendite von gut 7 Prozent, ein in dieser wettbewerbsintensiven Branche ausgezeichneter Wert. Auch bei Dell ist das ganze System auf höchste Kosteneffizienz getrimmt. Dell wurde berühmt für das »Configure to Order Concept«, bei dem nicht auf Lager, sondern nach Bestellung des Kunden produziert wird, ähnlich wie bei avandeo. Das spart Lager- sowie Reklamationskosten und trägt zur Kundenzufriedenheit bei, da jeder Kunde genau die Konfiguration erhält, die er haben will. Der Entfall der Handelsspanne ermöglicht niedrige Preise und lässt dennoch Raum für eine gute Rendite.

Less Expensive Alternative (LEA)

Für viele Firmen stellt sich die Frage, ob sie dem Wettbewerb mit einer billigeren Alternative antworten sollen. Dieses Niedrigpreisprodukt wird meistens unter einer Zweitmarke geführt, um es klar von der Hauptmarke zu trennen und deren Kannibalisierung zu vermeiden. Ein Weltmarktführer in Spezialchemikalien musste die Erfahrung machen, dass seine früher einzigartigen Silikonprodukte ihren technischen Vorsprung verloren und von Konkurrenten mit Niedrigpreisen imitiert wurden. Das bestehende Sortiment umfasste rund 7 000 Artikel, die in sehr unterschiedlicher Weise von dem sich verschärfenden Preiswettbewerb betroffen waren. Statt die Preise für die Hauptmarke zu senken, wurde eine Zweitmarke eingeführt, die preislich etwa 20 Prozent niedriger positioniert war. Bei dieser Marke gab es nur minimalen Service, bestellt werden konnten nur ganze Tankzüge, die Lieferzeiten waren mit sieben bis 20 Tagen relativ lang, sodass freie Produktionskapazitäten genutzt werden konnten. Kundenspezifische Anpassungen waren nicht möglich. Nach Einführung der Zweitmarke erlebte die

Firma ein zweistelliges Wachstum. Der Umsatz stieg innerhalb der folgenden vier Jahre von 1,7 auf 4,8 Milliarden Euro. Aus einem Verlust von 20 Millionen Euro wurde ein Gewinn von 357 Millionen Euro. Die Less Expensive Alternative verlieh dem Unternehmen einen neuen Wachstumsschub. Die Kannibalisierung mit der Hauptmarke hielt sich in Grenzen.

Amazon, Zalando und Facebook

Die vorangehenden Fallstudien beweisen, dass man mit niedrigen Preisen hohe Gewinne erwirtschaften kann. Die Liste ließe sich fortsetzen, allerdings nicht beliebig. Denn die Zahl der Unternehmen, die mit der Kombination »niedrige Preise – hohe Gewinne« nachhaltig erfolgreich sind, hält sich in Grenzen. Es gibt weitaus mehr Niedrigpreisanbieter, die gescheitert sind, als solche, die dauerhaft hohe Renditen erzielen. Beispiele für Fehlschläge sind Schlecker, Woolworth, die Baumarktkette Praktiker, der Discounter Mäc Geiz sowie zahlreiche Billigairlines. Der viel gerühmte Internethändler Amazon gehört – zumindest bisher – ebenfalls nicht zur »Niedrigpreis-Hochgewinn-Kategorie«. Amazon erzielte in 2012 einen Umsatz von 61,1 Milliarden Dollar. Dabei wurde ein Nettoverlust von 39 Millionen Dollar erwirtschaftet (nach einem Gewinn von 631 Millionen Dollar im Vorjahr). Bei jedem Kindle-Verkauf soll Amazon beispielsweise 10 bis 15 Dollar Verlust machen. Offensichtlich sieht Amazon den Kindle ähnlich wie Rockefeller seinerzeit die Öllampen, die er gratis verteilte, um danach am Ölverkauf zu verdienen. Auch bei seinem Kundentreueprogramm setzt Amazon kräftig zu. Der Kunde zahlt 79 Dollar, aber die Kosten sollen bei über 90 Dollar liegen.[89]

Nach wie vor in der Verlustzone bewegt sich auch der 2008 gegründete deutsche Online-Händler Zalando, der nach dem gleichen Geschäftsmodell wie Amazon operiert. Zalando durchbrach in 2012 erstmals die Umsatzmilliarde, erwirtschaftete dabei aber einen Verlust von etwa 90 Millionen Euro.[90] Auch Facebook setzt stärker auf Umsatz als auf Gewinn. Im Geschäftsjahr 2012 stieg der Facebook-Umsatz um 37 Prozent auf 5,1 Milliarden Dollar, doch der Nettogewinn fiel dramatisch von einer Milliarde auf 53 Millionen Dollar. Ursache waren überproportional steigende Kosten. Bezugnehmend auf 2013 sagte Facebook-Gründer und -CEO Marc Zuckerberg: »Wir arbeiten auch in diesem Jahr nicht darauf hin, unsere Gewinne zu maximieren.«[91] Setzen Amazon, Facebook und Zalando nur temporär auf margenschwaches Umsatzwachstum, um später hohe Gewinne einzufahren? Oder müssen diese Firmen zu niedrigen Preisen anbieten, um sich am Markt zu behaupten und zu wachsen, ohne dass Aussicht auf eine attraktivere Marge besteht? Im Fall von Amazon scheint die Börse derzeit noch Ersteres zu glauben, denn der Kurs steigt seit 2009, wenn auch mit Schwankungen.[92] Aber es gibt auch kritische Stimmen. So sagt ein Analyst: »Investors could get tired of this and it could end up imploding Amazon's market capitalization.«[93]

Erfolgsfaktoren der Niedrigpreisstrategie

Was sind die Gemeinsamkeiten, die zu hohen Gewinnen trotz niedriger Preise führen?

1. Alle erfolgreichen Niedrigpreisanbieter haben von Beginn an auf niedrige Preise und hohen Absatz gesetzt. Oft erfanden sie radikal neue Geschäftsmodelle. Kein einziger ist aus einer Transformation eines früheren Hoch- oder Mittelpreisanbieters entstanden.
2. Alle erfolgreichen Niedrigpreisanbieter operieren mit höchster Kosten- und Prozesseffizienz, die ihnen erlaubt, selbst bei tiefen Preisen auskömmliche Margen und Gewinne zu erreichen.
3. Sie garantieren eine akzeptable und konsistente Qualität. Schlechte oder inkonsistente Qualität führt selbst bei niedrigen Preisen nicht zu dauerhaftem Erfolg.
4. Sie zeichnen sich durch eine starke Konzentration auf das Kernprodukt aus. Überflüssiges wird weggelassen (»keine Kinkerlitzchen«). Das spart Kosten, ohne dass der Kernkundennutzen leidet.

5. Sie streben starkes Wachstum und hohe Umsätze an. Das erlaubt ihnen, Economies of Scale (Größenvorteile) in höchstmöglichem Umfang auszuschöpfen.
6. Im Einkauf sind sie hart und konsequent, aber nicht unfair.
7. Sie verzichten weitestgehend auf Bankkredite, sondern ziehen Selbst- und Lieferantenfinanzierung vor.
8. Sie führen überwiegend Eigenmarken und üben eine starke Kontrolle über die gesamte Wertschöpfungskette aus.
9. Wenn sie Werbung betreiben, dann fast ausschließlich Preiswerbung (Aldi, Lidl, Ryanair).
10. Ihr Pricing ist eher durch dauerhaft niedrige Preise (everyday low prices) als durch temporäre Sonderangebote (Hi – Lo) gekennzeichnet.
11. In den meisten Märkten ist nur Platz für wenige »Niedrigpreis-Hochgewinn-Anbieter«, oft nur für einen oder zwei.

Zusammenfassend bleibt zu sagen, dass es grundsätzlich möglich ist, mit niedrigen Preisen dauerhaft hohe Gewinne zu erzielen. Doch nur wenigen ist dieser Erfolg beschieden. Er kommt nur zustande, wenn die Kosten auf Dauer signifikant niedriger sind. Die hierfür notwendigen Fähigkeiten müssen von Beginn an in der Unternehmenskultur verankert sein. Es erscheint fraglich, ob Firmen mit einer anderen Tradition sich auf diese Erfordernisse umstellen können. Für diese Unternehmenskategorie braucht man Unternehmer und Manager mit bestimmten Charaktereigenschaften. Nur wer bereit ist, Kargheit, Genügsamkeit und Knauserigkeit Tag für Tag zu leben, sollte sich in die Tiefebenen des Pricing vorwagen. Die Kernherausforderung der Niedrigpreisstrategie liegt in der Festlegung eines akzeptablen (nicht eines minimalen) Value-to-Customer. Dieser resultiert im Wesentlichen aus der Kernleistung und muss mit höchster Kosteneffizienz bereitgestellt werden.

Ultra-Niedrigpreise: Niedriger als niedrig

Die im vorherigen Abschnitt diskutierten Preise rangieren innerhalb der hoch entwickelten Industrieländer am unteren Ende. In den Schwellenländern entsteht jedoch seit einigen Jahren ein völlig neues Segment, in dem die Preise nochmals bis zu 50 Prozent tiefer liegen. Auf die Entstehung dieses neuen Segments haben seit längerem zwei indisch-amerikanische Professoren hingewiesen. Professor Vijay Mahajan von der University of Texas in Austin spricht in seinem Buch *The 86% Solution* von diesem Segment als der »Biggest Market Opportunity of the 21st Century«.[94] Die 86 Prozent im Buchtitel beziehen sich darauf, dass das jährliche Familieneinkommen von 86 Prozent der Menschheit unter 10 000 US-Dollar liegt. Menschen in dieser Einkommensklasse können sich die typischen Produkte hoch entwickelter Länder (zum Beispiel Autos, Körperpflegemittel etc.) nicht leisten. Vertieft geht der 2010 verstorbene Strategieexperte C. K. Prahalad in seinem Buch *The Fortune at the Bottom of the Pyramid* auf die Chancen ein, die sich in den riesengroßen und stark wachsenden unteren Preissegmenten ergeben.[95] Das anhaltende Wachstum in China, Indien und weiteren Schwellenländern führt dazu, dass jedes Jahr viele Millionen von Verbrauchern höhere Kaufkraft erwerben und damit zu relevanten Zielgruppen für industrielle Produkte in allerdings niedrigsten Preislagen werden. Bernhard Steinrücke, Chef der deutschen Kammer in Mumbai, weist nachdrücklich auf die sehr niedrigen Preise in Indien hin: »Mit europäischen Preisen kommt man hier nicht weit.«[96] Mit der Ultra-Niedrigpreislage entsteht ein neues, stark wachsendes und sehr großes Segment. Jedes Unternehmen muss entscheiden, ob und wie es an diesem Segment partizipieren will. Das geht nur mit radikal anderen Strategien, wenn man trotz der ultra-niedrigen Preise Geld verdienen will.

Dacia Logan und Tata Nano

Entsprechende Entwicklungen zeigen sich nicht nur in Asien, sondern auch in Osteuropa. So ist Renault mit dem in Rumänien gefertigten Billigauto Dacia Logan sehr erfolgreich. Dieses Auto gibt es ab 7 200 Euro, und Renault hat bereits über eine Million Einheiten verkauft. In Frankreich spricht man von der »Loganisation« in ähnlichem Sinne, wie man in Deutschland den Begriff

»Aldisierung« gebraucht. Der Preis für einen typischen VW Golf ist mehr als doppelt so hoch. Ultra-Niedrigpreis-Autos in Schwellenländern liegen preislich allerdings weit unter dem Dacia Logan.

Der in 2009 eingeführte Kleinwagen Nano des indischen Herstellers Tata hat weltweit große Aufmerksamkeit erregt. Dieses Auto kostet etwa 2 500 Euro. Heute werden weltweit bereits 10 Millionen unterschiedlichster Ultra-Niedrigpreis-Kleinfahrzeuge verkauft. In den nächsten zehn Jahren soll diese Zahl auf 27 Millionen Fahrzeuge steigen. Das Segment wächst doppelt so schnell wie der Automarkt insgesamt. Selbst die für ihre Premiumprodukte bekannten deutschen Autohersteller und -zulieferer können sich kaum erlauben, das Ultra-Niedrigpreis-Segment zu ignorieren. Im Einklang mit dieser Notwendigkeit spielen deutsche Zulieferer beim Nano eine herausragende Rolle. Bosch entwickelte in Indien für den Nano eine radikal vereinfachte, extrem billige Common-Rail-Technologie und ist mit einem Lieferanteil von mehr als 10 Prozent des Autowerts vertreten. Insgesamt sind mit Bosch, Continental, Freudenberg, Schaeffler, Mahle, ZF, Behr, BASF und FEV neun deutsche Zulieferer im Nano präsent. Dies zeigt, dass deutsche Unternehmen im Ultra-Niedrigpreis-Segment mithalten können. Die Frage, ob sich mit Ultra-Niedrigpreis-Produkten nicht nur Umsatz, sondern auch Gewinn machen lässt, ist allerdings noch offen.

Honda Wave

Der folgende Fall beleuchtet die Frage, ob Weltfirmen wie Honda in der Lage sind, Billigstkonkurrenten auszustechen. Honda ist bei Motorrädern Weltmarktführer und globale Nr. 1 bei Verbrennungsmotoren (Produktion von mehr als 20 Millionen Stück, überwiegend Kleinmotoren). In den 90er Jahren dominierte Honda den Motorradmarkt in Vietnam mit einem Marktanteil von 90 Prozent. Das Hauptmodell Honda Dream wurde zu einem Preis, der 2 100 US-Dollar entsprach, verkauft. Chinesische Wettbewerber drangen mit Ultra-Niedrigpreis-Produkten in den vietnamesischen Markt ein und verkauften ihre Maschinen zu 550 bis

700 Dollar, also zu einem Viertel bis zu einem Drittel des Preises von Honda. In der Folge setzten die Chinesen eine Million Motorräder ab, während der Absatz von Honda auf 170 000 Stück zurückfiel. Die meisten Unternehmen hätten in dieser Situation das Handtuch geworfen oder sich in die Premiumnische zurückgezogen. Nicht so Honda. Als kurzfristige Reaktion wurde der Preis des Modells Dream von 2 100 auf 1 300 US-Dollar abgesenkt. Dieser Preis war jedoch auf Dauer nicht haltbar und lag immer noch beim doppelten der chinesischen Preise. Deshalb entwickelte Honda ein stark vereinfachtes, äußerst kostengünstiges Modell, das die Bezeichnung Wave erhielt. Es verband akzeptable Qualität mit niedrigsten Herstellkosten. Zu dem neuen Modell heißt es bei Honda: »The Honda Wave has achieved low price, yet high quality and dependability, through using cost-reduced locally made parts as well as parts obtained through Honda's global purchasing network.« Das neue Produkt wurde zum Ultra-Niedrigpreis von 732 US-Dollar (das entspricht 35 Prozent des früheren Preises der Dream-Maschine) eingeführt und eroberte den vietnamesischen Markt für Honda zurück. In den Folgejahren verließen die meisten chinesischen Anbieter Vietnam. Dieser Fall belegt, dass Premiumfirmen wie Honda mit Ultra-Niedrigpreis-Anbietern aus Schwellenländern konkurrieren können. Das funktioniert allerdings nicht mit den bisherigen Produkten, sondern verlangt radikale Neuorientierung, Vereinfachung, lokale Produktion und äußerstes Kostenbewusstsein. Die provozierend klingende Frage: »Warum greifen wir die Chinesen nicht bei den Kosten an?« ist ernsthaft zu stellen.[97] Wie der Honda-Fall zeigt, lohnt es sich, hierüber nachzudenken. In Indien, Bangladesch oder Vietnam arbeiten Hunderte von Millionen Menschen zu Löhnen, die weit unter dem chinesischen Niveau liegen. Diese Chancen können auch deutsche Firmen nutzen.

Ultra-Niedrigpreis-Positionierungen durchziehen zunehmend die unterschiedlichsten Märkte. So ist die von dem MIT-Professor Nicholas Negroponte betriebene Idee eines Personal Computers für 100 US-Dollar (»One Laptop per Child Initiative«) weltweit bekannt geworden. Heute werden am freien Markt Laptops mit akzeptabler Leistung zu weniger als 200 US-Dollar angeboten; abgespeckte Geräte gibt es sogar für weniger. Die 100-Dollar-Preis-lage ist also nicht mehr fern. Vor einiger Zeit kündigten indische Hersteller an, einfache Tablet-PCs für 35 Dollar auf den Markt zu bringen.[98] Per 2013 gibt es tatsächlich einen – allerdings rudimentären PC – für 35 Dollar.[99] Welche Stückzahlen bei solchen Niedrigstpreisen erreicht werden können, sieht man an der Verbreitung von Mobiltelefonen, von denen es heute mehr als vier Milliarden gibt. Was derzeit noch als Ultra-Niedrigpreislage angesehen wird, kann durchaus in wenigen Jahren zur Normalpreislage werden.

Der Ultra-Niedrigpreis-Ansatz verbreitet sich schnell. Sport-schuhhersteller überlegen, in Schwellenländern Produkte für Preislagen um einen Euro pro Schuh anzubieten. Lebensmittelhersteller wie Nestlé oder Procter & Gamble verkaufen Kleinstpackungen zu Centbeträgen, sodass sich auch Verbraucher mit sehr niedrigem Einkommen zumindest gelegentlich ein solches Produkt (z.B. ein Shampoo für eine Einmalanwendung) leisten können. Gillette hat in Indien eine Rasierklinge zu 11 Cent eingeführt, die den Preis des etablierten Produkts um 75 Prozent unterschreitet.

Industriegüter

Ultra-Niedrigpreise beschränken sich keineswegs auf Konsumgüter, sondern kommen zunehmend auch in Industriegütermärkten vor. Dies wird am Beispiel des chinesischen Marktes für Kunststoffspritzmaschinen veranschaulicht. Das Premiumsegment mit etwa 1 000 Maschinen pro Jahr wird im Wesentlichen von europäischen Firmen bedient. Das mittlere Preissegment umfasst circa 5 000 Einheiten und ist eine Domäne japanischer Anbieter. Im Ultra-Niedrigpreis-Segment, das mit 20 000 Maschinen um den Faktor 20 größer als das Premiumsegment und um den Faktor vier größer als das mittlere Segment ist, tummeln sich chinesische Firmen. Bei solchen Marktstrukturen ist eine Vernachlässigung der Niedrigstpreislage beziehungsweise die Beschränkung auf das Premiumsegment, das in diesem Fall stückzahlenmäßig nur 4 Prozent ausmacht, auf Dauer keine tragfähige Alternative. Die Premiumnische ist selbst in einem Riesenmarkt wie China zu klein. »Maschinen- und Anlagenbauer müssen ihre Produktkonzepte zur Eroberung von Wachstumsmärkten wie China und Indien radikal vereinfachen«, heißt es in einer Studie des Verbandes des Deutschen Maschinen- und Anlagenbaus.[100] Zudem besteht die große Gefahr, dass Anbieter mit deutlich niedrigeren Preisen, aber akzeptabler Leistung von unten angreifen.

Der Einstieg in das Ultra-Niedrigpreis-Segment muss deshalb auch von deutschen Herstellern ernsthaft erwogen werden. Das bedeutet, dass man in den Emerging Markets nicht nur Produktion, sondern auch Entwicklung aufbauen muss. Es ist eine Illusion, die niedrigstpreisigen Produkte in Deutschland zu entwickeln.[101] Die Verlagerung der Wertschöpfung in die Schwellenländer ist der einzige Weg, um in den radikal niedrigeren Preislagen konkurrieren zu können. Das 2012 veröffentlichte Buch *Reverse Innovation: Create Far From Home, Win Everywhere*, das diesen Prozess analysiert, hat Aufsehen erregt.[102] Eine effektive Verteidigungsstrategie für das Premium- und das Mittelpreissegment besteht darin, in den Preissegmenten darunter wettbewerbsfähig zu werden. Die Schweizer Firma Bühler, Weltmarktführer in der Vermahlungstechnik, hat eine chinesische Firma übernommen, um in China in niedrigen Preislagen und im Hinblick auf das Thema Einfachheit mithalten zu können. Laut CEO Calvin Grieder ist auf diese Weise eine bessere Abstimmung von Angebot und Kundenerwartung gelungen, als sie mit den höherpreisigen und komplexeren Schweizer Originalprodukten möglich gewesen wäre. Eine interessante Doppelstrategie verfolgt Karl Mayer, mit 75 Prozent Weltmarktanteil der dominierende Hersteller von Kettenwirkmaschinen. Ziel ist es, sowohl die Position im Premiumsegment wie auch im niedrigpreisigeren Marktsegment abzusichern. Dazu wurde der Entwicklungsauftrag vergeben, im unteren Segment die gleiche Leistung zu 25 Prozent niedrigeren Kosten zu erbringen und im Premiumsegment zum gleichen Preis eine 25 Prozent höhere Leistung bereitzustellen. Laut CEO Fritz Mayer sind diese äußerst ambitiösen Ziele erreicht worden. Karl Mayer hat dadurch sein preisliches und leistungsmäßiges Wettbewerbsspektrum nach unten wie nach oben ausgeweitet und in China Marktanteile zurückerobert. Grohe, Weltmarktführer bei Sanitärarmaturen, hat den chinesischen Marktführer Jouyou übernommen und sich damit in China auf einen Schlag in eine führende Marktposition gebracht. Schon vor vielen Jahren warnte der inzwischen verstorbene Nicholas Hayek, der Schöpfer der Swatch-Uhr und frühere CEO von Swatch, davor, die unteren Preissegmente Wettbewerbern aus Niedriglohnländern zu überlassen.

Ultra-Niedrigpreis-Produkte auch in hoch entwickelten Ländern?

Eine interessante Frage ist, ob Ultra-Niedrigpreis-Produkte aus den aufstrebenden Ländern in die Hocheinkommensländer vordringen werden. Hierzu gibt es in der Tat Beispiele. Der Dacia Logan, von Renault ursprünglich für osteuropäische Märkte vorgesehen, erweist sich auch in Westeuropa als Erfolgsmodell. Siemens, Philips und General Electric haben in Asien vereinfachte medizintechnische Geräte entwickelt, die für den Absatz in asiatischen Märkten konzipiert waren. Diese Ultra-Niedrigpreis-Geräte werden heute auch in den USA und in Europa verkauft. Sie kannibalisieren dabei nicht unbedingt die viel teureren Großgeräte, die vor allem in Krankenhäusern und spezialisierten Praxen eingesetzt werden. Teilweise erschließen die Ultra-Niedrigpreis-Produkte neue Segmente, beispielsweise allgemeine Arztpraxen, die sich nun solche Geräte leisten und einfachere Diagnosen selbst durchführen können.[103] Auch Tata in Indien arbeitet für den Nano an Varianten, die europäische und amerikanische Normen erfüllen.[104] Außerhalb Chinas will Grohe den chinesischen Marktführer Jouyou als preisgünstige Zweitmarke positionieren. Vereinfachungen, die eine funktionale Leistung auf ausreichendem Niveau zu extrem niedrigen Kosten und Preisen ermöglichen, haben in hoch entwickelten Ländern durchaus Chancen. Insofern sind bei der Entscheidung über eine Ultra-Niedrigpreis-Positionierung nicht nur die Attraktivität dieses Segments in den Schwellenländern, sondern auch die Auswirkungen auf die Industrieländer und die höheren Preislagen zu bedenken.

Erfolgsfaktoren der Ultra-Niedrigpreis-Strategie

Wie schon gesagt, ist die Frage, ob man mit Ultra-Niedrigpreis-Produkten auskömmliche Renditen verdienen kann, noch nicht entschieden. Die Erfolgsfaktoren in diesem Segment zeichnen sich allerdings klar ab.

1. Reduktion des Produkts auf das absolut Notwendige. Einfachheit und Robustheit in jeder Hinsicht. Die Produkte dürfen gleichwohl nicht zu primitiv sein.
2. Entwicklung in den Schwellenländern, da nur so kundengerechte Lösungen für dieses Segment erreichbar sind.
3. Sicherstellen niedrigster Herstellkosten. Das erfordert ein entsprechendes Design, Standorte mit Tiefstlöhnen und dennoch ausreichender Produktivität.
4. Neue Marketing- und Vertriebsansätze, die ebenfalls mit niedrigsten Kosten auskommen müssen.
5. Leichte Bedien- und Wartbarkeit der Produkte, die dem Ausbildungsniveau von Produktnutzern und der mangelnden Werkzeugausstattung von Serviceprovidern gerecht werden.
6. Um dauerhaft erfolgreich zu sein, muss die Qualität der Ultra-Niedrigpreis-Produkte konsistent sein.

Die Kernherausforderung der Ultra-Niedrigpreis-Strategie liegt in der Festlegung des Value-to-Customer, der gerade noch von einer ausreichenden Zahl von Kunden akzeptiert wird, und damit verbunden der radikalen Kostenminimierung.

Erfolgsstrategien mit hohen Preisen

Hohe Preise – hohe Spannen – hohe Gewinne, diese Triade passt auf den ersten Blick zusammen. Doch so einfach ist es nicht. Wenn die Hochpreisstrategie eine derart sichere Bank wäre, würde jedes Unternehmen sie wählen. Mindestens zwei weitere Bedingungen müssen ins Spiel kommen, damit die Gleichung aufgeht. Zum einen garantiert ein hoher Preis alleine keine hohe Spanne. Denn es könnte ja sein, dass die Kosten ebenfalls hoch sind. In der Praxis ist das leider häufig der Fall. Eine hohe Spanne kommt nur zustande, wenn die Kosten ausreichend Abstand zum Preis halten. Das ist keine Trivialität, denn ein hoher Preis wird von den Kunden nur gezahlt, wenn der Nutzen des Produkts entsprechend hoch ist. Hoher Nutzen bedeutet aber oft hohe Kosten gemäß dem Sprichwort: »Was nichts kostet, ist nichts wert!« Denn diese alte Weisheit kann zweifach interpretiert werden. Einmal im Sinne der diskutierten Qualitätsindikation des Preises (niedriger Preis indiziert niedrige Qualität), zum anderen im Sinne »niedrige Kosten = niedrige Qualität« bzw. niedriger Nutzen. Und selbst eine hohe Spanne garantiert noch keinen hohen Gewinn. Denn wenn die Absatzmenge aufgrund des hohen Preises zu klein bleibt, dann bleibt das Produkt aus Spanne und Menge klein. Die Frage, ob in der Geschichte mehr Unternehmen an zu hohen Preisen (dahinter stehend zu hohen Kosten und/oder zu niedrigen Absatzmengen) oder an zu tiefen Preisen gescheitert sind, lassen wir offen. Ich glaube nicht, dass jemand diese Frage fundiert beantworten kann. Wir behandeln im Folgenden zwei Kategorien von Hochpreisstrategien: Premium und Luxus.

Premium-Pricing

Wie hoch liegen Premiumpreise eigentlich über »normalen« oder »mittleren« Preisen? Eine generelle Differenz lässt sich natürlich nicht angeben. Eine Tafel Schokolade von Lindt kostet 1,95 Euro, von Coppeneur sogar 2,95 Euro. Das sind 119 bzw. 231 Prozent mehr als der Preis für eine Tafel Milka. Ein Liter Häagen-Dazs-Eiscreme ist 3,3-mal so teuer wie ein Liter Langnese-Eis. Für einen Bleistift von Staedtler-Noris zahlt man 0,65 Euro, bei Faber Castell sind es 1,10 Euro oder 70 Prozent mehr. Ein iPod nano kostet 211 Prozent mehr als ein MP3-Player der wenig bekannten Marke transcend. Bei der Versandapotheke DocMorris beträgt der Preis für eine Packung Aspirin 0,5 g mit 100 Tabletten das 2,45-Fache des Preises für eine entsprechende Packung ASS Ratiopharm. Und für eine Miele-Waschmaschine muss man 20 oder 30 Prozent mehr auf den Tisch legen als für eine AEG, sodass man einige 100 Euro mehr bezahlt. Die Preise der Windturbinen von Enercon liegen gut 20 Prozent über dem Konkurrenzniveau.

Wir reden also nicht von kleinen Preisunterschieden, sondern sowohl in prozentualer Hinsicht als auch in Absolutbeträgen von massiven Preisdifferenzen. Gleichwohl erreichen die Premiumprodukte nicht selten höhere Marktanteile als die billigeren Alternativen und sind oft Marktführer. Wie ist das möglich? Und was bedeutet das für den Gewinn? Die Antwort liegt im höheren wahrgenommenen Nutzen. Dieser höhere Value-to-Customer kommt nicht durch Zufall zustande, sondern gründet in herausragenden Leistungen. Premium-Pricing bedeutet, höheren Nutzen zu bieten und dafür Premiumpreise zu verlangen.

Apple vs. Samsung

Am 3. September 2001 besuchte ich in Seoul Dr. Chang-Gyu Hwang, seinerzeit CEO der Memory-Division von Samsung Electronics. Dr. Hwang schenkte mir ein kleines Gerät, auf dem man Musik speichern und abspielen konnte. Die Qualität der auf dem Gerät gespeicherten Musik war hervorragend. Das Design war allerdings nicht schön. Die Bedienung erwies sich als kompliziert, sodass ich es nicht schaffte, weitere Musik auf das Gerät zu bringen. Einige Jahre später kaufte ich mir in Boston einen iPod nano von Apple. Apple war schon damals – anders als Samsung – eine sehr starke Marke. Der iPod zeichnet sich durch elegantes Design aus. Ich konnte ihn ohne Handbuch bedienen. Und noch wichtiger: Apple stellte mit iTunes ein System zur Verfügung, mit dem ich Musik auf den iPod laden konnte. Ich habe Dr. Hwang in den letzten Jahren oft gesehen, und immer wieder sprechen wir über die iPod-Story. Er hat den iPod zusammen mit Steve Jobs entwickelt. Der iPod ist nämlich im Kern das Gerät, das mir Dr. Hwang im September 2001 schenkte. Was hat Apple anders gemacht? Es sind vier Dinge: starke Marke, tolles Design, leichte Bedienbarkeit und Systemintegration. Das Ergebnis: hoher wahrgenommener Kundennutzen, hohe Preisbereitschaft, hohe Preise, hohe Absatzmengen und astronomische Gewinne. Allein in den letzten sieben

Jahren wurden mehr als 300 Millionen iPods verkauft. Zu den Preisunterschieden gegenüber No-Name-Produkten oder schwächeren Marken haben wir schon Zahlen genannt, die iPod-Preise liegen locker beim Doppelten oder Dreifachen. Und beim iPhone und dem iPad ging Apple ähnlich vor und war wiederum extrem erfolgreich: Innovation, Design, Marke, einfache Bedienung, Systemintegration – mit anderen Worten »hoher Kundennutzen«, der hohe Preise stützt. Und die Gewinne? Im Jahr 2012 erzielte Apple bei einem Umsatz von 156,5 Milliarden Dollar (+45 Prozent gegenüber dem Vorjahr) einen Gewinn von 41,7 Milliarden Dollar, was einer Umsatzrendite von 26,6 Prozent entspricht. Angesichts dieser Zahlen wurde Apple vorübergehend zum wertvollsten Unternehmen der Welt, im August 2012 erreichte die Marktkapitalisierung 622 Milliarden Dollar und übertraf damit diejenige von Microsoft. Man kann realistischerweise nicht erwarten, dass eine derart außergewöhnliche Erfolgssträhne auf Dauer anhält. Ob ein Genie wie Steve Jobs ersetzbar ist, wird die Zukunft zeigen. In jedem Fall hat Apple bewiesen, dass man mit Innovation, starker Marke und attraktiven Produkten hohen Kundennutzen schaffen, hohe Preise durchsetzen und astronomische Gewinne realisieren kann. Das Fundament dieser Strategie besteht im höheren wahrgenommenen Kundennutzen. In der Zwischenzeit hat auch Samsung seine Lektion gelernt und ist mit seinen Smartphones sehr erfolgreich.

Gillette

Ein Musterbeispiel für Premium-Pricing liefert Gillette. In die Entwicklung des Mach3-Systems, des ersten Rasierers mit drei Klingen, investierte Gillette 750 Millionen Dollar. Wie Abbildung 6.2 zeigt, preiste Gillette die Mach3-Rasierer 41 Prozent über dem Preis des bisher teuersten Produkts Sensor Excel ein. Seither hat Gillette weitere Innovationen folgen lassen (Gillette Fusion hat fünf Klingen) und noch wesentlich höhere Preise verlangt.[105]

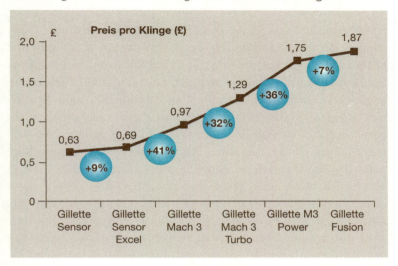

Das ist Premium-Pricing: durch Innovation Wert schaffen, Wert kommunizieren und diesen Wert in Premium-Preisen abschöpfen. Der Fusion-Preis liegt beim 2,97-fachen des ursprünglichen Sensor-Preises. Ist diese Strategie nicht überzogen? Per 2012 hatte Gillette einen Weltmarktanteil von nahezu 70 Prozent, den höchsten seit 50 Jahren.[106] Die Konkurrenten Wilkinson Sword und BIC kamen auf lediglich 12,5 bzw. 5,2 Prozent. Allerdings zeigen sich in den letzten Jahren vermehrt Widerstände gegen die hohen Preise. Neue Konkurrenten, die über das Internet vertreiben, werden angelockt.[107] Gillette wurde 2005 von Procter & Gamble übernommen. Procter & Gamble erzielte in 2012 einen Umsatz von 83,7 Milliarden Dollar und einen Gewinn vor Steuern von 12,8 Milliarden Dollar, was einer Umsatzrendite von 15,3 Prozent entspricht. Gillette praktiziert Premium-Pricing der besten Sorte.

Miele

Das Preisniveau von Miele liegt 20 Prozent oder mehr über demjenigen der Konkurrenz. Der geschäftsführende Gesellschafter Markus Miele erklärt, warum das so ist: »Wir sind im Premium-Segment zu Hause. Unsere Geräte sind auf 20 Jahre Lebensdauer ausgelegt und gehören technisch und ökologisch zum Besten, was auf dem Markt erhältlich ist. Für dieses Qualitätsversprechen sind die Menschen bereit, höhere Preise zu bezahlen.«[108] Diese Worte treffen den Kern. Aber auch ein Premiumprodukt muss den Wettbewerb im Auge behalten. Dazu Markus Miele: »Natürlich muss auch Miele darauf achten, dass der Preisabstand zu relevanten Mitbewerbern nicht zu groß wird. Deshalb arbeiten wir weiter kontinuierlich an unseren Kostenstrukturen, ohne dabei unser Motto ›Immer besser‹ zu vernachlässigen. Einen Wettbewerb um den niedrigsten Preis können wir nicht gewinnen, wohl aber den um das beste Produkt.«[109] In manchen Weltregionen gilt Miele als Luxusprodukt. Hierzu erklärt Reinhard Zinkann: »In Asien und in Russland schmücken sich wohlhabende Menschen gerne aus Prinzip mit dem Besten und Teuersten, das der Markt zu bieten hat. Deshalb haben wir Miele dort als reine Luxusmarke positioniert.«[110] In 2011 erzielte Miele einen Rekordumsatz von 2,94 Milliarden Euro. Der Gewinn ist nicht bekannt, aber eine Eigenkapitalquote von 45,7 Prozent und das Fehlen von Bankschulden lassen vermuten, dass Miele nachhaltig gute Gewinne einfährt.

Mövenpick

Im Kontext des Premium-Pricing spielt Innovation eine Schlüsselrolle. Eines der Erfolgsgeheimnisse der von Ueli Prager 1948 gegründeten Restaurantkette Mövenpick lag in einer innovativen Preispositionierung. Produkte wie Lachs, Hummer, Krabben oder Austern, die zu jener Zeit als ausgesprochene Luxusartikel galten, wurden bei Mövenpick zu erschwinglichen Preisen angeboten. Die Positionierung »Luxus zu bezahlbaren Preisen« war sehr innovativ und wurde als attraktiv empfunden. Im Rahmen einer Mischkalkulation »mischte« Prager allerdings auch normale Produkte in sein Sortiment, ohne deren Preise niedriger anzusetzen. Er erkannte zudem den hohen Nutzen von Schnelligkeit. Bei Mövenpick wurde man schneller bedient als in klassischen Restaurants, was die Gäste angesichts der zunehmenden Geschwindigkeit des Lebens schätzten.[111] Mit dieser Premiumpositionierung, die zugunsten des Kunden vom gewohnten Preis-Leistungs-Verhältnis abwich, wurde Mövenpick sehr erfolgreich.

Mercedes A-Klasse

Mit der A-Klasse, die am 18. Oktober 1997 am Markt eingeführt wurde, betrat Mercedes unbekanntes Terrain. Den bisher billigsten Mercedes, die C-Klasse, gab es ab Preisen von über 40 000 DM. Die A-Klasse war sowohl in technischer Hinsicht als auch im Styling revolutionär. Bei einem Frontalaufprall schiebt sich der Motor unter das Auto, was erhöhte Sicherheit bedeutet.[112] Dieser erste »Minivan« präsentierte sich den Verbrauchern mit einem gewöhnungsbedürftigen Äußeren. Der Innen- und Laderaum war ungewohnt groß und erlaubte eine multifunktionale Nutzung. Dennoch konnte man aufgrund der minimierten Außenmaße auf beschränktem Raum parken. Da Mercedes mit diesem Modell in ein neues Marktsegment eintrat, bestand hohe Unsicherheit bezüglich der Preispositionierung. Wie viel waren die innovativen Merkmale wert? Was würden die Kunden zu zahlen bereit sein? Ursprünglich wollte man unter der Preisschwelle von 30 000 DM bleiben. Eine tief gehende Value-to-Customer-Analyse deckte überraschende Aspekte auf. So polarisierte das neue Modell. Ungefähr ein Viertel der potenziellen Kunden erwiesen sich als Fans, die restlichen drei Viertel lehnten das Auto ebenso entschieden ab. Das heißt, eine Orientierung an der durchschnittlichen Preisbereitschaft hätte in die Irre geführt. Es kam nur darauf an, wie viel die Fans zu zahlen bereit waren. Einzelne Merkmale wie die Multifunktionalität, vor allem aber die Marke Mercedes, lieferten hohe Beiträge zum Value-to-Customer. Die Sicherheit sahen die Kunden hingegen kritischer, deshalb wurde ein zusätzlicher Seitenairbag eingebaut. Letztendlich lief die Empfehlung darauf hinaus, die neue A-Klasse zu einem rund 1 500 DM höheren Preis anzubieten als ursprünglich geplant und die Preisschwelle von 30 000 DM zu überschreiten. Da nur geringe Mehrkosten entstanden, bedeutete das einen wesentlich höheren Stückdeckungsbeitrag. Trotz des höheren Preises wurde die Kapazität ausgelastet. Im ersten Jahr wurden 192 000 Einheiten verkauft, bei einer Kapazität von 200 000 Stück bedeutet das für einen Modellanlauf faktisch Vollauslastung. Das ist Premium-Pricing: Durch Innovation und Marke Wert schaffen, Wert verstehen und Wert in Form angemessener Preise extrahieren! Die A-Klasse wurde ein großer Erfolg. Bis Ende 2012 sind insgesamt 2,2 Millionen Einheiten dieses Kompaktautomobils verkauft worden. Die dritte Generation der A-Klasse wurde 2012 von den Lesern der *ADAC Motorwelt* zur besten Neuerscheinung des Jahres gewählt.[113]

Porsche Cayman

Ganz anders stellte sich die Pricing-Herausforderung bei der Einführung des Porsche Cayman S im Herbst 2005 dar. Der Cayman ist ein Coupé, das technisch auf dem Cabrio Boxster basiert.[114] Zu welchem Preis sollte der Cayman angeboten werden? Die Autoindustrie hatte darauf eine eindeutige, erfahrungsbasierte Antwort: Der Preis des Coupés muss rund 10 Prozent unter dem Preis des Cabrios liegen. Der Unterschied zwischen Cabrio und Coupé betrug damals beim Porsche 911 und beim BMW 630 11,5 Prozent, beim Mercedes CLK 500 waren es 10,7 und beim Audi TT rund 7 Prozent. Cabrios waren also durch die Bank circa 10 Prozent teurer. Da der Boxster 52 265 Euro kostete, hätte diese Industriepraxis nahegelegt, den Cayman bei etwa 47 000 Euro zu preisen. Doch der seinerzeitige Vorstandsvorsitzende von Porsche, Wendelin Wiedeking, war ein großer Anhänger des Value Pricing und wollte den Value-to-Customer tiefgründig verstehen. Eine gründliche weltweite Studie legte nahe, beim Cayman genau das Gegenteil der Industriepraxis zu tun: Der Cayman sollte nicht 10 Prozent billiger, sondern 10 Prozent teurer als der Boxster sein. Das Auto wurde im November 2005 zu einem Preis von 58 529 Euro auf den Markt gebracht.[115] Trotz des höheren Preises wurde das neue Modell ein Erfolg. Wieder war das tiefe Verständnis des Value-to-Customer die Grundlage für ein adäquates Premium-Pricing.

Enercon

Viele Preiskonzepte gelten keineswegs nur für Konsumgüter, sondern auch für Industriegüter. Für Premium-Pricing trifft das erst recht zu, da Geschäftskunden den Nutzen gründlich untersuchen und rationaler beurteilen. Die Preise der Enercon-Windturbinen sind etwa 20 Prozent höher als diejenigen der Konkurrenz. Bedenkt man, dass ein Megawatt rund 1 Million Euro kostet, dann machen 20 Prozent rund 200 000 Euro aus. Bei den 3 500 Megawatt, die Enercon pro Jahr installiert, addiert sich das zu mehr als 500 Millionen Euro. Trotz des hohen Preises erreichte Enercon im Jahr 2012 in Deutschland einen Marktanteil von 57 Prozent. Der Mehrwert der Enercon-Turbinen ist wohlbegründet. Sie haben keine Getriebe und sind deshalb weniger störanfällig. Es ist also rational, wenn die Kunden bei Enercon höhere Preise akzeptieren. Das Resultat ist für Enercon bei einem Umsatz von 3,9 Milliarden Euro und einem Gewinn nach Steuern von 600 Millionen Euro eine Umsatzrendite von 15,4 Prozent.[116] Alle anderen großen Windanlagenhersteller schrieben hingegen in den letzten Jahren Verluste.

Enercon praktiziert ein weiteres sehr erfolgreiches Modell mit einer neuartigen Risikoaufteilung. Im Rahmen des Enercon Partner Konzepts (EPK) können Verträge für Wartung, Sicherheitsleistungen und Reparaturen abgeschlossen werden, bei denen der Preis vom Ertrag der Windenergieanlage abhängt. Enercon teilt das unternehmerische Risiko mit dem Betreiber der Windanlage. Mit diesem Angebot werden die objektiven Risiken für den Kunden erheblich reduziert. Dieses Angebot kommt bei den Kunden bestens an, rund 90 Prozent von ihnen schließen einen EPK-Vertrag ab. Wie bei allen Risikoübernahmen und Garantien sind die Kosten zu bedenken. Diese bleiben für Enercon wegen der qualitativen Überlegenheit beherrschbar. Da die Störquelle Getriebe wegfällt, kann Enercon seinen Kunden eine sehr hohe Anlagenverfügbarkeit von 97 Prozent garantieren, erreicht aber tatsächlich 99 Prozent. Die hohe Verfügbarkeitsgarantie von 97 Prozent kostet Enercon also kein Geld. Dies ist ein idealtypisches Beispiel für eine optimierte Risikoaufteilung zwischen Lieferanten und Kunden, die Kaufwiderstände fühlbar reduzieren kann. Außerdem übernimmt Enercon im Rahmen des Zwölfjahresvertrages die Hälfte der Servicegebühren für die erste Hälfte der Vertragslaufzeit. Gerade in den ersten Jahren ist die Finanzlage bei Windanlagenbetreibern typischerweise angespannt. Durch dieses Angebot trägt Enercon fühlbar zur Erleichterung der Finanzierung in der Anlaufphase eines Windparks bei.

»Bugs« Burger Bug Killers (BBBK)

Was bedeutet hoher Nutzen im Fall eines Unternehmens, das Ungeziefer beseitigt? Höchster Nutzen heißt hier ganz einfach, dass das Ungeziefer weg ist und nicht mehr wiederkommt. »Bugs« Burger Bug Killers gibt für seine diesbezügliche Dienstleistung die absolute Garantie. Es gibt keine Bedingungen, Ausnahmen oder Ausreden. In Abbildung 6.3 wird dargestellt, was BBBK selbst dazu sagt.

Dieser Kundennutzen ist nicht zu überbieten. Durch solche Versprechen wirkt die Garantie glaubwürdig. Und wie sieht die andere Seite aus? Der Preis von BBBK ist zehnmal so hoch wie die Preise der Konkurrenten.[117]

THE B.B.B.K. GUARANTEES

Guaranteed Performance

1. You do not pay our initial charges until we totally eliminate every roach, rat or mouse nesting on your premises.

2. If you are ever dissatisfied with our results and want to cancel our service due to a re-infestation of roaches, rats or mice, we will:

A. Refund up to one year's service charge and...

B. Pay the cost of another exterminator of your choice for up to one year.

Guaranteed Protection

1. Should a roach or rodent be seen by one of your guests, we will PAY THEIR BILL*, send them a letter of apology and invite them back as our guest.

2. We will PAY ALL FINES that may be levied against your hotel or restaurant by the health authorities for the presence of roaches or rodents, and further...

3. Should your hotel or restaurant ever be closed by the health authorities solely for the presence of roaches or rodents, „Bugs" Burger will PAY PROFITS LOST while you are closed, plus $ 5000.

* Hotel-rooms one room night

BUGS BURGER BUG KILLERS, INC.
The Original Pest Elimination Company™

Rational

Man kann allerdings, wenn es die Kosten erlauben, auch anders vorgehen, indem man sich dem Preisniveau der Konkurrenz anpasst, aber signifikant höheren Nutzen bietet. Wenn diese Strategie auf Dauer durchgehalten werden kann, entsteht am Markt ein Sogeffekt. Die Produkte verkaufen sich quasi von selbst. Genau das ist die Strategie von Rational, mit einem Marktanteil von mehr als 50 Prozent Weltmarktführer bei Garautomaten für Großküchen. Die Preise von Rational liegen etwa im Marktdurchschnitt, aber der gebotene Nutzen ist deutlich höher. Value Pricing heißt für Rational nicht höhere Preise im Vergleich zur Konkurrenz, sondern hohe Preise relativ zu den eigenen Kosten. Und das schlägt durch. Bei 392 Millionen Euro Umsatz in 2011 erzielte Rational einen Gewinn vor Steuern von 102 Millionen Euro, was einer Umsatzrendite von 26,0 Prozent entspricht. Die Nachsteuer-Umsatzrendite liegt bei unglaublichen 20,2 Prozent. Rational ist an der Börse notiert und wird dort mit 2,7 Milliarden Euro bewertet.[118] Da erübrigt sich jeder weitere Kommentar.

Fehlschläge

Nicht immer gelingt die Abschöpfung des höheren Values. Ein Beispiel sind Energiesparlampen. Diese Lampen wurden Anfang der 90er Jahre eingeführt und brachten im Vergleich zu traditionellen Glühlampen große Einsparungen. Sie verbrauchen nur einen Bruchteil der Energie und haben eine zehnmal längere Lebensdauer. Der Kostenvorteil über die gesamte Lebensdauer kann sich bis auf 50 Euro summieren. Dennoch gelang es nicht annähernd, diesen Mehrnutzen in entsprechend höheren Preisen abzuschöpfen. Die Lampen wurden zu etwa 15 Euro eingeführt, und die Preise tendierten in den darauffolgenden Jahren eher nach unten, da chinesische Billigprodukte auf den Markt kamen. Diese waren zwar von schlechterer Qualität und hatten kürzere Lebensdauern, aber das war für den Verbraucher beim Kauf nur schwer erkennbar. Außerdem wirkten die niedrigen Preise der Glühlampen als starker Anker. Lampen sind ein Low-Interest-Produkt.

Ein ähnliches Problem existiert bei elektrischen Motorrollern. Durch die Batterie sind die Preise tendenziell höher als bei benzingetriebenen Rollern. Letztere verbrauchen vier Liter, verursachen also Energiekosten von rund sechs Euro pro 100 Kilometer. Der Strom für diese Strecke kostet hingegen nur 75 Cent. Es ergibt sich also pro 100 Kilometer eine Einsparung von 5,25 Euro. Beträgt die Preisdifferenz zwischen Benzin- und E-Roller 1 000 Euro, erreicht man den Break-Even-Punkt bei weniger als 5 000 Kilometern. Die meisten Verbraucher machen sich jedoch nicht die Mühe einer vergleichenden Kostenkalkulation. Dies gilt häufig für die gesamten »Life Cycle Costs« oder die »Total Costs of Ownership«. Eine bessere Abschöpfung des Mehrnutzens gelingt bei solchen Innovationen oft nur mit einer anderen Preismetrik. Das heißt, statt Lampen zu verkaufen, hätte man Licht pro Stunde verkaufen und einen Preis für diese Dienstleistung verlangen müssen. Oder statt einen Roller müsste man Fahrleistung pro Kilometer anbieten. Diesen Weg ist Michelin im Markt für LKW-Reifen gegangen. Statt Reifen zu verkaufen, bietet Michelin jetzt Laufleistung und berechnet einen Preis pro Kilometer. Diesen Fall beschreiben wir detailliert in Kapitel 10.

Erfolgsfaktoren der Premium-Pricing-Strategie

Märkte folgen Zyklen. In den letzten Jahrzehnten haben preisaggressive Discounter einen kometenhaften Aufstieg erlebt. Aldi und Konsorten konnten ihren Marktanteil im deutschen Lebensmitteleinzelhandel auf 40 Prozent steigern. Textilketten wie Zara und H&M lernten etablierte Bekleidungshändler das Fürchten. Aber es scheint, dass sich die Trends wieder umkehren. REWE und Edeka haben mit höherwertigen Läden und Angeboten Terrain zurückerobert. In den USA ist eine sehr anspruchsvolle Kette wie Whole Foods seit Jahren erfolgreich. Im Modebereich wachsen Marken wie Maje, Sandro, Claudie Pierlot, Kooples oder Zadig & Voltaire, die preislich zwischen den Billiganbietern und den superteuren Luxusmarken liegen, am stärksten. »These brands are enjoying stellar sales growth, outpacing even the double-digit growth of much pricier companies«, sagt ein Marktkenner.[119]

Was sind die Gemeinsamkeiten der Erfolge mit Premium-Pricing? Welche Empfehlungen lassen sich ableiten?

1. Premium-Pricing funktioniert auf Dauer nur, wenn ein Unternehmen überlegenen Value-to-Customer bietet.
2. Der entscheidende Wettbewerbsvorteil liegt anders als bei Luxusprodukten weniger im Prestige als in der objektiv hohen Leistung bzw. in einem angemessenen Preis-Leistungs-Verhältnis.

3. In der Regel sind Innovationen das Fundament, auf dem erfolgreiches Premium-Pricing aufbaut und dauerhaft angewandt werden kann. Dabei spielen sowohl bahnbrechende Innovationen als auch ständige Verbesserungen gemäß dem Miele-Motto »Immer besser« eine große Rolle.
4. Erfolgreiche Premiumanbieter zeichnen sich durch eine hohe und sehr konsistente Produktqualität aus. Auch der Service muss diese Forderung erfüllen.
5. Premium-Pricer verfügen zudem über starke Marken. Eine Funktion der Marke besteht darin, dass sie technologische Vorsprünge, die oft temporär sind, in einen dauerhaften Imagevorteil verwandelt.
6. Premium-Pricer investieren viel Geld in Kommunikation, um Nutzen und Vorteile ihrer Produkte wahrnehmbar zu machen. Nur der wahrgenommene Nutzen zählt.
7. Premium-Pricer sind bei Sonderangeboten und Promotions zurückhaltend, da ein übertriebener Einsatz dieser Instrumente ihre Premiumpreispositionierung gefährden könnte.

Die Kernherausforderung beim Premium-Pricing besteht in der Abwägung von Nutzen und Kosten. Die Betonung liegt dabei auf hohem Value-to-Customer, der nicht nur das Kernprodukt, sondern ein umfassenderes Leistungsspektrum einbezieht. Dennoch müssen die Kosten auf einem akzeptablen Niveau gehalten werden.

In lichte Höhen: Luxusgüter-Pricing

Jenseits von Premium liegt Luxus. Es gibt allerdings keinen scharfen Trennzaun, an dem auf einer Seite »bis hierhin geht Premium« und auf der anderen Seite »hier beginnt Luxus« steht.[120] Nach oben kennt die Preisskala für Luxusgüter keine Grenzen. Manche Experten sagen: »Der Preis für Luxusgüter kann nicht hoch genug sein.« Prestige-, Snob-, Vebleneffekte kommen in dieser Produktkategorie voll zum Tragen und sind wichtiger als die objektive Produktqualität, die gleichwohl bei echten Luxusgütern in jeder Hinsicht spitze sein muss. Für Qualitätsmängel gibt es kein Pardon.

Was kostet eine Luxusuhr?

In der Welt werden pro Jahr inklusive unerlaubten Plagiaten etwa 1,3 Milliarden Armbanduhren produziert. Der Durchschnittspreis pro Uhr liegt unter 100 Euro. Aber gerade Uhren sind ein Feld, auf dem Luxusmodelle eine herausragende Rolle spielen. Abbildung 6.4 zeigt eine Auswahl von Modellen und deren Preisen, die beim Genfer Uhrensalon 2013 (Salon Internationale de la Haute Horlogérie) präsentiert wurden.

Abbildung 6.4: Ausgewählte Luxusuhren und ihre Preise

Modell	Hersteller	Preis in €
Grand Complication (6 limitierte Einzelstücke)	A. Lange & Söhne	1 920 000
Royal Oak Offshore Grand Complication	Audemars Piguet	533 700
Tourbillon G-Sensor RM036 Jean Todt Ltd. Ed.	Richard Mille	336 000
Emperador Coussin Ultra Thin Minute Repeater	Piaget	187 740
Rising Hours	Montblanc	26 900
Luminor 1950 Rattrapante 8 Days Titanio	Panerai	13 125
Calibre de Cartier	Cartier	8 110
Sporting World Time	Ralph Lauren	7 135
Chronograph Racer	IWC	5 000

Ist der Chronograph Racer von IWC zu 5 000 Euro schon eine Luxusuhr? Die Antwort wird davon abhängen, wen man fragt. Die Grand Complication von A. Lange & Söhne hat einen Preis von 1,92 Millionen Euro und erregte beim Genfer Salon höchste

Aufmerksamkeit.[121] Sie kostet 384-mal so viel wie der Chronograph Racer. Diese gigantische Differenz illustriert, wie weit die Preisspielräume bei Luxusgütern sein können. Die Grand Complication von A. Lange & Söhne weist auf ein weiteres konstituierendes Merkmal von Luxusgütern hin. Mit zunehmender Preishöhe wird die Luft des Absatzes dünn und dünner. Von diesem Modell werden nur sechs Stück gefertigt. Die Kunst des Pricing bei Luxusgütern schließt limitierte Editionen ein. An die einmal festgelegte Limitierung muss sich der Anbieter strikt halten, wenn er nicht Vertrauen verspielen will. Denn die limitierte Stückzahl bestimmt die Knappheit und damit den Wert des Luxusgutes. Luxusgüter-Pricing setzt also die Fähigkeit voraus, Preis und Absatzmenge ex ante simultan zu bestimmen.

Und dieses Spiel kann gehörig danebengehen, wie der folgende Fall zeigt. Auf der Uhrenmesse Baselworld[122] stellt ein Hersteller ein redesigntes Modell vor. Das Vorgängermodell wurde zu 16 000 Euro angeboten. Da es sehr populär war, erhöhte der Hersteller den Preis um 50 Prozent auf 24 000 Euro. Die Stückzahl war auf 1 000 limitiert, mehr Exemplare konnten aufgrund der Fertigungskapazitäten nicht hergestellt werden. Während der Baselworld gingen 3 500 Bestellungen ein. Man hätte den Preis für das neue Produkt also wesentlich höher ansetzen können. Der entgangene Gewinn ist beträchtlich. Wären 1 000 Exemplare beispielsweise zu einem Preis von 30 000 Euro weggegangen, so hätte der Gewinn um 6 Millionen Euro höher gelegen.

Schweizer Uhren

Luxusuhren eignen sich auch, um den Unterschied zwischen Absatz- und Wertdimension zu verdeutlichen. Die in der Schweiz hergestellten Uhren machen nur 2 Prozent der jährlichen Weltproduktion aus. Mit diesem geringen Absatzanteil schöpfen die Schweizer Uhrenhersteller aber 53 Prozent des Werts im Weltmarkt ab.[123] Der Unterschied zwischen Absatz-Marktanteil und Umsatz-Marktanteil ist dramatisch. Der durchschnittliche Exportpreis einer Schweizer Uhr liegt bei 2 222 Franken, also bei rund

1 800 Euro, der durchschnittliche Endverbraucherpreis sogar bei
5 500 Franken, was etwa 4 500 Euro entspricht.[124] Die Schweizer
Uhrmacher erwirtschafteten mit ihren Luxusprodukten in 2012
einen Exportumsatz von 21 Milliarden Franken (17,4 Milliarden
Euro). Die Uhrmacherei ist damit nach Pharma/Chemie und Maschinenbau der drittgrößte Industriezweig der Schweiz. Rolex
setzt 4,4 Milliarden Franken um, Cartier 1,8 Milliarden und
Omega 1,75 Milliarden. Diese Zahlen illustrieren, welches Potenzial für einzelne Unternehmen und für ganze Volkswirtschaften in
Luxusgütern steckt.

Maybach

Unangenehm ist es bei Luxusgütern, wenn die Absatzzahlen weit
hinter den Erwartungen zurückbleiben. Dieses Schicksal war den
Autos der Luxusmarke Maybach beschieden, die etwa eine halbe
Million Euro kosteten. Von einem Rekordabsatz von 244 Stück
im Jahr 2004 sank der Verkauf kontinuierlich auf zweistellige
Stückzahlen in 2010 und 2011. Zum Vergleich: In 2011 verkaufte
Rolls-Royce 3 575 Autos. Der letzte Maybach verließ das Merce-
des-Werk in Sindelfingen am 17. Dezember 2012. Ich fuhr nur einmal in einem Maybach. Der reichste Mann Chinas und Gründer
des Baumaschinenherstellers Sany, Liang Wengen, ließ mich in einem Maybach abholen. Er hatte zur Zeit meines Besuchs vier dieser Luxuslimousinen, später wuchs die Zahl auf neun an. Leider
fand Mercedes zu wenige dieser Kunden. Lag es am Preis oder
daran, dass ein Auto wie der Maybach nicht mehr in die Zeit
passte? Einem ähnlichen Ausgang hat Volkswagen beim Bugatti
Veyron, der zu einem Preis von 1,3 Millionen Euro angeboten
wird, vorgebeugt, indem die Stückzahl von vornherein auf 300
beschränkt wurde. Diese Zahl wurde tatsächlich verkauft. Allerdings erwirtschaftete selbst der Veyron keinen Gewinn, das war
aber auch nicht das Ziel. Im Fall des Maybach stellt sich die Frage,
ob man das Luxusauto nicht hätte weiter produzieren sollen.
Denn die Abstrahlung auf die Hauptmarke kann einen hohen
Wert besitzen. Allerdings gibt es eine weitere Facette von Luxus-

gütern, die kostenmäßig problematisch ist. Die Kunden solcher Güter erwarten nicht nur ein außergewöhnliches Produkt, sondern genauso einen herausragenden Service. Einen solchen für ein Luxusauto weltweit darzustellen, kann jeden erträglichen Kostenrahmen sprengen. Dessen sollte man sich bewusst sein, bevor man ein serviceintensives Luxusprodukt auf den Markt bringt. Bei einer Uhr ist das kein großes Problem, bei einem Auto wird es zu einer Herkulesaufgabe, die das Vorhaben tief in die Verlustzone treiben kann.

Deutsche Luxusgüter

Deutsche Unternehmen sind im Luxusgütersegment schwach vertreten. Unter den Top 10 der Luxusgüterunternehmen findet sich mit Boss nur eine deutsche Firma. Auf den Luxusgütermärkten dominieren Franzosen, Schweizer und Italiener. Deutschland steht hinten an, obwohl die Qualität deutscher Produkte perfekt zur Luxuspositionierung passen würde. Nur im Automarkt ist Deutschland in den obersten Preisklassen stark präsent, wie Abbildung 6.5 belegt.[125]

Abbildung 6.5: Deutsche Präsenz auf dem Weltmarkt für Premium- und Luxusautos

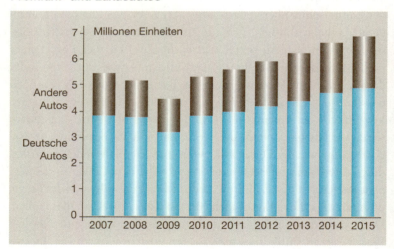

Deutsche Marken haben an diesem Markt einen Anteil von rund 70 Prozent. Laut der Prognose in der Abbildung wird sich an dieser starken Marktposition in den nächsten Jahren wenig ändern. Die Musik spielt in diesem Markt zunehmend in Asien, insbesondere in China. Außerhalb der Automobilbranche jedoch finden wir eher Einzelfälle von Luxusgütern deutscher Herkunft, wie beispielsweise die Zwilling J.A. Henckels AG aus Solingen bei edlen Schneidwaren, Dr. Hauschka in der Naturkosmetik oder Robbe & Berking bei Silberbestecken. Viele deutsche Firmen, die Luxusgüter-Potenzial haben, sind nicht global aufgestellt, wie Bulthaup bei Küchen oder Loewe bei Unterhaltungselektronik. Ironischerweise befindet sich eine Reihe echter deutscher Luxushersteller im Eigentum ausländischer Konzerne. Zum Beispiel gehören Montblanc mit Sitz in Hamburg oder der Luxusuhrenhersteller A. Lange & Söhne in Glashütte/Sachsen zum Richemont-Konzern. Glashütte Original ist Teil der Swatch Group. Auch das könnte ein Hinweis darauf sein, dass man das riesige Potenzial von Luxusmarken in Deutschland nicht genügend erkannt hat.

LVMH und Richemont

Das Luxussegment ist in den letzten beiden Jahrzehnten sehr stark gewachsen. Die beiden größten Unternehmen sind LVMH aus Frankreich und Richemont aus der Schweiz. Weltmarktführer LVMH hat in 2011 bei einem Umsatz von 23,7 Milliarden Euro (+ 17 Prozent gegenüber dem Vorjahr) einen Gewinn nach Steuern von 3,5 Milliarden Euro erzielt, was einer Umsatzrendite von 14,7 Prozent entspricht. Der Umsatz von Richemont ist im Geschäftsjahr 2011/12 um 29 Prozent auf 8,9 Milliarden Euro gewachsen, und es wurde ein Nachsteuergewinn von 1,5 Milliarden Euro erwirtschaftet. Das ergibt eine Umsatzrendite von 17,4 Prozent. Hermès, ein weiterer bedeutender Spieler im Luxusgütermarkt, berichtet ein Umsatzwachstum von 23 Prozent auf 3,5 Milliarden Euro und erzielte einen Nettogewinn von 740 Millionen Euro, das entspricht einer Umsatzrendite von sage und schreibe 21,3 Prozent – nach Steuern wohlgemerkt. Mit Luxus lässt sich also wachsen und gleichzeitig sehr viel Geld verdienen. Selbst die Krise hat den Luxusgüterherstellern nur kurzfristig zugesetzt. Es wird immer Nachfrage nach solchen Produkten geben. Insofern erscheint es auch für deutsche Unternehmen ratsam, diesem Segment größere Aufmerksamkeit zu widmen. Im Zuge des globalen Wachstums kommen nicht nur die unteren Einkommensgruppen in relevante Kaufkraftkategorien, sondern es entstehen extrem hohe Vermögen wie etwa in Russland, China oder Indien. Die neuen Reichen lenken ihre enorme Kaufkraft in starkem Maße auf Luxusgüter.

Dabei bieten viele Branchen Ansatzpunkte für Luxusgüter und -dienstleistungen. American Express verkauft seine Luxuskarte Centurion in Deutschland für 2 000 Euro, in der Schweiz sogar für 4 200 Franken. In Los Angeles kann man ein Bentley Cabrio für 900 Dollar pro Tag mieten. Im Burj Al Arab Hotel in Dubai kostete eine Nacht in einer One Bedroom Suite am 28. Februar 2013 1 447 Euro, hinzukommen 10 Prozent für Steuer und 10 Prozent für Service, sodass der Gesamtpreis pro Nacht 2 096 Euro beträgt. Die Preise pro Stunde für einen Flug mit einem Privatjet bewegen sich zwischen 1 800 Euro für eine Citation Mustang und 6 500 Euro für eine Gulfstream G550 126

Stolpersteine

Die vorangehenden Ausführungen könnten zu der Annahme verleiten, mit Luxusgütern beträte man als Unternehmer ein Preisparadies. Diese Annahme ist jedoch irrig. Vielmehr beinhalten das Marketing und das Pricing für Luxusgüter zahlreiche Stolpersteine. Selbstverständlich müssen Luxusgüter in jeder Hinsicht den höchsten Ansprüchen gerecht werden. Das gilt nicht nur für die Produktqualität im engeren Sinne, sondern gleichermaßen für den Service, das Design, die Verpackung, die Kommunikation, die Medien, die Distributionskanäle und nicht zuletzt die eingesetzten Mitarbeiter. Als Luxushersteller muss man hoch qualifizierte Mitarbeiter gewinnen, die besten Designer verpflichten sowie hohe Beträge in Kommunikation und Distribution investieren. Nur wenn das gesamte Leistungsangebot keine Schwachstellen aufweist, werden die angestrebten Höchstpreise von den Kunden akzeptiert. Doch selbst bei Luxusgütern sind allerlei Tricks notwendig. So gibt es bei Luxusuhren begehrte und weniger begehrte Modelle. De Beers, der Weltmarktführer bei Diamanten, hat bessere und weniger schöne Steine. Was macht man in solchen Fällen? Man bietet nicht das einzelne Produkt, sondern ein Bündel aus begehrteren und weniger begehrten Artikeln an. Bei De Beers hatte der Kunde früher diesbezüglich keine Wahl. Er konnte das ihm vorgelegte Bündel annehmen oder ablehnen. Lehnte er ab, so wurde er zur nächsten Verkaufsaktion nicht mehr eingeladen. Allerdings ist das faktische Diamantenmonopol von De Beers in den letzten Jahren abgebröckelt, und entsprechend sollen die Verkaufsmethoden heute nicht mehr so »hart« sein wie früher.

Bei Luxusuhren muss der Händler wegen dieser Bündelung auch einige Modelle erwerben, die schwer verkäuflich sind. Diese Modelle landen oft in grauen Kanälen. Dort werden dann Originale zu hohen Rabatten angeboten. Diese Preiserosion ist für Luxusgüter gefährlich. Ein Kunde, der 20 000 Euro für eine Uhr gezahlt hat, sieht es ungern, wenn diese irgendwo zu 15 000 Euro offeriert wird. Die Luxusgüterhersteller unternehmen alles, um solche grauen Märkte zu unterbinden, bis hin zur Verfolgung des einzelnen Artikels. Sie schalten Spezialagenturen ein, die durch sogenanntes Mistery Shopping herausfinden, welches Angebot zu welchen Preisen in verschiedenen Kanälen zu finden ist. Das Problem der Kanalkontrolle in Verbindung mit den hohen Handelsspannen hat viele Luxusproduzenten motiviert, die Distribution in die eigene Hand zu übernehmen. Die Zahl herstellereigener Läden in exklusiven Geschäftslagen, Flughäfen und Hotels ist in den letzten Jahren stark angestiegen. So gewinnt man die volle Preiskontrolle. Aber dieses Vorgehen hat eine Kehrseite. Aus variablen Kosten, den Händlerprovisionen, werden nämlich Fixkosten für Mieten und Personal. Damit geht die Break-Even-Menge hoch. Der Ausdehnung der Menge stehen aber die Exklusivität und die niedrige Preiselastizität im Wege. Im Oktober 2009, auf dem Höhepunkt der Krise, spazierte ich einmal durch das Raffles Hotel in Singapur, in dem sich Dutzende von Luxusläden befinden. Es herrschte gähnende Lehre, nirgendwo war ein Kunde zu sehen. Das Verkaufspersonal stand untätig herum. Die Luxusfirmen hatten Glück, dass diese Ebbephase nur wenige Monate dauerte.

Wertbeständigkeit

Wertbeständigkeit ist eine weitere Herausforderung. Wenn der Kunde ein sehr teures Gut kauft, dann misst er der Wertbeständigkeit große Bedeutung zu. Diese Tatsache verbietet es, aus kurzfristigen Erwägungen heraus Sonderangebote zu offerieren. Auch aus Imagegründen wäre ein solches Verhalten schädlich. Der Preis kann also kaum zur Absatzförderung eingesetzt werden, selbst nicht in Krisenzeiten. Wendelin Wiedeking hat als Vorstandsvorsitzender wiederholt darauf hingewiesen, dass sich hohe Rabatte für Porsche verbieten, da sie den Wert der Gebrauchtfahrzeuge vermindern. Dabei spielt eine Rolle, dass rund 70 Prozent aller jemals gebauten Porsches bis heute »im Dienst« sind. Eine interessante Restwert-Garantie gibt der Elektroautohersteller Tesla für die 2013 eingeführte Limousine Model S. Die Käufer können das Auto nach drei Jahren zum gleichen prozentualen Restwert, den die S-Klasse von Mercedes erzielt, an Tesla zurückverkaufen.[127] Mit dieser Preisgarantie überträgt Tesla die hohe Reputation von Mercedes auf das eigene neue Modell, bei dem die Wahrnehmung der Wertbeständigkeit noch unsicher ist. Zur Pflege der Wertbeständigkeit gehören auch der Aufkauf und die Marktpflege gebrauchter Produkte, wie sie etwa Ferrari betreibt.

Selbstbeschränkung

Eine weitere Herausforderung bildet die Selbstbeschränkung. Selbst wenn ein Luxusprodukt gut läuft, darf der Hersteller nicht der Versuchung unterliegen, in große Zahlen zu gehen. Die Kombination »hoher Preis – niedrige Stückzahlen« ist für ein Luxusgut elementar. Denn nur die Mengenbeschränkung erhält die Exklusivität. Als der Deutsch-Amerikaner Peter Schutz in den 80er Jahren Vorstandsvorsitzender von Porsche war, pflegte er zu sagen: »Der zweite Porsche in derselben Straße ist eine Katastrophe.« Sein Nachfolger Wiedeking stellte uns einmal die Frage: »Wie viele Porsches kann die Welt vertragen?« Diese Frage ist nicht einfach zu beantworten. Aber wenn man ein hohes Preisniveau halten will, dann ist die Zahl nicht sehr groß und Selbstbeschränkung angezeigt. Ferrari erzielte in 2012 einen Verkaufsrekord, aber die Zahl der verkauften Autos lag bei nur 7 318. Legt man den Umsatz von 2,43 Millarden Euro auf diese Zahl um, so wurden pro verkauftem Fahrzeug 332 057 Euro erlöst. Die Zahl gibt uns eine Vorstellung über die ungefähre Preishöhe. Sie entspricht allerdings nicht dem exakten Durchschnittspreis, da im Umsatz auch Erlöse für Ersatzteile und Dienstleistungen stecken. Jedenfalls wird in der Preisregion von 300 000 Euro für ein Auto die Luft dünn. Porsche ist mit 143 096 verkauften Autos in 2012 im Vergleich zu Ferrari geradezu ein Gigant.[128] Aber der »Durchschnittspreis« auf Umsatzbasis liegt mit 93 179 Euro[129] auch auf einem ganz anderen Niveau als derjenige von Ferrari.

Lacoste dürfte der bekannteste Fall sein, in dem eine einst hoch begehrte Marke durch »Vermassung« zerstört wurde. Etwas Ähnliches passierte einige Jahrzehnte früher der Hemdenmarke »Schwarze Rose«. In den 50er Jahren hatte Opel mit Modellen wie Admiral und Kapitän eine starke Position in der automobilen Oberklasse. Mit der Einführung des Opel Kadett 1962 begann der allmähliche Abstieg. Ende der 80er Jahre untersuchten wir, ob ein Wiedereinstieg in die Oberklasse möglich sei. Unter der Marke Opel schien das nicht erfolgversprechend. Der Erwerb der damals noch sehr gut positionierten Marke Saab wurde empfohlen. General Motors schaffte es jedoch nicht, diese Marke im Obersegment zu dauerhaftem Erfolg zu führen.

Erfolgsfaktoren der Luxusgüterstrategie

Wir fassen die Besonderheiten des Pricing für Luxusgüter zusammen:

1. Luxusgüter müssen in allen Dimensionen höchste Leistung bieten. Das gilt für verwendete Materialien, Produktqualität, Service, Kommunikation und Distribution.
2. Neben diesen Eigenschaften muss ein sehr hoher Prestigewert vermittelt werden.

3. Der Preis trägt sowohl zu diesem Prestigewert als auch zur Qualitätsindikation bei. Ein höherer Preis geht nicht zu Lasten der Absatzmenge, oft ist das Gegenteil der Fall.

4. Die Selbstbeschränkung bei Absatz und Marktanteil, vor allem in Form limitierter Editionen, ist für Luxusgüter konstitutionell.

5. Um das Image nicht zu beschädigen und die Wertbeständigkeit nicht zu gefährden, sind Sonderangebote, Rabatte und ähnliche Aktionen unbedingt zu vermeiden.

6. Das Personal muss dem hohen Niveau in jeder Hinsicht entsprechen. Das gilt durchgängig von der Kompetenz im Produktionsbereich bis zum Erscheinungsbild im Verkauf.

7. Eine möglichst weitreichende Kontrolle der Wertschöpfungskette bis hin zur Distribution ist anzustreben.

8. Bestimmend für den Preis ist bei Luxusgütern die Preisbereitschaft der Kunden. Die variablen Kosten spielen im Vergleich dazu eine untergeordnete Rolle. Problematischer sind die Fixkosten, die durch eine Vertiefung der Wertschöpfungskette stark ansteigen können. Sie treiben die Break-Even-Menge nach oben, was im Widerspruch zur Exklusivität eines Luxusgutes steht.

Was ist leichter?

Fragt man sich abschließend zu diesem Kapitel, welche der Optionen Niedrigpreise, Premiumpreise oder Luxuspreise die leichtere sei, dann kommt man zu der Antwort, dass keine leicht zu realisieren ist. Auf allen drei Wegen kann man dauerhaft Wachstum und Gewinnträchtigkeit erreichen. Es gibt keine generell richtige oder falsche Strategie. Die diskutierten Preispositionierungen spiegeln die Heterogenität der Käufer in den einzelnen Märkten wider. In jedem Markt gibt es Kunden, die über nahezu unbeschränkte Kaufkraft verfügen, gleichzeitig jedoch höchste Ansprüche stellen. Werden diese erfüllt, so sind diese Kunden bereit, sehr hohe Preise zu zahlen. Die Mittelschicht wägt hingegen Value-to-Customer und Preis gegeneinander ab. Sie ist anspruchsvoll und kann sich Premiumprodukte, aber keine Luxusgüter leisten. Am unteren Ende der Preisskala finden sich Kunden, die sparsam mit ihren Mitteln umgehen müssen. Sie geben sich mit akzeptabler Qualität zufrieden und achten auf den günstigsten Preis, um finanziell über die Runden zu kommen. Noch weit beschränkter ist die Kaufkraft in armen Ländern. Hier geht es um Ultra-Niedrigpreise bei minimalster Kernleistung. Natürlich sind die Verbraucher nicht in jedem Markt so klar sortiert. Vermehrt soll es den hybriden Konsumenten geben, der seine Lebensmittel beim Discounter kauft, um sich im Gegenzug ein Dinner im Drei-Sterne-Lokal leisten zu können. Um bei den Höhen und Tiefen des Pricing richtig zu liegen, muss man auch diesen Zeitgenossen verstehen – falls es ihn denn tatsächlich gibt.

In den einzelnen Preissegmenten werden unterschiedliche Fähigkeiten benötigt. Luxusgüter erfordern höchste Kompetenz in Design, Qualität, Service sowie in der Sicherstellung einer konsistenten Gesamtpräsentation. Zu Luxusgütern gehört eine bestimmte Unternehmenskultur. Kostenkompetenz ist kein Schlüsselfaktor für Erfolg in diesem Segment. Bei der Premiumstrategie steht die Abwägung von Kosten und Nutzen im Vordergrund. Es muss ein qualitativ hochwertiges Produkt zur Verfügung gestellt werden, ohne dass die Kosten aus dem Ruder laufen. Bei Niedrigpreispositionierung und noch stärker bei Ultra-Niedrigpreisen zählt primär die Fähigkeit, alle Wertschöpfungsstufen zu niedrigsten Kosten zu realisieren. Das erfordert durchgängig eine Kultur, die auf Sparsamkeit und Genügsamkeit setzt. Nicht jeder will unter diesen Bedingungen arbeiten. Doch selbst in diesem Segment braucht man Marketing-Know-how. Denn es geht darum, genau zu wissen, was man weglassen darf, ohne dass der Kunde den Kauf verweigert oder zur Konkurrenz wechselt. Diese kurzen Gedanken deuten an, dass es sehr schwer ist, Hochpreis- und Niedrigpreisstrategien in einem Unternehmen zu vereinen. Die kulturellen Anforderungen sind verschieden. Allenfalls kann konsequente Dezentralisierung die Widersprüche überwinden. Ein Unternehmen, das diese Kunst beherrscht, ist Swatch. Es heißt dazu: »Swatch is well-positioned because its brands range from inexpensive Swatch watches to the ultra expensive Breguet and Blancpain lines.«[130]

Was ist insgesamt die beste Strategie? Dieser Frage sind kürzlich Michael Raynor und Mumtaz Ahmed nachgegangen. Sie analysierten mehr als 25 000 Firmen, die zwischen 1966 und 2010 an einer amerikanischen Börse notiert waren und für die folglich umfassende Daten vorlagen.[131] Als Erfolgskriterium benutzten sie den Return on Assets (ROA), also die Gesamtkapitalrendite. Um in die Spitzenkategorie, die von den Autoren »Miracle Workers« genannt wird, eingestuft zu werden, musste eine Firma in allen Jahren, in denen sie an der Börse notiert war, zu den besten zehn Prozent gehörten. Nur 174 der mehr als 25 000 Firmen schafften dies, das sind 0,7 Prozent. Die zweite Kategorie, die sogenannten Long Runner, mussten in allen Jahren zu den besten 20 bis 40 Prozent beim ROA gehören. Ihre Zahl war mit 170 sogar noch etwas geringer. Der Rest wurde »Average Joe« genannt. Die Autoren verglichen dann für neun Branchen jeweils einen Miracle Worker, einen Long Runner und einen Average Joe. Die Autoren fanden nur zwei Erfolgsregeln, die sie mit »Better before cheaper« und »Revenue before cost« benennen. Sie erläutern diese wie folgt: »Miracle Workers compete on differentiators other than price and typically rely much more on gross margins than on lower costs for their profitability advantage, whereas Long Runners are as likely to depend on a cost advantage as on gross-margin advantage.« Das sind interessante Befunde, die darauf hindeuten, dass der Anteil der Firmen, die mit Premiumpreisen dauerhaften Erfolg hatten, größer ist als der Anteil niedrigpreisiger, dauerhaft erfolgreicher Unternehmen. Wie wir sahen, gibt es extrem erfolgreiche Niedrigpreisanbieter, aber es sind deren wenige. Dies ist zwangsläufig so, da diese Firmen so groß werden müssen, dass in jedem Markt nur für eine oder maximal zwei von ihnen Platz ist. Damit ist die Aussage der Studie »Very rarely is cost leadership a driver of superior profitability« vollauf konsistent. Hingegen kann es in einem Markt durchaus eine größere Zahl von dauerhaft erfolgreichen Premiumanbietern geben. Ich halte die Ergebnisse der Studie deshalb für plausibel und valide. Sie bestätigen meine eigenen Erfahrungen. Dennoch muss man bedenken, dass trotz der Größe der Ausgangsdatenbasis die Zahl der Unternehmen, von denen letztlich rückgeschlossen wird, extrem klein war. Wenn nur jeweils neun Miracle Workers, Long Runners und Average Joes verglichen wurden, dann sollte man mit Generalisierungen vorsichtig sein.

Kapitel 7

Preis als Chefsache

Die Gewinnmaximierung haben wir als die einzig sinnvolle Zielvorgabe für das Pricing kennen gelernt. Wenn wir in Modellen von Gewinnmaximierung sprechen, so beziehen wir diese zumeist auf eine Periode, zum Beispiel auf ein Jahr oder ein Quartal. In der Realität sollte der Planungshorizont jedoch länger und nicht auf eine Periode beschränkt sein. Die kurzfristige Orientierung, insbesondere in Form der bei börsennotierten Unternehmen üblichen Quartalsberichterstattung, gehört zu den am stärksten kritisierten Aspekten der Marktwirtschaft. Die Steuerung eines Unternehmens sollte sich an der langfristigen Gewinnmaximierung ausrichten. Diese Aussage ist identisch damit, dass der Unternehmenswert gesteigert werden sollte. Da der Preis der wichtigste Gewinntreiber ist, fällt ihm zwangsläufig eine entscheidende Rolle für die Steigerung des Unternehmenswerts zu. Damit muss der Preis zum Anliegen des Top-Managements werden.

Diese offensichtlichen Aspekte spiegeln sich jedoch in der Diskussion um die Bewertung von Unternehmen und Kursbewegungen an der Börse, in Analystenberichten oder ähnlichen Dokumenten nur unzulänglich wider. Eine Ausnahme ist der weltweit erfolgreichste Investor Warren Buffet mit seiner Aussage: »The single most important business decision in evaluating a business is pricing power.«[132] Auch Private-Equity-Investoren, deren typisches Ziel nach einer Übernahme die Steigerung des Unternehmenswerts ist, nutzen die Chancen des Pricing noch zu selten, sondern konzentrieren sich auf Kostensenkungen und mengengetriebenes Wachstum. Schließlich lässt sich diese Beurteilung auf die Rolle der Unternehmensleitung ausdehnen. Wir wissen, dass die Profitabilität höher ausfällt, wenn sich der CEO und die oberste Führungsebene persönlich um das Preismanagement kümmern. Dennoch hält sich die Aufmerksamkeit, die das Top-Management dem Pricing zukommen lässt, in den meisten Unternehmen in Grenzen.

Wie der Preis den Börsenwert steigert

Das Verhältnis von Börsenwert und Gewinn nach Steuern wird durch das Kurs-Gewinn-Verhältnis (abgekürzt KGV, in Englisch: Price Earnings Ratio, abgekürzt PER) ausgedrückt. Am 20. April 2013 beträgt das durchschnittliche KGV für alle 30 DAX-Unternehmen 11,1. Das heißt, die Unternehmen werden mit dem 11,1-Fachen ihres Gewinns bewertet. Der langfristige Mittelwert liegt für den DAX etwas höher bei 14,6. Im Zeitverlauf kann das KGV stark schwanken.

In Abbildung 3.2 wurde für ausgewählte DAX-Unternehmen gezeigt, wie sich eine zweiprozentige Preiserhöhung auf den Gewinn auswirkt. Nehmen wir an, dass eine solche Preiserhöhung nachhaltig ist und das KGV gleich bleibt, dann lässt sich die Steigerung des Börsenwertes berechnen, der aus ihr resultiert. Abbildung 7.1 enthält die Ergebnisse für dieselben Unternehmen, die wir auch in Abbildung 3.2 betrachtet haben. Das KGV der ausgewählten Firmen liegt mit 14,63 fast exakt im langfristigen DAX-Durchschnitt.

Könnte Siemens für sein gesamtes Produktportfolio um 2 Prozent höhere Preise durchsetzen, so würde der Börsenwert um 15,69 Milliarden Euro steigen. Im Durchschnitt für alle hier betrachteten Unternehmen steigt der Börsenwert um 7 Milliarden Euro oder bezogen auf den aktuellen Durchschnittswert von 31,47 Milliarden Euro um 22,2 Prozent. Diese durch eine relativ geringe Preiserhöhung bewirkte Wertsteigerung ist aus Sicht des Top-Managements und der Eigentümer gegenüber dem Jahresgewinn die interessantere und relevantere Kennzahl, da sie längerfristigen Charakter hat. Diese Zahlen belegen auf sehr eindrucksvolle Weise, welch ungeheures Wertsteigerungspotenzial im Pricing steckt. Ich frage mich, wie viele Führungskräfte und Eigentümer sich dieser enormen Hebelwirkung des Preises bewusst sind, geschweige denn das Potenzial durch professionelles Pricing ausschöpfen.

Abbildung 7.1: Steigerung des Börsenwerts durch nachhaltige zweiprozentige Preiserhöhung

	Börsenwert am 20.4.13 (Mrd. €)	Kurs-Gewinn-Verhältnis am 20.4.13	Steigerung des Börsenwerts durch nachhaltige 2 %-ige Preiserhöhung (Mrd. €)
Deutsche Post	20,95	11,9	13,00
Deutsche Telekom	37,49	10,8	14,65
RWE	15,02	6,0	5,18
Adidas	16,01	16,9	4,73
Beiersdorf	17,32	8,4	4,84
Daimler	43,72	10,3	11,10
Siemens	67,08	12,7	15,69
Infineon	5,90	28,7	1,15
BMW	39,03	9,0	7,26
Henkel	12,31	17,0	2,27
Linde	25,93	15,7	4,48
Volkswagen	23,99	6,3	4,05
BASF	60,28	10,7	10,07
Fresenius Medical Care	16,04	18,3	2,28
SAP	71,07	16,7	4,19
Durchschnitt	31,47	14,63	7,00

90 Millionen mehr durch Pricing

Dass solche Betrachtungen keine Träumereien, sondern absolut real sind, beweist die folgende Fallstudie. Ein Unternehmen, ein in Europa führender Parkhausbetreiber, befand sich seit fünf Jahren im Eigentum eines Private-Equity-Investors und sollte verkauft werden. Die Gewinnsteigerungspotenziale aus Kostensenkungen und aus Wachstum durch Hinzufügen weiterer Parkhäuser waren ausgereizt. Das Thema Preis hatte man hingegen noch nicht systematisch angegangen. Eine sorgfältige Analyse deutete auf Preiserhöhungsspielräume insbesondere in großen Städten hin. Die Preisanpassungen erfolgten differenziert, wobei die Situation der einzelnen Parkhäuser im Hinblick auf Attraktivität, Auslastung und Konkurrenzsituation berücksichtigt wurde. Die neuen Preise wurden vertraglich mit den Pächtern der Parkhäuser fixiert. Es resultierte eine Gewinnsteigerung von 7,5 Millionen Euro pro Jahr, die aufgrund der Verträge nachweisbar und nachhaltig war. Wenige Monate nach der Durchsetzung dieser Preiserhöhungen wurde das Unternehmen zum KGV von 12 verkauft. Die Gewinnsteigerung von 7,5 Millionen Euro führte zu einer Höherbewertung von 90 Millionen Euro. Dieser höhere Wert wurde beim Verkauf tatsächlich realisiert. Die Preiserhöhungen brachten dem Investor auf einen Schlag 90 Millionen Euro. Dieser Fall zeigt, wie Preiserhöhungen den Unternehmenswert schnell und massiv erhöhen können. Nicht zuletzt hat Pricing gegenüber Kostenmaßnahmen den Vorteil, negative Reaktionen in der Belegschaft und in der Öffentlichkeit zu minimieren.

Preis und Börsenkurs

Die Börse gilt als der objektivste Bewerter von Unternehmen. Der Theorie zufolge spiegeln sich alle am Markt verfügbaren Informationen im Börsenkurs wider. Das führt uns zu der Frage, wie sich Preisaktionen auf den Börsenkurs auswirken. Hierzu gibt es meines Wissens keine repräsentativen Untersuchungen. Dies dürfte nicht zuletzt daran liegen, dass Informationen, die die Preissituation eines Unternehmens erfassen, in der Standardberichterstattung nicht vorkommen. Bei ungewöhnlichen Preisaktionen lässt sich allerdings ein signifikantes Durchschlagen auf den Börsenkurs beobachten. Im Folgenden stellen wir eine Auswahl von Fallstudien dar, in denen der Einfluss des Pricing auf den Börsenkurs sichtbar wurde.

Der Tag, an dem der Marlboro-Cowboy vom Pferd fiel

Am Freitag, den 2. April 1993, verkündete Philip Morris, der Hersteller der weltweit größten Zigarettenmarke Marlboro, im amerikanischen Markt eine massive Senkung des Preises für Marlboro-Zigaretten. Ziel dieser Preissenkung war es, die No-Name-Konkurrenten, die immer größere Marktanteile erobert hatten, in ihre Schranken zu weisen. Der Wert der Philip-Morris-Aktie fiel an diesem Tag um 26 Prozent. Der Börsenwert von Philip Morris ging um 13 Milliarden Dollar zurück. Auch die Börsenkurse anderer Konsumgütermarken, darunter Coca-Cola und RJR Nabisco, verzeichneten Verluste. Der Dow Jones Index gab ausgelöst durch die Preissenkung von Marlboro um 2 Prozent nach. *Fortune Magazine* bezeichnete den »Marlboro-Freitag« als den Tag, an dem der Marlboro-Cowboy vom Pferd fiel. Die Investoren werteten die Preissenkung von Philip Morris als Zeichen der Schwäche und als Eingeständnis der Unfähigkeit, im Konkurrenzkampf mit No-Name-Produkten weiterhin hohe Preise durchzusetzen.

Da die Figur des Marlboro-Cowboy seit 1954 bekannt war und als eine der größten Marketing-Ikonen schlechthin galt, deuteten die Investoren die Niederlage dieser Ikone in einem Preiskrieg als Zeichen für eine allgemeine Marketingineffizienz der führenden Marken. Die fallenden Börsenwerte wichtiger amerikanischer Konsumgüterhersteller hatten 1993 in den USA einen leichten Rückgang der Werbeausgaben zur Folge. Es war der einzige derartige Rückgang nach 1970. Man betrachtete das Ereignis damals als den »Tod einer Marke« und als Anzeichen für das Entstehen einer Konsumentengeneration, die mehr auf den tatsächlichen Wert eines Produkts als auf Markennamen achtet.

20 % auf alles – der Fall Praktiker

Mitte 2007 kostete die Praktiker-Aktie mehr als 30 Euro. Mit dem Slogan »20 % auf alles – außer Tiernahrung«, der seit einigen Jahren lief, war Praktiker nach Obi zur zweitgrößten deutschen Baumarktkette aufgestiegen.[133] Später warb Praktiker mit Rabatten von 25 Prozent für bestimmte Produktgruppen, z.B. »25 Prozent auf alles, was keinen Stecker hat«.[134] Ein weiterer Praktiker-Slogan lautete »Hier spricht der Preis«. Praktiker positionierte sich als der harte Discounter unter den Baumarktketten und definierte sich so letztlich über den Preis.

Die aggressive Preisstrategie von Praktiker führte ins Desaster. Der Aktienkurs stürzte bis Ende 2008 auf unter 10 Euro ab. Die Discountpolitik war offensichtlich ein Holzweg und musste aufgegeben werden. Doch als man diesen gewagten Schritt im Lauf des Jahres 2010 umsetzte (Ende 2010 lief der »20 % auf alles«-Slogan zum letzten Mal), folgte ein weiterer, starker Einbruch des Aktienkurses. Im Frühjahr 2013 stand der Aktienkurs bei etwa 1,40 Euro, im Juli 2013 ging Praktiker in die Insolvenz.

Abbildung 7.2: Der Aktienkurs von Praktiker

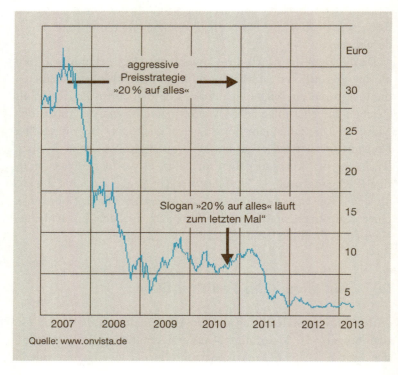

Quelle: www.onvista.de

Die *Welt am Sonntag* warf dem Management von Praktiker vor, »die Komplexität des Abschieds von der Rabattkultur heruntergespielt zu haben. Als klar wurde, dass die Neupositionierung lange dauern und viel Geld kosten würde, schwand das Vertrauen der Märkte.«[135] Die *FAZ* schrieb über Praktiker: »Wer das Heilsversprechen auf ›20 Prozent auf alles – außer Tiernahrung‹ reduziert, zeigt, dass er nicht verstanden hat, worum es geht. Praktiker ist ein entseeltes Unternehmen.«[136]

Interessant ist, dass die anderen Baumarktketten florierten und ihre Umsätze von 2008 bis 2010 um mehr als 1 Milliarde Euro auf insgesamt 18,5 Milliarden Euro steigern konnten. Dieter Schindel, der Vorstandsvorsitzende des Einzelhändlers Woolworth, sprach vom »Praktiker-Syndrom«, unter dem auch Woolworth gelitten habe. Woolworth ging im April 2009 in die Insolvenz und wagte danach einen völligen Neustart. In dem neuen Konzept wird auf ständige Rabattaktionen (»Praktiker-Syndrom«) völlig verzichtet. Stattdessen wurden die Preise für rund 400 Artikel dauerhaft gesenkt.[137]

Die Moral: Man bedenke die möglichen Folgen für Gewinne und Börsenkurs, bevor man seine Positionierung ausschließlich am niedrigen Preis festmacht. Es könnte sein, dass der Abschied von dieser Politik im Desaster endet.

Hochmut und Absturz: Der Fall Netflix

Netflix startete in den USA als DVD-Verleih. Gegen eine monatliche Gebühr konnte man beliebig viele DVDs ausleihen, die per Post zugestellt und zurückgesandt wurden. Mit diesem innovativen Geschäftsmodell trieb Netflix den Giganten Blockbuster, der Tausende von Videoläden betrieb, 2009 in den Bankrott. Nach und nach begann Netflix, die Filme per Internet-Streaming zu verteilen. Das einfache Preismodell mit einer niedrigen monatlichen Abogebühr wurde beibehalten. Die Firma wurde ab 2010 ein echter Internet-Star. Im Sommer 2011 hatte Netflix mehr als 25 Millionen Kunden und war faktisch konkurrenzlos. Wer so erfolgreich ist, der wird leicht vom Hochmut befallen. Netflix kündigte am

12. Juli 2011 eine Preiserhöhung von 60 Prozent an und begründete diese mit stark gestiegenen Lizenzkosten. Doch das interessierte die Kunden nicht, sie kündigten in Massen. Noch schroffer reagierte die Börse. Der Aktienkurs fiel in den drei Monaten nach der Preiserhöhung um circa 75 Prozent. Der Börsenwert sank von einem Maximum von 16 Milliarden auf 5 Milliarden Dollar. Content-Lieferanten kündigten Lizenzverträge. Die geschwächte Firma ist zudem verschärften Angriffen von Amazon und Apple ausgesetzt.[138] Abbildung 7.3 zeigt die Entwicklung des Netflix-Börsenkurses in den drei Monaten nach der Preiserhöhung im Juli 2011. Die Moral: Man hüte sich vor Preis-Hochmut – insbesondere wenn man großen Erfolg hat.

Abbildung 7.3: Der Netflix-Börsenkurs nach starker Preiserhöhung

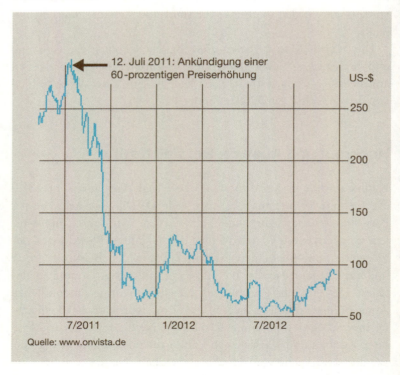

Quelle: www.onvista.de

Riskantes Trading-up bei J. C. Penney

Im Juni 2011 gab die amerikanische Warenhauskette J. C. Penney bekannt, dass Ron Johnson zum 1. November 2011 den Vorstandsvorsitz übernehmen würde. Johnson war nicht irgendein Manager, sondern der Vater der spektakulär erfolgreichen Apple Stores, die er ab 2000 entwickelt und eröffnet hatte. Ohne vorab mögliche Wirkungen zu testen, setzte er bei J. C. Penney ab dem 1. Februar 2012 radikale Änderungen des Pricing um. Auf kritische Fragen, ob die Wirkungen getestet worden seien, war seine Reaktion: »We didn't test at Apple.«[139] Vor seiner Amtszeit waren bei J. C. Penney knapp drei Viertel aller Produkte zu Rabatten von 50 Prozent oder mehr verkauft worden. Johnson eliminierte praktisch alle Sonderangebote und setzte gleichzeitig auf ein massives

Abbildung 7.4: Der Kurs der J.C. Penney-Aktie

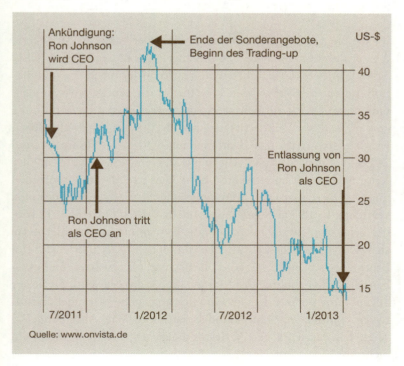

Trading-up mit teuren Marken, die in mehr als 100 separaten Boutiquen angeboten wurden. Im Geschäftsjahr 2012 gab es ein Umsatzminus von 3 Prozent bei gleichzeitigem Anstieg der Einkaufskosten wegen des Trading-ups. Beide Effekte zusammen führten dazu, dass aus dem Nachsteuergewinn von 378 Millionen Dollar in 2011 ein Verlust von 152 Millionen Dollar in 2012 wurde. Auf die Ankündigung der Berufung Johnsons Mitte 2011 reagierte der Aktienkurs von J. C. Penney zunächst positiv. Wie Abbildung 7.4 zeigt, ging es mit der Umsetzung der neuen Preisstrategie dann steil bergab. Am 30. Januar 2012 stand der Aktienkurs bei 41,81 Dollar, am 2. April 2013 waren es noch 14,67 Dollar. Im selben Zeitraum stieg der Dow Jones Index von 12 623 auf 14 661. Das bedarf keiner weiteren Kommentierung. Und wie ging diese Geschichte zu Ende? Ron Johnson wurde im April 2013 gefeuert.

Sonderangebote bei Abercrombie & Fitch

Im dritten Quartal 2012 lancierte die amerikanische Modekette Abercrombie & Fitch eine Sonderangebotskampagne. Wie CEO Mike Jeffries erklärte, führten die Preisreduzierungen in Kombination mit einem zweistelligen Preisanstieg der Stückkosten zu »signifikantem Druck auf den Bruttogewinn«. Da eine Preiserhöhung erst nach dem Weihnachtsgeschäft als durchführbar angesehen wurde, erwartete das Unternehmen bis zum Jahreswechsel 2012/13 einen weiteren Rückgang des Gewinns. Während der Krise nach 2009 hatte Abercrombie Umsatzeinbußen hinnehmen müssen, weil man auf breit angelegte Sonderangebotsaktionen verzichtet hatte. Die Sonderangebote im dritten Quartal 2012 trieben zwar den Umsatz hoch, aber die Gewinnmarge verschlechterte sich. Eine Analysefirma stufte die Aktien herab. »Wir erleben beim Bruttoergebnis einen stärkeren Rückgang, als erwartet, und glauben, dass die Erholung der Margen länger dauern wird, als bisher angenommen, besonders im Hinblick auf die Sonderangebotsstrategie«, schrieb ein Einzelhandelsanalyst.[140] Wie Abbildung 7.5 zeigt, fiel der Kurs der Aktie als Folge der Preissenkungen um mehr als 30 Prozent.

Abbildung 7.5: Kurs der Aktie von Abercrombie & Fitch nach
Sonderangebotsaktion

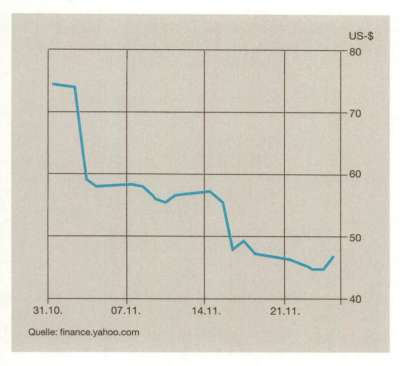

Quelle: finance.yahoo.com

Preisdisziplin steigert Unternehmenswert

Der amerikanische Markt für Datenverkehr und Wholesale Telefonie ist berüchtigt für seine Preiskämpfe. Ist einmal das Netzka-
bel vergraben, fallen kaum noch variable Kosten an, und die Versuchung ist groß, Kunden mit aggressiven Preisen anzulocken. Ein
führender amerikanischer Anbieter hatte davon schließlich genug,
nachdem sein Börsenwert innerhalb von zwei Jahren um 67 Prozent gefallen war. Im Rahmen eines Projekts entwickelten wir ein
umfangreiches Programm zur Preisstabilisierung, das den Ver-
triebsleuten strikte Preisdisziplin auferlegte. Nach Bekanntgabe
der ersten Erfolge dieser Strategie in der Bilanzpressekonferenz

sprang der Aktienkurs noch am gleichen Tag in die Höhe. Sogar einige der Wettbewerber griffen den Faden auf und praktizierten ihrerseits Preisdisziplin – ein Lehrbuchbeispiel für strategische Preisführerschaft. Der Kurs des Unternehmens verdoppelte sich innerhalb eines halben Jahres. Abbildung 7.6 gibt die Kursentwicklung nach Einführung des Programms wieder.

Abbildung 7.6: Preisdisziplin und Aktienkurs eines Telekom-Anbieters

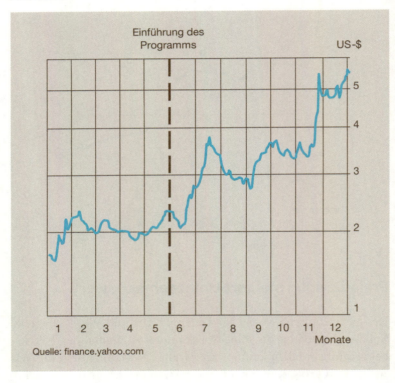

Quelle: finance.yahoo.com

Die Unternehmensleitung kommentierte die positive Reaktion der Börse wie folgt: »We are pleased with the results of our continued disciplined approach to pricing. Third quarter performance reflects positive industry dynamics including continuing moderation of price compression.« Auch Analysten würdigten die neue Preisdisziplin: »The company's increase in wholesale prices is part of a general trend that price pressure is easing, a healthy pricing trend. More stable pricing should help all the players.«

Diese Fallbeispiele zeigen, dass Preismaßnahmen starke Auswirkungen auf den Aktienkurs und die Börsenbewertung von Unternehmen haben können. Diese Zusammenhänge lassen es angeraten erscheinen, dass die Unternehmensleitungen und die Investor-Relations-Abteilungen die Rolle des Preises für den Börsenkurs stärker beachten und kommunizieren. Dabei dürfte das Vermeiden von gravierenden Pricingfehlern noch wichtiger sein als das Finden der richtigen Preisstrategie. Sowohl kurzfristig wirkende Fehler, wie etwa bei Marlboro, J. C. Penney oder Abercrombie & Fitch, als auch langfristig-strategische preisliche Fehlpositionierungen wie bei Praktiker sind unbedingt zu vermeiden. Richtige Preisentscheidungen wirken sich nicht sofort, sondern mit Verzögerungen auf den Börsenkurs aus. Denn solche Maßnahmen sind normalerweise nicht spektakulär, sondern nähern sich der angestrebten Preisposition Schritt für Schritt an.

Preise und Finanzanalysten

Analystenberichte spielen eine herausragende Rolle für Aktieninvestments. Nach dem vorangehend Gesagten müsste man erwarten, dass Themen wie Preisniveau, Pricingkompetenz und Preismacht in Aktienanalysen prominent vertreten sind. Das ist jedoch nicht der Fall. Nur selten findet man in solchen Analysen Aussagen zum Preis, die über Banalitäten, etwa der Art, dass ein Unternehmen Premiumanbieter sei, hinausgehen. Falls überhaupt auf das Thema Pricing eingegangen wird, geschieht dies oft oberflächlich. Doch das scheint sich allmählich zu ändern. Pricing zieht gerade auch im Nachgang zur Krise stärkere Aufmerksamkeit seitens der Analysebranche auf sich. Vermutlich hat der Fingerzeig von Warren Buffett zur Pricing Power hierzu beigetragen. Denn auf keinen anderen wird in Analysten- und Investorenkreisen stärker gehört als auf ihn.

Ein Analystenbericht von Credit Suisse belegt diese Tendenz.[141] In dieser Analyse zur »Global Equity Strategy« wird ausführlich und mit Tiefgang auf die Bedeutung des Preises und der Pricing Power für die Bewertung von Aktien eingegangen. Auszüge aus diesem Bericht wollen wir deshalb hier kurz behandeln und diskutieren. In der Summe kommen die Analysten zu folgendem Schluss: »Pricing is abnormally important: we calculate a price increase of 1 percentage point raises fair value on a discounted cash flow base by 16 percent.« Einzelne Branchen werden in Bezug auf ihre Pricing Power analysiert. Hohe Preismacht wird beispielsweise Premiumautos, Luxusgütern, Tabakwaren, Technologieprodukten, Investmentbanken, Software und Wartungskontrakten attestiert. Hingegen weisen Autos im Massensegment, Tourismus, Fluggesellschaften, Konsumgebrauchsgüter (z.B. Elektronik, Kameras) und Medien eine ausgesprochen geringe Preismacht auf. Die Analysten bewerten auch die Pricing Power einzelner Unternehmen. Hohe Preismacht haben BMW, Imperial Tobacco, Daimler, Goldman Sachs, Oracle oder SAP. Hingegen wird Firmen wie Solarworld, Peugeot Citroën, Fiat, der amerikanischen Drogeriekette CVS und Nike eine niedrige Pricing Power attestiert.

Es kann kein Zweifel daran bestehen, dass Faktoren wie Pricing Power, Preisposition und Pricingkompetenz hohe Bedeutung für den Shareholder Value und die Bewertung von Aktien haben. Die Tatsache, dass diese Aspekte trotzdem in Analyseberichten keine stärkere Beachtung finden, dürfte sich aus zwei Ursachen erklären. Zum einen enthalten die Bilanzen keine direkten Informationen zu Preisen. Solche findet man allenfalls in den Kommentaren der Geschäftsberichte, die aber nicht standardisiert und somit schlecht vergleichbar sind. Eine zweite Ursache besteht darin, dass die herausragende Bedeutung des Preises für den Shareholder Value nicht im vollen Umfange verstanden wird. Dies gilt im absoluten Sinne, aber auch relativ zu anderen Determinanten des Shareholder Value wie etwa den Kapitalkosten. Wer sich in seinem Studium auf Finanzen und Finanzanalysen spezialisiert hat, dem ist der Preis nur sporadisch begegnet.

Die wichtigsten Treiber von Unternehmenswert und Aktienkurs sind Gewinn und Wachstum. Firmen, die bei beiden Treibern über Jahre hohe und konsistente Leistung liefern, schaffen Shareholder Value und erfreuen sich bei Investoren entsprechender Beliebtheit.

Jack Welch steigerte während seiner Amtszeit als CEO von General Electric in den Jahren 1982 bis 2001 den Umsatz von 27 auf 130 Milliarden Dollar. Im selben Zeitraum versiebenfachte sich der Gewinn, und zwar sehr kontinuierlich. Bereinigt um Aktiensplits und Dividenden stieg der Wert der GE-Aktie in diesen 20 Jahren von 0,53 auf 27,95 Dollar. Das ist ein Anstieg von 5 273 Prozent – wohlgemerkt nicht bei einem Start-up, sondern bei einem Unternehmen, das seit 1897 im Dow Jones Index und die einzige Aktiengesellschaft ist, für die das gilt. GE war zeitweise das wertvollste Unternehmen der Welt, ähnlich wie später Microsoft und Apple, die ebenfalls herausragende Wachstums- und Gewinnentwicklungen aufzuweisen hatten.

Hochinteressant ist deshalb die Frage, welchen Beitrag Wachstum und Gewinn zum Börsenwert eines Unternehmens leisten. Man sollte meinen, dass diese Frage Tausende von Malen untersucht worden sei. Dem ist jedoch nicht so. Erstmals ist Nathaniel J. Mass in einem Aufsatz in der *Harvard Business Review* 2005 dieser Frage nachgegangen.[142] Er ermittelte einen Indikator, den er »Relative Value of Growth« (RVG) nannte. Der RVG gibt an, wie viel 1 Prozent Umsatzwachstum relativ zu 1 Prozent Gewinnwachstum zum Unternehmenswert (Shareholder Value) beiträgt. Ein RVG von 2 besagt, dass 1 Prozent Umsatzwachstum doppelt so viel zum Shareholder Value beiträgt wie 1 Prozent Margenverbesserung, die beispielsweise durch eine Preiserhöhung oder eine Kostensenkung erreicht werden kann. Die Rolle des Preises für den Shareholder Value untersuchte Mass nicht explizit. Wenn wir diese Rolle verstehen wollen, müssen wir das Wachstum in seine Bestandteile zerlegen.

Mit »Wachstum« wird normalerweise Umsatzwachstum gemeint. Umsatzwachstum kann jedoch auf unterschiedliche Weise zustande kommen. Steigt die Absatzmenge bei konstanten Preisen um 5 Prozent, dann geht auch der Umsatz um 5 Prozent hoch. Steigen die Preise bei konstantem Absatz um 5 Prozent, dann wächst der Umsatz ebenfalls um 5 Prozent. In Berichten wird aber selten zwischen diesen fundamental verschiedenen Wachstumsszenarien differenziert. Wie wir aus Abbildung 3.3 wissen, haben diese beiden Szenarien gravierend unterschiedliche Auswirkungen auf den Gewinn und damit auf den Unternehmenswert. Reines »Preiswachstum« bewirkt im Beispiel aus Abbildung 3.3 ein Gewinnwachstum von 50 Prozent, reines »Absatzwachstum« hingegen nur von 20 Prozent. Die beiden Wachstumsfaktoren Menge und Preise können in der Realität in jeder möglichen Kombination auftreten (beide gehen hoch; einer geht hoch, der andere runter etc.). Steigen sowohl die Absatzmenge als auch die Preise, wie es zeitweise im Ölmarkt der Fall war, wachsen Umsatz und Gewinne sehr stark. Der Umsatz wächst selbst dann, wenn die Preise sinken, die Absatzmenge aber prozentual stärker steigt bzw. die Absatzmenge sinkt, die Preise jedoch prozentual stärker steigen. Der Ansatz von Mass unterscheidet nicht nach den verschiedenen Arten des Wachstums. Implizit liegt diesem Ansatz wohl die Annahme des reinen Mengenwachstums zugrunde. Aufschlussreicher wäre es, nach Absatz- und Preiswachstum zu differenzieren. Das ist leider schwierig, da die Bilanzen keine Zahlen für diese Differenzierung liefern. Analysten sollten versuchen, in ihre Studien stärker preisbezogene Daten einzubeziehen, so wie es die zitierte Credit-Suisse-Studie tut. Es ist dringend notwendig, dass mehr Augenmerk und mehr Forschung auf den Zusammenhang von Preis und Unternehmenswert verwandt werden.

Preis und Private-Equity-Investoren

Im typischen Geschäftsmodell von Private-Equity-Investoren wird ein Unternehmen zu einem günstigen Preis erworben. Dann versuchen die Investoren, den Gewinn möglichst schnell zu steigern. Dazu nehmen sie sich zunächst die Kosten vor. Dort haben diese Investoren Erfahrung und hoffen, kurzfristige Verbesserungen zu erzielen. Sodann steht das Thema Wachstum auf dem Programm. Hier geht es vor allem um die Erschließung von neuen Segmenten oder Märkten, oft Auslandsmärkten. Es soll einfach mehr verkauft werden. Wir reden also von Mengenwachstum. An gewinnträchtiges Wachstum über höhere Preise trauen sich Private-Equity-Investoren oft nicht heran. Die Ursachen liegen darin, dass die Investoren mit dem Markt wenig vertraut sind und sich deshalb lieber auf interne Maßnahmen beschränken. Zudem sind die zur Gewinnsteigerung eingesetzten »Überwacher« meistens Personen, die aus dem Rationalisierungsgewerbe kommen und mit Marketing wenig Erfahrung haben. Das Beispiel des Parkhausbetreibers zeigt, welches Potenzial in Preissteigerungen steckt. Dieses Potenzial wird von Private-Equity-Investoren nicht immer erkannt, da es schwieriger zu quantifizieren ist als die Wirkung von Kostensenkungen. Es kann auch sein, dass Preismaßnahmen ähnlich wie Innovationen eine langfristigere Orientierung erfordern. Unter Umständen erreicht man das angestrebte Preisniveau nicht auf einen Schlag, sondern erst in mehreren Schritten.

Auch bei der Due Diligence, der sorgfältigen Prüfung vor der Übernahme eines Unternehmens, sollte ein Auge auf die Preise und die in ihnen steckenden unausgeschöpften Potenziale geworfen werden. Das ist nicht einfach, aber der Preis und die Preismacht sind äußerst wichtige Determinanten des erreichbaren Unternehmenswerts. An die Aussagen von Warren Buffet zur »Pricing Power« sei erinnert.

Die Einstellungen von Private-Equity-Investoren ändern sich jedoch. Die Texas Pacific Group, mit mehr als 50 Milliarden Dollar Investitionsvolumen eine der größten PE-Investoren, misst dem Pricing heute höchste Bedeutung zu und hat uns vielfach als Berater hinzugezogen. Vermehrt erkennen auch andere PE-Firmen, welche Gewinn- und Wertpotenziale im Pricing stecken, und gehen dieses Thema systematischer an. Besonders wichtig ist ihnen dabei die Nachhaltigkeit von Preispositionen.

Die Schlüsselrolle des Top-Managements

Pricing gehört an den Vorstandstisch. Dies ist eine Forderung, keine Beschreibung der Realität.[143] Die Realität sieht nämlich anders aus, wie einige Beispiel belegen. Für einen der größten europäischen Autozulieferer untersuchten wir rund 20 große Projekte. Es war in dieser Firma üblich, vor den Verhandlungen mit den Autoherstellern einen internen Mindestpreis festzulegen, bis zu dem ein Auftrag akzeptiert wurde. Wir fanden heraus, dass dieser

Mindestpreis in praktisch allen Projekten, die die Firma gewann, realisiert wurde. Als wir diesen Befund im Beisein des Vorstandsvorsitzenden präsentierten, bekam dieser einen Tobsuchtsanfall. Er kannte die Details des Pricingprozesses, insbesondere die vorherige Festlegung eines Mindestpreises, nicht. Sonst hätte er sich nicht zu wundern brauchen, dass genau dieses Ergebnis herauskam.

Der CEO eines Anlagenbauers, dem das Preisgeschachere bei jedem neuen Projekt unangenehm war, gab folgende Regel an seine Verkaufsmannschaft: Jedes Projekt mit weniger als 20 Prozent Bruttospanne muss von mir persönlich genehmigt werden. Klingt das nicht vernünftig? Nach einem Jahr berichtete er mir, dass ihm kaum noch Projekte zur Genehmigung vorgelegt wurden. So weit, so gut! Und auf meine Frage, wie denn die Spannen aussähen, bekam ich als Antwort: »Die liegen immer bei 20,1 Prozent. Früher hatten wir auch mal Bruttospannen von 24 oder 25 Prozent. Die gibt es jetzt nicht mehr.« Auch das war die zwangsläufige Folge einer einseitigen Prozessregel. Warum soll ein Verkäufer sich das Leben in den Verhandlungen mit Kunden erschweren, indem er 25 Prozent Spanne durchzudrücken versucht, wenn er intern mit 20,1 Prozent keine Probleme bekommt? Fragt man Top-Manager nach bestimmten Details zu Preisen, wie etwa die Preisunterschiede zur Konkurrenz oder zwischen Ländern, dann müssen sie oft passen. Natürlich kann man nicht erwarten, dass ein Top-Manager alle Preise oder deren Details kennt. Aber er oder sie sollte über die grundlegenden Sachverhalte, Prozesse und Ergebnisse informiert sein.

Sollte man für Top-Manager preisbezogene Incentives ausloben? Prinzipiell ist das möglich. Solche Anreize könnten die Realisierung von Preiserhöhungen, das Erreichen oder Übertreffen der Inflationsrate, die Anpassung an Konkurrenzpreise oder die Rückführung von Rabatten honorieren. Gelegentlich formulieren Unternehmen explizite Preisziele. So verwendet Toyota ein System relativer Preise, in welchem der eigene Preis im Vergleich zum Durchschnittspreis der relevanten Konkurrenzmodelle ausgedrückt wird. Und es gab in bestimmten Jahren Vorgaben, wie man diesen relativen Preis verändern wollte. Präzise Preisziele dieser

Art eignen sich als Anknüpfungspunkte für eine Incentivierung. Generell rate ich jedoch von preisbezogenen Anreizsystemen für Top-Manager (anders als für Verkäufer) ab. Der Eigentümer oder der Aufsichtsrat, der solche Incentives auslobt, weiß in der Regel nicht, welche Preismaßnahmen im Hinblick auf die Steigerung des Unternehmenswerts optimal sind. Incentives sollten auf Wertsteigerung und nicht auf einzelne Instrumente wie den Preis oder gar spezifische Konditionen ausgerichtet sein.

Das Toyota-Beispiel legt noch eine weitere Empfehlung nahe, nämlich dass eine geeignete Preismetrik gerade für das Top-Management sehr hilfreich sein kann. In dieser Hinsicht halte ich relative Preise für sehr aussagekräftige Indikatoren. Relative Preise lassen sich auf der Ebene des einzelnen Produkts ermitteln, genauso aber für Produktgruppen, für Geschäftsbereiche, für einzelne Länder und für das gesamte Unternehmen. Das Top-Management kann anhand solcher »Key Pricing Indicators« Preispositionen und deren Veränderung fundiert beurteilen.[144]

Meine Forderung nach verstärkter Top-Management-Aufmerksamkeit für das Pricing soll keineswegs bedeuten, dass sich der CEO in jede Art von Preisverhandlungen einschaltet. Das kann zwar im Einzelfall notwendig sein, aber auch zu Nachteilen führen. So pflegte der Vorstandsvorsitzende eines großen Logistikdienstleisters einmal jährlich die CEOs der Autohersteller zu besuchen. Diese sprachen regelmäßig das Thema Preis an und erreichten beim CEO weitere Preiskonzessionen. Doch diese Besuche unterliefen die oft monatelangen Bemühungen des Verkaufsteams. Unsere Empfehlung war, dass der Vorstandsvorsitzende in Zukunft auf solche Besuche verzichtete. Das tat er dann auch. Es half der Spanne.

Erfreulicherweise gibt es CEOs, die dem Pricing große Aufmerksamkeit widmen. Zu diesen gehörte Wendelin Wiedeking während seiner Zeit als Vorstandsvorsitzender von Porsche. Er klinkte sich persönlich in wichtige Preisentscheidungen ein und war mit den Details tief vertraut. Das äußerst professionelle Preismanagement, inklusive des CEO-Involvements, ist einer der Faktoren, weshalb Porsche zum profitabelsten Autohersteller der Welt wurde. Im Jahr 2011 erzielte Porsche eine operative Umsatzrendite von 18,7 Prozent, in 2010 waren es 17,8 Prozent. Das sind Werte, die in der Autoindustrie alles in den Schatten stellen. Auch bei General Electric erfreut sich das Pricing der engen Aufmerksamkeit des Top-Managements. Im Jahr 2001 führte GE in seinen Divisions sogenannte Chief Pricing Officers ein und unterstellte diese direkt dem jeweiligen Divisionschef. Einige Jahre später berichtete mir Jeff Immelt, der CEO von General Electric, von den positiven Effekten dieser neuen Funktion. Die Preisdisziplin habe erheblich zugenommen. Die Durchsetzung der vorgegebenen Preisziele klappe besser. Die Chief Pricing Officers nähmen auch eine didaktische Aufgabe wahr, die zu einer gründlicheren Vorbereitung für Preisverhandlungen geführt habe. Insgesamt seien die Erwartungen deutlich übertroffen worden. Auch bei den Hidden Champions habe ich durchgängig ein starkes Involvement der Chefs in Preisfragen festgestellt. Aufgrund der Fokussierung sind diese mit allen Details des Geschäfts vertraut, sodass sie in Preisfragen fundiert urteilen und führen können. Die Preise der Hidden Champions liegen in der Regel 10 bis 15 Prozent über dem Marktniveau, gleichwohl sind diese Firmen Marktführer. Ihre Rendite übertrifft den Durchschnitt der Industrie um das 2,4-fache.[145] Der starke Einsatz der Chefs im Pricing dürfte hierfür keine geringe Rolle spielen.

Die Schlüsselrolle des Top-Managements für das Pricing wird in der Global Pricing Study, die Simon-Kucher & Partners in den Jahren 2011 und 2012 durchführte, bestätigt.[146] Die Studie 2012, an der 2 713 Manager aus mehr als 50 Ländern und den verschiedensten Branchen teilnahmen, widmete sich insbesondere der Rolle des Top-Managements für das Pricing. Firmen mit starkem Involvement des Top-Managements zeichnen sich im Vergleich mit Unternehmen, in denen sich die erste Führungsebene weniger um das Pricing kümmert, durch folgende Ergebnisse aus:

- Der Anteil der Firmen mit starker Pricing Power ist 35 Prozent höher.
- Die Erfolgsquote bei Preiserhöhungen lag um 18 Prozent höher.
- 26 Prozent mehr Firmen erzielten nach der Preiserhöhung tatsächlich höhere Margen, es handelte sich also nicht nur um eine Weitergabe höherer Kosten.
- 30 Prozent der Firmen mit starkem Top-Management-Involve-

ment haben eine spezielle Pricing-Abteilung, was wiederum positive Effekte auf den Gewinn zeitigt.

Die Studie ergab, dass die Rendite um 25 Prozent höher liegt, wenn die Pricing Power als stark eingestuft wird. Bei der Interpretation von Kausalitäten ist stets Vorsicht geboten. Dennoch stützen diese Ergebnisse die klare Aussage, dass höhere Gewinne resultieren, wenn sich das Top-Management um die Preise kümmert. Um es noch einmal zu sagen: Pricing gehört an den Vorstandstisch!

Kapitel 8

Preisdifferenzierung: Die hohe Kunst

Bisher wurde gefragt, wo der gewinnmaximale Preis liegt. Dabei ging es um genau einen optimalen Preis.[147] Wenn nur ein Preis für ein Produkt gefordert wird, sprechen wir vom »uniformen Preis« oder »Einheitspreis«. Im linken Teil der Abbildung 8.1 ist die Gewinnsituation bei uniformem Preis dargestellt. Wenn von Fixkosten abstrahiert wird, entspricht der Gewinn dem schattierten Rechteck.

Abbildung 8.1: Gewinn bei uniformem Preis und Gewinnpotenzial bei Preisdifferenzierung

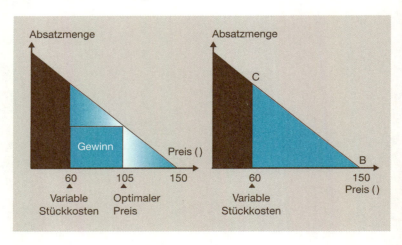

Mit einem uniformen Preis, selbst wenn er optimal gesetzt ist, schöpfen wir das in einem Markt vorhandene Gewinnpotenzial nur teilweise aus. Der rechte Teil der Abbildung 8.1 veranschaulicht das Gewinnpotenzial. Es entspricht der gesamten Fläche des Dreiecks A-B-C und ist damit wesentlich größer als das schattierte Gewinn-Rechteck im linken Abbildungsteil, das innerhalb des Dreiecks liegt. Bei linearer Preisabsatz- und Kostenfunktion hat das Gewinnpotenzial-Dreieck exakt die doppelte Fläche des Gewinn-Rechtecks. Bei nichtlinearen Funktionen kann der Unterschied zwischen dem Gewinn bei uniformem Preis und dem Gewinnpotenzial weniger oder mehr als das Doppelte betragen. Dies hängt davon ab, wie verschieden die Preisbereitschaften der Nachfrager sind. Die Erkenntnis, dass ein uniformer Preis nur etwa die Hälfte des Gewinnpotenzials ausschöpft, ist dramatisch. Denn sie besagt, dass man selbst bei optimalem Einheitspreis einen großen Teil des Gewinnpotenzials auf dem Tisch lässt. Wie kann das sein? Anhand der Abbildung 8.1 ist eine Erklärung einfach. Wie wir an der Preisabsatzfunktion sehen, gibt es Kunden, die bereit sind, mehr als den optimalen Einheitspreis von 105 Euro zu zahlen, also beispielsweise 115 oder 125 Euro. Erst bei einem Preis von 150 Euro würde niemand mehr kaufen. Diesen Kunden mit höherer Preisbereitschaft verlangen wir jedoch nur 105 Euro ab. Dafür sind sie uns vermutlich dankbar und behalten die sogenannte Konsumentenrente von 10, 20 oder mehr Euro gerne in ihren Taschen. Der Gewinn, den wir bei diesen Kunden mit hoher Preisbereitschaft verpassen, entspricht dem unteren schraffierten Dreieck im linken Abbildungsteil. Daneben gibt es eine zweite Gruppe potenzieller Käufer, deren Preisbereitschaft zwar unterhalb des optimalen Einheitspreises von 105 Euro, aber dennoch oberhalb der variablen Stückkosten von 60 Euro liegt. Das sind Kunden, die bereit wären, 95, 85 oder 75 Euro, aber nicht 105 Euro zu zahlen. Beim optimalen Einheitspreis von 105 Euro kaufen sie unser Produkt also nicht. Könnten wir diesen Nachfragern das Produkt jedoch zu 95, 85 oder 75 Euro anbieten, so würden sie es kaufen und uns positive Stückdeckungsbeiträge von 35, 25 und 15 Euro liefern. Das obere schraffierte Dreieck in Abbildung 8.1 repräsentiert das Gewinnpotenzial dieser Nachfrager, die beim optimalen Einheitspreis von 105 Euro nicht kaufen.

Vom Rechteck zum Dreieck

Die entscheidende Frage ist, wie wir den potenziellen Gewinn, der uns bei uniformem Preis entgeht, abschöpfen können. Das ist eine der interessantesten, gewinnträchtigsten und schwierigsten Herausforderungen des Pricing. Wie kommen wir vom Rechteck im linken Abbildungsteil zum Dreieck im rechten Teil der Abbildung 8.1? Um eines vorweg zu sagen: Es ist normalerweise nicht möglich, das Dreieck voll auszuschöpfen. Das gelingt nämlich nur, wenn jeder Nachfrager genau seinen individuellen Maximalpreis zahlt. Dazu müsste man die Maximalpreise aller Nachfrager kennen. Zudem müsste man die einzelnen Nachfrager sauber trennen, sodass kein Käufer einen Preis unter seinem Maximalpreis zahlt.

Es gibt Situationen, in denen genau das versucht wird. Der Basarhändler stellt einem möglichen Käufer allerlei Fragen, um dessen maximale Preisbereitschaft abzuschätzen und dann einen entsprechenden Preis zu fordern. Das können scheinbar unverfängliche Fragen, wie nach seiner Automarke oder was er studiert hat, sein. Das Ziel des Basarhändlers ist, jedem Käufer genau dessen Maximalpreis abzuverlangen. Dieses Vorhaben kann an allerlei Umständen scheitern, zum Beispiel am Bluff eines Käufers oder am Informationsaustausch zwischen Nachfragern. Wenn einer dem anderen erzählt, für wie wenig man den Artikel bekommt, ist ein Anker gesetzt.

Ein anderes Verfahren zur Abschöpfung unterschiedlicher Preisbereitschaffen sind Auktionen. Der Auktionsmechanismus bei eBay ist beispielsweise darauf ausgerichtet, dass jeder Bietende seinen Maximalpreis offenbart (sogenannte Zweitpreisauktion oder Vickrey-Auktion).[148] Dies ist aus seiner Sicht sogar optimal, da er beim Zuschlag nur den Preis des nächsten Bieters zahlen muss. eBay schöpft also den individuellen Maximalpreis nicht voll ab, kommt diesem aber in der Regel recht nahe.

Um uns dem Gewinnpotenzial-Dreieck anzunähern, müssen wir mehrere Preise für dasselbe Produkt oder gegebenenfalls für leicht veränderte Varianten fordern. Die Metapher »Vom Rechteck zum Dreieck« verdeutlicht, dass die Gewinnsteigerungen, die wir durch den Übergang vom uniformen Preis zu differenzierten

Preisen realisieren können, größer sind als das in der Feinoptimierung eines uniformen Preises enthaltene Gewinnpotenzial. Der Vergleich von Rechteck und Dreieck führt uns dies plastisch vor Augen.

Was kostet eine Coca-Cola?

Diese harmlose Frage entzieht sich einer schlüssigen Antwort. Es kommt nämlich darauf an, wo man die Cola kauft. Abbildung 8.2 zeigt die Preise an verschiedenen Verkaufspunkten.

Abbildung 8.2: Preise einer 0,5l-Flasche Coca-Cola

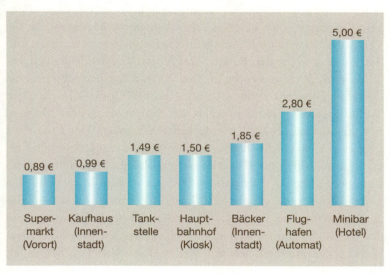

Die Preisunterschiede sind enorm. Wir reden hier nicht von 5 oder 10 Prozent, sondern von 500 Prozent Preisdifferenzierung. Der höchste Preis ist 5,6-mal so hoch wie der niedrigste. Vermutlich kennen Sie solche Preisunterschiede, aber war Ihnen bewusst, wie groß diese tatsächlich ausfallen? Nach den Begründungen braucht man nicht lange zu suchen. Die Minibar im Hotel ist ein Monopolist. Jemand, der seinen Zug erwischen muss, hat keine Zeit für

Preisvergleiche oder weite Wege, sondern nur den Bahnhofskiosk als Alternative. Im Flughafen ist sowieso alles etwas teurer. Der Supermarkt ist scharfem Preiswettbewerb ausgesetzt. Doch es geht noch weiter, wie folgender Test zeigt. Eine Person befindet sich an einem Strand. Ein Freund bietet an, dieser Person ein Getränk mitzubringen, und fragt, wie viel er maximal ausgeben dürfe. Er gibt zusätzlich eine wichtige Information. Bei der Gruppe A sagt er: »Ich hole den Drink am Kiosk«, bei Gruppe B: »Ich hole den Drink in dem feinen Strandhotel«. Die Versuchspersonen in Gruppe A nannten einen Maximalpreis von 1,50 Dollar, in Gruppe B waren es 2,65 Dollar.[149] Preisdifferenzierung ist ein sensibles Feld. In Japan hatte Coca-Cola die Idee, die Preise nach Temperatur zu differenzieren.[150] Wenn es draußen heiß ist, bietet Cola höheren Nutzen. Es erscheint logisch, einen höheren Preis zu verlangen. Technisch lässt sich das leicht umsetzen. Man braucht die Verkaufsautomaten nur mit einem Thermometer auszurüsten und die Preise jeweils anzupassen. Das Vorhaben wurde jedoch bekannt und führte zu Protesten. Die Verbraucher betrachteten eine derartige Differenzierung als unfair. So ließ Coca-Cola von dem Vorhaben ab. In Spanien machte die Marketingagentur Momentum im Sommer 2012 den umgekehrten Versuch. Der Cola-Preis ging runter, wenn die Temperatur stieg. Das war jedoch eher als Gag gedacht.[151] Eine ebenfalls wetterabhängige Preisdifferenzierung praktiziert die Predigtstuhl-Seilbahn in Bad Reichenhall. Bei gutem Wetter und schöner Sicht kostet die Fahrt 20 Euro, bei Regen und schlechter Sicht nur 17 Euro. Auch bei Lufthansa gibt es ein wetterabhängiges Angebot, eine sogenannte Sunshine Insurance, für bestimmte Ziele und Zeiten. Für jeden Tag, den es am Urlaubsort regnet, erhält der Kunde 25 Euro bis zu einem Gesamtbetrag von 200 Euro zurück.

Gravierende Preisdifferenzen sind keineswegs Ausnahmen. Das billigste Economy-Ticket für den Lufthansa-Flug LH 400 am 1. April 2013 von Frankfurt nach New York kostete 550,75 Euro, in der First Class musste man hingegen 6 713,00 Euro bezahlen.[152] Der Unterschied beträgt 1 218 Prozent. Nun sind Economy und First nicht dasselbe, aber zumindest fliegen die Passagiere im selben Flugzeug und kommen zur selben Zeit an. Die Grundleistung

»Lufttransport« ist also identisch. Bis 1907 gab es bei der Bahn vier Klassen. Interessanterweise betrug die Preisspreizung damals rund 1 000 Prozent, ähnlich wie in der Luftfahrt heute.

Die Welt wimmelt von Preisdifferenzierungen. Wie bei Coca-Cola sind die Preise für Millionen von Artikeln nach Distributionskanälen verschieden. Schnell drehende Verbrauchsgüter und Modeartikel werden massenweise im Rahmen von Sonderangeboten verkauft, bei denen die Preise bis zu 75 Prozent unter den Normalpreisen liegen. Hotels differenzieren ihre Preise je nach Nachfrage, Messepreise betragen das Mehrfache der Normalpreise. In der Luftfahrt gibt es die Vorstellung, dass möglichst jeder Sitz zu einem anderen Preis verkauft werden solle. Strom- und Telefongebühren variieren nach Tageszeiten oder Wochentagen. Restaurants bieten einen Mittagstisch zu einem niedrigen Preis an, abends kostet das gleiche Menü deutlich mehr. Günstigere Vorverkaufspreise oder Frühbucherrabatte sind weitverbreitet. Mietwagenpreise differieren nach Auslastung und tausend anderen Kriterien. Den Mitgliedern von Vereinen wie dem ADAC, von Gewerkschaften oder Verbänden offerieren Versicherer, Hotelbetreiber, Telekommunikations- und Tourismusunternehmen Sonderkonditionen. ADAC-Mitglieder erhalten beispielsweise an den Raststätten von Tank & Rast einen Rabatt von 10 Prozent. Kinos oder Theater haben niedrigere Preise für Studenten und Senioren. Auf fast alles gibt es Mengenrabatte. Und viele Preise weisen im internationalen Vergleich krasse Unterschiede auf. In einem Satz: Preisdifferenzierung ist ein in der Wirtschaft allgegenwärtiges Phänomen. Wer seine Preise nicht differenziert, der verschenkt mit hoher Wahrscheinlichkeit beträchtliche Gewinne.

Was zwei Preise bringen

Also kann das Motto nur sein: ran an die Preisdifferenzierung! Was bringt es, wenn wir im Fall der Abbildung 8.3 zwei Preise statt nur eines Preises fordern? Wir nehmen dazu an, dass es sich um einen Ja-Nein-Fall handelt, also jeder Nachfrager nur eine Einheit des Produkts nachfragt. Die Preisabsatzfunktion ergibt sich dann aus der Aggregation der einzelnen Maximalpreise. Wir benutzen die Daten aus Abbildung 4.2 als Ausgangssituation, sie sind in der zweiten Spalte von Abbildung 8.3 dargestellt.

Abbildung 8.3: Wirkungen einer Preisdifferenzierung mit zwei Preisen

	Uniformer Preis	Preisdifferenzierung mit zwei Preisen	
		Hoher Preis	Niedriger Preis
Preis (€)	105	120	90
Absatz (Stück)	900 000	600 000	600 000
Umsatz (€)	94,5 Mio.	72,0 Mio.	54,0 Mio.
Variable Kosten (€)	54,0 Mio.	36,0 Mio.	36,0 Mio.
Deckungsbeitrag (€)	40,5 Mio.	36,0 Mio.	18,0 Mio.
Fixkosten (€)	30,0 Mio.	30,0 Mio.	
Gewinn (€)	10,5 Mio.	24,0 Mio.	
Gewinnindex	100	229	

Wir können den Gewinn erheblich steigern, indem wir statt des Einheitspreises von 105 Euro zwei Preise fordern, nämlich einen höheren Preis von 120 Euro und einen niedrigeren Preis von 90 Euro. Wenn es gelingt, die Nachfrager nach ihren Maximalpreisen (= Preisbereitschaften) zu trennen, dann zahlen alle, deren Maximalpreis bei 120 Euro oder höher liegt, 120 Euro. Zum Preis von 90 kaufen all jene Nachfrager, deren Maximalpreis zwischen 90 und knapp unter 120 Euro liegt. Bei zwei Preisen ergibt sich für dieses Beispiel ein Gewinn von 24,0 Mio. Euro gegenüber einem Gewinn von 10,5 Mio. Euro bei nur einem uniformen Preis – ein gewaltiger Unterschied von 129 Prozent.

Gibt es bei diesem Vorgehen ein Risiko? Ja! Wenn nämlich die Nachfrager mit Preisbereitschaften von 120 Euro oder mehr das Produkt zu dem niedrigeren Preis von 90 Euro ergattern, sieht es gewinnmäßig weitaus schlechter aus als beim uniformen Preis von 105 Euro. Kaufen im Extremfall alle Kunden zu 90 Euro, so setzen wir 120 000 Einheiten ab, der Stückdeckungsbeitrag sinkt aber auf 30 Euro, sodass sich ein Deckungsbeitrag von 36,0 Mio. Euro und nach Abzug der Fixkosten nur noch ein Gewinn von 6,0 Millionen Euro ergibt. Das sind 43 Prozent weniger als beim optimalen Einheitspreis, ein katastrophaler Gewinneinbruch. Die Preisdifferenzierung ist also nur dann zu empfehlen, wenn es gelingt, einen »Zaun« (Englisch: Fence) zwischen den Nachfragern mit hohen und denjenigen mit niedrigen Maximalpreisen zu bauen. Ohne einen wirksamen Zaun ist die Preisdifferenzierung ein gefährliches Unterfangen.

Warum das erste Bier teurer sein sollte

Anders stellt sich die Preisdifferenzierung dar, wenn ein Verbraucher abhängig vom Preis weniger oder mehr Einheiten desselben Produkts kauft (Variable-Menge-Fall). Denken wir an ein Waldgasthaus, zu dem ein durstiger Wanderer kommt. Nach dem Gossenschen Gesetz hat das erste Bier für diesen Dürstenden einen höheren Nutzen als das zweite, dieses verschafft wiederum mehr Nutzen als das dritte usw. Der durstige Wanderer sei demgemäß bereit, für das erste Bier 5 Euro, für das zweite 4 Euro, für das dritte 3 Euro, für das vierte 2,50 Euro und für das fünfte Bier 2 Euro zu zahlen. Weitere Biere mögen ihm keinen zusätzlichen Nutzen bringen, sodass er selbst bei einem Preis von null nicht mehr als fünf Glas Bier konsumiert. Was ist die für den Wirt gewinnmaximierende Preisstruktur? Die Antwort ist einfach: 5 Euro für das erste Bier, 4 Euro für das zweite, 3 Euro für das dritte, 2,50 Euro für das vierte und 2 Euro für das fünfte Bier. Eine solche Preisstruktur bezeichnet man als nichtlinear, man spricht auch von Preispunkten, da für jede Einheit punktuell ein Preis festgelegt wird.[153] Der Gast konsumiert bei dieser Preisstruktur fünf Bier und zahlt insgesamt 16,50 Euro, also im Schnitt 3,30 Euro pro Glas Bier. Bei einem Einkaufspreis von 0,5 Euro pro Glas erwirtschaftet der Wirt einen Deckungsbeitrag von 14 Euro. Sollte der Wirt statt den nach Grenznutzen differenzierenden Preisen nicht einfach einen uniformen Preis von 3,30 Euro verlangen? Bei einem uniformen Preis von 3,30 Euro konsumiert der Gast jedoch nur zwei Bier, denn nur für die beiden ersten Biere liegt sein Grenznutzen höher als 3,30 Euro. Der Wirt setzt lediglich 6,60 Euro um und erhält einen Deckungsbeitrag von 5,60 Euro, das sind 60 Prozent weniger als bei der Preisdifferenzierung nach Grenznutzen. Was wäre in diesem Fall der gewinnmaximale Einheitspreis? Er läge bei 2,50 Euro. Der Gast konsumiert dann vier Glas Bier und zahlt 10 Euro. Nach Abzug von 2 Euro verbleiben 8 Euro als Deckungsbeitrag, das sind 43 Prozent weniger als bei Preisdifferenzierung. Bei Preisen von 3 bzw. 2 Euro ergäbe sich ein noch geringerer Deckungsbeitrag von 7,50 Euro.

Dieses Zahlenbeispiel vermittelt uns mehrere wichtige Einsichten. Es bestätigt das große Gewinnpotenzial, das in der richtigen Preisdifferenzierung schlummert. Es zeigt aber auch, dass sehr detaillierte Informationen über die Preisbereitschaften der Nachfrager erforderlich sind, um die Preise optimal zu differenzieren. Zum Dritten sieht man, dass die Umsetzung dieser Art von Preisdifferenzierung ziemlich kompliziert wäre. Der Wirt müsste genau kontrollieren, das wievielte Bier ein Verbraucher konsumiert. Er müsste zudem Arbitrage verhindern, das heißt, dass ein Gast möglichst viele Biere zu niedrigen Preisen bestellt und diese an andere Gäste weiterreicht. Des Weiteren könnte es bei den Gästen ein Akzeptanzproblem geben. Deren Konsumentenrente wäre bei voller Ausschöpfung der Preisbereitschaften null, sodass möglicherweise Unzufriedenheit aufkäme. Diese praktischen Schwierigkeiten dürften erklären, warum sich in der Gastronomie Systeme, bei denen einzelne Preispunkte nach Grenznutzen differenziert werden, nicht durchgesetzt haben.

Nichtlineares Pricing für ein Kino

Das Gossensche Gesetz des abnehmenden Grenznutzens gilt nicht nur für Verbrauchsgüter, sondern auch für Dienstleistungen. Eine Preisgestaltung kann bei einer Kinokette wie folgt aussehen: Der erste Kinobesuch in einem Monat hat einen höheren Nutzen als der zweite usw. Bei einer amerikanischen Kinokette gibt es drei

Kundensegmente A, B und C mit jeweils unterschiedlichen Maximalpreisen für den ersten, zweiten, dritten, vierten oder fünften Kinobesuch pro Monat. Abbildung 8.4 enthält die zugrunde liegenden Daten.

Abbildung 8.4: Nichtlineares Pricing für eine Kinokette

Menge	Maximalpreise ($)			Optimale nichtlineare Preisstruktur ($)	Absatz- menge (in 1000)	Gewinn (T$)
	A	B	C			
1	9,00	10,00	12,00	9,00	3	27,00
2	6,00	7,50	10,00	6,00	3	18,00
3	3,50	5,50	8,00	5,50	2	11,00
4	2,00	4,00	6,00	4,00	2	8,00
5	1,10	1,50	3,50	3,50	1	3,50
Summe					11	67,50
Optimaler Einheitspreis				5,50	9	49,50

Der optimale Einheitspreis liegt bei 5,50 Dollar. Bei diesem Preis besuchen pro Monat aus Segment A 2000, aus B 3000 und aus C 4000 Besucher das Kino, sodass die Gesamtbesucherzahl 9000 und der Gewinn 49500 Dollar betragen.

Um die optimale Preisdifferenzierung zu ermitteln, wenden wir nichtlineares Pricing an. Wir bestimmen im ersten Schritt den gewinnmaximalen Preis für den ersten Besuch. Dieser Preis liegt bei 9 Dollar. Alle drei Segmente besuchen das Kino, sodass ein Gewinn von 27000 Dollar resultiert. Bei 10 Dollar würden nur B und C das Kino besuchen, der Gewinn betrüge dann 20000 Dollar und bei 12 Dollar entsprechend 12000 Dollar.

Werden diese Überlegungen analog für die weiteren Besuche angestellt, resultiert die im rechten Teil von Abbildung 8.4 gezeigte optimale nichtlineare Preisstruktur, bei der die Preise zwischen 9 Dollar für den ersten und 3,50 Dollar für den fünften Besuch variieren. Abbildung 8.5 illustriert den großen Unterschied zwischen Einheitspreis und nichtlinearem Pricing.

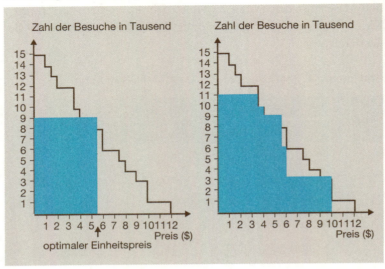

Das Dreieck des Gewinnpotenzials wird durch die Preisdifferenzierung per nichtlinearem Pricing weitaus besser ausgeschöpft als durch den Einheitspreis. Der Gesamtgewinn von 67 500 Dollar liegt 37,7 Prozent über dem Gewinn von 49 500 Dollar beim Einheitspreis. Es wird sowohl eine Erhöhung der Kundenzahl von 9 000 auf 11 000 als auch eine Steigerung des Durchschnittspreises von 5,50 auf 6,14 Dollar erreicht. Eine solche simultane Verbesserung von Absatz und Preis ist bei normaler, das heißt negativ geneigter Preisabsatzfunktion mit einem uniformen Preis nicht darstellbar, sondern gelingt nur durch raffiniertere Preisstrukturen. Im Vergleich zum Einheitspreis werden beide der kleineren Gewinndreiecke »angeknabbert«. Sowohl die über 5,50 Dollar liegende Preisbereitschaft als auch die darunter liegenden Maximalpreise werden besser ausgeschöpft als beim Einheitspreis. Dennoch gelingt es selbst in diesem Fall nicht, das große Gewinndreieck vollständig zu nutzen. Die Implementation war in diesem Fall einfach. Die Kunden, die an dem Programm teilnahmen, erhielten eine namentliche Karte, auf der vermerkt wurde, ob es sich um ihren ersten, zweiten, dritten, vierten oder fünften Besuch innerhalb eines Monats handelte. Anders als beim Bierbeispiel lässt sich bei Dienstleistungen eine Arbitrage zwischen Personen durch eine entsprechende Kontrolle ausschließen.

Preisbündelung

Unter Preisbündelung versteht man den Paketverkauf mehrerer Produkte zu einem Gesamtpreis, der niedriger liegt als die Summe der Einzelpreise. Preisbündelung ist ein sehr effektives Verfahren zur Differenzierung von Preisen.[154] Wer nicht nur ein, sondern mehrere Produkte kauft, erhält einen Bündelrabatt. Weit bekannte Beispiele sind die Menüangebote von McDonald's, die Office-Pakete von Microsoft oder Inklusivpakete aus der Tourismusindustrie, die Flug, Hotel und Mietwagen enthalten. Ein Pionier in der Nutzung der Preisbündelung war die Filmindustrie mit der sogenannten Blockbuchung (Block Booking). Der Verleiher bietet dem Kinobetreiber hierbei nicht einzelne Filme, aus denen Letzterer vermutlich nur die attraktiveren Titel auswählen würde, sondern ganze Blöcke von Filmen an – typischerweise eine Auswahl attraktiverer und weniger attraktiver Titel.[155] Warum ist Preisbündelung vorteilhaft?

Dies erklärt sich an einem Beispiel mit Käse und Wein. Abbildung 8.6 gibt die Maximalpreise von fünf Nachfragern für die beiden Produkte wieder. Der Maximalpreis für das Bündel aus Käse und Wein ergibt sich als Summe der einzelnen Maximalpreise.

Abbildung 8.6: Maximalpreis für Käse und Wein sowie für das Bündel aus Käse und Wein

Nachfrager	Maximalpreis (€)		
	Käse	Wein	Bündel aus Käse und Wein
1	6	1	7
2	2	5	7
3	5	4	9
4	3	2,5	5,5
5	2,4	1,8	4,2

Was sind die gewinnmaximalen Preise für Käse, für Wein und für das Bündel? Wir nehmen variable Stückkosten von null an. Das berührt die Argumentation nicht, erleichtert aber die Berechnung. Der optimale Einzelpreis für Käse beträgt 5 Euro. Bei diesem Preis kaufen die Verbraucher 1 und 3, sodass ein Gewinn (hier gleich Umsatz) von 10 Euro resultiert. Würde man 3 Euro verlangen, würden zwar drei Kunden Käse kaufen, der Gewinn betrüge aber nur 9 Euro. Für Wein liegt der optimale Preis bei 4 Euro. Kunden 2 und 3 kaufen bei diesem Preis Wein. Als Gewinn aus dem Weinverkauf erhält der Anbieter 8 Euro. In der Summe ergibt sich demnach bei Einzelpreisstellung für Käse und Wein ein Gewinn von 18 Euro. Kann man durch Preisbündelung mehr rausholen? Ja, man kann, indem man das Bündel zu 5,50 Euro anbietet, sodass die Verbraucher 1 bis 4 das Bündel kaufen. Verbraucher 5 kauft nichts. Es resultiert ein Gewinn von 22 Euro. Da hier nur das Bündel angeboten wird, spricht man von reiner Preisbündelung (pure bundling). Obwohl der Anbieter bezogen auf die Einzelpreise einen Bündelrabatt von 39 Prozent gewährt, erzielt er einen um 22,2 Prozent höheren Gewinn. Wie kann das sein? Die Antwort besteht darin, dass die Maximalpreise (Preisbereitschaften) wesentlich besser als bei Einzelpreisstellung ausgeschöpft werden. Bei Einzelpreisstellung werden sowohl am oberen als auch am unteren Ende Preisbereitschaften »verschenkt«. Konsument 1 wäre bereit gewesen, für Käse 6 Euro zu zahlen, braucht aber nur 5 Euro zu zahlen. Das Gleiche gilt für Verbraucher 2 bei Wein. Die Kunden mit niedrigeren Maximalpreisen (Preisbereitschaften) kaufen bei Einzelpreisen von 5 bzw. 4 Euro nicht. Bei Bündelung werden unausgeschöpfte Preisbereitschaften auf das andere Produkt übertragen. Die Konsumentenrente wird effektiver abgeschöpft. Nachfrager 1 hat einen sehr niedrigen Maximalpreis für Wein, addiert man jedoch seinen hohen Maximalpreis für Käse hinzu, so wird er zum Käufer von beiden Produkten. Ähnliches gilt für die Nachfrager 2 und 4. Man kann diesen Transfer unausgeschöpfter Preisbereitschaft auf das Bündel auch dahingehend interpretieren, dass die Heterogenität der Preisbereitschaften für das Bündel geringer ist als für die Einzelprodukte. Denn hohe und niedrige Preisbereitschaften gleichen sich teilweise aus. Insofern ist es auf der Bündelebene einfacher, Käufer und Nichtkäufer zu segmentieren.

Die Gewinnsteigerung von 18 auf 22 Euro ist ein großer Schritt. Aber es geht noch besser, indem man sowohl das Bündel als auch die Einzelprodukte anbietet. Diese Form wird gemischte Preisbündelung (mixed bundling) genannt. In unserem Beispiel bleibt der optimale Bündelpreis bei 5,50 Euro. Käse wird aber zusätzlich zu einem Einzelpreis von 2,40 Euro angeboten. Und den Wein kann man einzeln für 4 Euro kaufen. Die Nachfrager 1 bis 4 kaufen nach wie vor das Bündel. Zusätzlich kauft aber Konsument 5 den Käse, sodass der Gewinn auf 24,40 Euro steigt. Das sind sage und schreibe 35,6 Prozent mehr als bei Einzelpreisstellung, trotz eines Bündelrabatts von 39 Prozent auf die Summe der optimalen Einzelpreise.

Preisbündelung für Sonderausstattungen

Autohersteller bieten gegen Aufpreis eine Fülle von Sonderausstattungen an. Für die Kunden ist es mühsam, sich diese Ausstattungen einzeln zusammenzustellen. Außerdem können sich die Einzelpreise zu beachtlichen Beträgen aufaddieren. Beim Hersteller erzeugt die extreme Individualisierung der Ausstattungen hohe Logistikkosten. Ein deutscher Premiumhersteller erteilte uns den Auftrag, optimale Bündel zu konfigurieren und zu preisen. Es wurden drei Ausstattungsbündel ausgewählt, ein Komfortpaket, ein Sportpaket und ein Sicherheitspaket. Abbildung 8.7 zeigt das Gewinnresultat.

Trotz des Bündelrabatts von 21 Prozent stieg der Gewinn um 25 Prozent gegenüber reinen Einzelangeboten. Es handelt sich hier um gemischte Preisbündelung, denn die Sonderausstattungen können weiterhin auch einzeln gekauft werden. Der Mehrabsatz überkompensierte den Bündelrabatt bei weitem. Es kommen weitere Vorteile hinzu. So lassen sich Sonderausstattungspakete effektiver bewerben und verkaufen als Einzelausstattungen. Zudem kam es durch die stärkere Standardisierung der Sonderausstattungen in der internen Logistik zur Komplexitäts- und Kostenreduktion. Diese Vorteile sind in Abbildung 8.7 nicht eingerechnet. Dieses

Abbildung 8.7: Preisbündelung für Sonderausstattungen

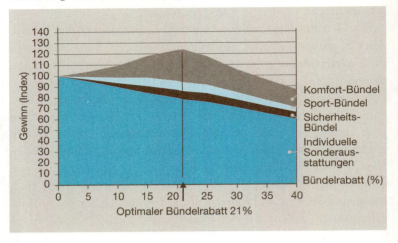

Projektbeispiel belegt nachdrücklich, welche großen Gewinnsteigerungspotenziale in raffinierten Preisstrukturen stecken.

Entbündelung

Preisbündelung ist nicht generell besser. Es gibt auch Fälle, in denen Entbündelung zur Gewinnsteigerung führt. Auch die Frage, ob reine oder gemischte Preisbündelung höhere Gewinne erbringt, lässt sich nicht allgemein beantworten. Die optimale Lösung hängt immer von der jeweiligen Konstellation der Preisbereitschaften der Nachfrager ab. Nur wenn man sehr detaillierte Informationen über die Verteilung der Preisbereitschaften besitzt, findet man die optimale Preisstruktur. Eine Entbündelung empfiehlt sich unter folgenden Bedingungen:

- Chance auf höhere Gewinnspanne: Diese kann aus einer geringeren Preiselastizität bei den Einzelprodukten resultieren. Diese Situation entsteht, wenn der Bündelpreis im Rahmen der Fortentwicklung eines Systems sehr hoch geworden ist.
- Markterweiterung: Indem man Komponenten als eigenständige Produkte verkauft, lassen sich neue Märkte erschließen.

- Zunehmende Standardisierung und Kompatibilisierung: Je stärker Komponenten standardisiert und kompatibel werden, desto riskanter wird die reine Bündelung, da sich jeder Kunde dann sein System individuell zusammenstellen kann. Es besteht ein Dilemma zwischen Abschottung gegenüber der Konkurrenz und Öffnung zwecks Markterweiterung, wobei sich die Gewichte im Lauf des Lebenszyklus und der Reifung eines Marktes häufig zugunsten der Entbündelung verschieben.
- Verschiebung der Wertschöpfungsanteile: In vielen Branchen ist der Trend zu beobachten, dass Dienstleistungen, die beim Kauf des Produkts vormals mitgeliefert wurden, gesondert bepreist werden.

Ein bekanntes Beispiel für Entbündelung ist die getrennte Preisstellung für Flugticket und Gepäck, wie sie erstmals von Ryanair eingeführt wurde. Interesssant ist auch die Fernsehfunktion beim 7er BMW. In der ersten Generation der Navigationssysteme war diese Funktion ohne Aufpreis enthalten. Ab der zweiten Generation wird sie hingegen separat zu einem Preis von 1 650 Euro angeboten.[156]

Mehrpersonen-Preisbildung

Die Mehrpersonen-Preisbildung beinhaltet den Verkauf von Produkten an Personengruppen. Der Gesamtpreis variiert dabei mit der Anzahl der Personen. Reiseveranstalter machen Angebote, bei denen der Partner oder Kinder günstiger oder kostenlos mitreisen. Fluggesellschaften lassen Lebenspartner oder eine Begleitperson zum halben Preis oder kostenlos mitfliegen. In Restaurants kostet das Hauptgericht für eine weitere Person nur die Hälfte. Die amerikanische Fluggesellschaft Northwest Airlines praktizierte ein besonders originelles Mehrpersonen-Pricing. Wenn ein Kind den vollen Preis zahlte, konnte ein Erwachsener gratis mitfliegen. Dieser Gag traf auf große Resonanz.

Die Gewinnsteigerung bei der Mehrpersonen-Preisbildung beruht, ähnlich wie bei der Preisbündelung, auf zwei Effekten: Zum einen wird die Konsumentenrente heterogener Nachfrager besser abgeschöpft, und zum anderen kann unausgeschöpfte Konsumentenrente von einer Person auf eine andere übertragen werden. Ein Beispiel, bei dem wir der Einfachheit halber Fixkosten und Grenzkosten von null annehmen, illustriert diese Effekte. Eine Ehefrau möchte ihren Mann auf einer Geschäftsreise begleiten. Dieser sei bereit, einen Maximalpreis von 1 000 Euro zu zahlen. Der Maximalpreis der Ehefrau liege bei 750 Euro. Bei einem Einheitspreis von 1 000 Euro würde nur der Mann fliegen. Der Gewinn der Fluggesellschaft wäre 1 000 Euro. Bei einem Einheitspreis von 750 Euro pro Person fliegen beide. Der Gewinn steigt auf 1 500 Euro (= 2 x 750 Euro). 750 Euro wäre also der optimale Einheitspreis. Es geht jedoch besser. Bei Mehrpersonen-Preisbildung setzt die Fluggesellschaft den Gesamtpreis für beide auf 1 750 Euro und erzielt einen Gewinn in dieser Höhe. Die Gewinnsteigerung gegenüber dem optimalen Einheitspreis beträgt 16,7 Prozent. Bei der Mehrpersonen-Preisbildung werden die unterschiedlichen Maximalpreise der einzelnen Personen ausgenutzt, um eine Gewinnsteigerung zu erzielen. Ähnlich wie bei der Preisbündelung erfolgt eine Bündelung der Zahlungsbereitschaften.

Nicht unter Mehrpersonen-Preisbildung fällt die Methode, bei der mehrere Personen ihre Nachfrage bündeln. Diese Methode ist bei der Bestellung von Heizöl verbreitet. Hier geht es darum, durch die Bündelung der Bestellung einen höheren Mengenrabatt zu erhalten. Auch Internetseiten haben eine derartige Bündelung der Nachfrage mehrerer Verbraucher versucht. Dieser Ansatz hat sich jedoch nicht in der Breite durchgesetzt.

Je mehr, desto billiger: Vorsicht!

Die verbreitetste Form der mengenabhängigen Preisdifferenzierung ist der Mengenrabatt. Wenn man mehr kauft, bekommt man höhere Rabatte, zahlt also einen niedrigeren Preis pro Einheit. Diese »universelle Gesetzmäßigkeit« kennt jeder. Aber selbst im Mengenrabatt steckt der Teufel, es kommt nämlich darauf an, wie er gestaltet ist. Im Wesentlichen gibt es zwei Arten, den durchgerechneten und den angestoßenen Mengenrabatt. Bei der durchgerechneten Variante gilt der jeweilige Rabattsatz für die gesamte Kaufmenge, bei der angestoßenen Form nur für den jeweiligen Bereich.[157] Dieser Unterschied klingt harmlos, hat es aber in sich. Wir schauen uns dazu das Zahlenbeispiel in Abbildung 8.8 an. Wir nehmen einen Listenpreis von 100 Euro und variable Stückkosten von 60 Euro an, die Fixkosten seien gleich null. Bis 99 Stück ist der Rabattsatz null, ab 100 Stück gibt es 10 Prozent Rabatt, ab 200 Stück sind es 20 Prozent und ab 300 Stück 30 Prozent.

Abbildung 8.8: Durchgerechneter vs. angestoßener Mengenrabatt

Rabatt-satz	gilt	durchgerechneter Rabatt		angestoßener Rabatt	
		Umsatz	Durchschnitts-preis	Umsatz	Durchschnitts-preis
0 %	bis 99 Stück				
10 %	ab 100 Stück	9 000 €	90 €	9 000 €	90 €
20 %	ab 200 Stück	16 000 €	80 €	17 000 €	85 €
30 %	ab 300 Stück	21 000 €	70 €	24 000 €	80 €

Beim durchgerechneten Rabatt erzielt der Verkäufer beim Absatz von 300 Stück einen Umsatz von 21 000 Euro und einen Gewinn von 3 000 Euro. Wählt er hingegen die angestoßene Form, so betragen bei 300 Stück Absatzmenge der Umsatz 24 000 Euro (+ 14,3 Prozent) und der Gewinn 6 000 Euro (+ 100 Prozent). Was auf der Rabattebene wie ein harmloser Unterschied aussieht, wirkt sich beim Verkäufer in einer Verdoppelung des Gewinns aus. Verkäufer sollten also, wo immer möglich, den angestoßenen Mengenrabatt wählen. Für den Käufer gilt logischerweise das Umgekehrte, er sollte den durchgerechneten Mengenrabatt verlangen. Mit anderen Worten: Man muss nicht nur auf die Rabattsätze, sondern auch auf die Form des Mengenrabatts achten.

Differenzierung oder Diskriminierung?

Eine verbreitete Form ist die personenbezogene Preisdifferenzierung. Unterschiedliche Personen zahlen für das gleiche Produkt unterschiedliche Preise. Ist das nicht Diskriminierung? Bezeichnenderweise wird im Englischen der Ausdruck »price discrimination« synonym mit »price differentiation« gebraucht. In der Tat ist die personenbezogene Preisdifferenzierung ein heikles Thema. Wenn Sie erfahren, dass Ihr Bekannter beim selben Kaufmann ein Viertel weniger gezahlt hat als Sie, werden Sie nicht erfreut sein. Amazon erlebte sehr negative Publicity, als bekannt wurde, dass die Preise nach den Internet Browsern der Kunden differenziert wurden. Für Nutzer des Netscape Navigator wurde ein Preis von 22,99 Dollar gefordert. Ging man mit dem Microsoft Internet Explorer ins Netz, brauchte man für dasselbe Produkt nur 12,99 Dollar zu zahlen. Der öffentliche Aufschrei veranlasste Amazon zur Rückerstattung der Preisdifferenz. Die Chancen und die Versuchung zu derartigen personenbezogenen Preisdifferenzierungen steigen mit zunehmender Internetnutzung. So fand eine Studie signifikante Verhaltensunterschiede zwischen Kunden, die einen Apple-Mac-Computer für Hotelbuchungen nutzen, und solchen, die einen anderen PC verwenden.[158] Die Mac-Kunden zahlten im Schnitt 20 bis 30 Dollar mehr pro Nacht. Bei einem Durchschnittspreis von 100 Dollar ist das eine erhebliche Differenz. Mac-Kunden buchten auch zu 40 Prozent mehr Vier- und Fünf-Sterne-Hotels. Solche Einsichten legen es nahe, diesen Kunden unterschiedliche Angebote zu machen. Aber wie die Amazon-Erfahrung zeigt, ist Vorsicht angebracht.

Man darf gespannt sein, ob die folgende Form der personenbezogenen Preisdifferenzierung sich durchsetzt. Die Fluggesellschaft Samoa Air Ltd. preist nach dem Gewicht des Passagiers. Pro Kilogramm Körpergewicht sind beispielsweise für den Flug von Samoa nach American Samoa 0,92 US-Dollar zu zahlen. Samoa hat in der Welt die dritthöchste Quote von Übergewichtigen, weit vor den USA, sodass diese Preismetrik naheliegt. Jedenfalls ist CEO Chris Langton trotz anfänglicher Proteste entschlossen, durchzuhalten. »It's a pay by weight system and it's here to stay«, sagt er.[159] Die

Logik spricht für das System. Denn das Gewicht des Passagiers ist der Kostentreiber. Warum soll Fracht nach Gewicht berechnet werden, aber nicht der Transport von Menschen? Manche amerikanischen Airlines verlangen, dass stark übergewichtige Passagiere bei vollbesetzten Flügen zwei Tickets kaufen. Ich sehe nicht, dass hier ein Grundrecht verletzt wird. Auf soziale Akzeptanz dürfte diese Preisdifferenzierung dennoch nicht treffen. Aber wer weiß?

Andererseits gibt es eine Vielzahl personenbezogener Preisdifferenzierungen, die allgemein akzeptiert sind. Dazu zählen niedrigere Preise für Schüler, Studenten oder Senioren. Niemanden scheint es zu stören, dass die Mitglieder von Vereinen oder Organisationen Sonderkonditionen erhalten. Kritischer aus Verbrauchersicht und interessanter aus Verkäufersicht wird es, wenn es gelingt, Preise individuell nach Kriterien wie Kaufkraft oder Preisempfindlichkeit zu differenzieren. Überall dort, wo Preise individuell verhandelt werden, ist genau dies das Ziel. Der Listenpreis bildet dann nur die Basis für die individuelle Preisdifferenzierung. Beim Autokauf hängt es beispielsweise vom Geschick des Verkäufers ab, inwieweit er die Preisbereitschaft des jeweiligen Kunden ausschöpft.

Personenbezogene Preisdifferenzierung kann auch Kosten- oder Risikounterschiede zwischen Personen reflektieren. So offeriert die italienische UniCredit Banca Darlehen mit Zinssätzen, die vom Verhalten des Kreditnehmers abhängen. Die Bank honoriert Loyalität und Pünktlichkeit in den Zinszahlungen mit niedrigeren Zinssätzen. Gegenüber dem Basiszinssatz gibt es einen Spread von 100 Basispunkten für die Jahre 1 bis 3, danach sinkt der Zinsspread bei pünktlicher Zinszahlung von Jahr zu Jahr um 10 Basispunkte bis auf ein Minimum von 70 Basispunkten. Bei einem Hausdarlehen von 500 000 Euro entspricht dies immerhin einer jährlichen Ersparnis von 1 500 Euro.

Facettenreicher als in der traditionellen Welt wird die personenbezogene Preisdifferenzierung im Internet. Im E-Commerce erfährt ein Anbieter sehr viel über die einzelnen Transaktionen eines Kunden und kann seine Preise im Extremfall bis auf die individuelle Ebene differenzieren. So wird Internethändlern nachgesagt, dass ihre Preise abends höher sind als tagsüber. Für diese zeitliche

Preisdifferenzierung, hinter der in Wirklichkeit eine personenbezogene Differenzierung steckt, gibt es gute Argumente. Tagsüber wird das Angebot von preisempfindlichen Schülern und Studenten genutzt. Abends bestellen mehr Berufstätige, die eine höhere Kaufkraft besitzen und weniger empfindlich auf den Preis reagieren. Was liegt also näher, als tagsüber niedrigere und abends höhere Preise zu fordern?

Kürzlich bestellte ich bei Zalando ein Paar Freizeitschuhe. Seither taucht auf mindestens jeder dritten Homepage, die ich aufrufe, Werbung für Schuhe auf. Zalando und andere Anbieter sind in der Lage, ihre Werbung selbst auf fremden Internetseiten gezielt an mich zu adressieren. Wenn das mit Werbung machbar ist, dann geht es auch beim Preis. Man kommt auf diese Weise weg vom Rechteck und hin zum Dreieck, vorausgesetzt, man verfügt über valide Informationen zur Preisbereitschaft des einzelnen Käufers. Durch »Big Data«, die Analyse großer Datenmassen zu käuferindividuellen Transaktionen, eröffnen sich phantastische neue Chancen für die personenbezogene Preisdifferenzierung. Interessant ist die Frage, ob ein Verbraucher gelegentlich ein ausgesprochen billiges Produkt bestellen sollte, um auf diese Weise dem Verkäufer eine hohe Preisempfindlichkeit zu signalisieren. So kann er besonders günstige Angebote und Preise auf sich ziehen – ein neuartiges Katz-und-Maus-Spiel.

Die personenbezogene Preisdifferenzierung ist mit Aufwand verbunden. Man muss die Berechtigung kontrollieren (z. B. Studentenausweise oder Geburtsdatum), oder es sind spezielle Kundenkarten (z. B. Metrokarte für Cash & Carry-Einkauf, Payback-Karte) erforderlich. Im Internet müssen die Transaktionen eines Kunden gespeichert und analysiert werden. Banken und Versicherungen besitzen seit jeher Informationen über jede einzelne Transaktion, es fehlte ihnen aber die Analysekompetenz, um diese für eine individuellere Ansprache ihrer Kunden nutzen zu können. Auch in Zukunft wird die Frage relevant bleiben, inwieweit es wirklich gelingt, das Verhalten des einzelnen Kunden wirksam zu steuern. Ich selbst habe einige Hundert Bücher bei Amazon bestellt, aber noch nie einen Buchvorschlag von Amazon angenommen. Zumindest in meinem Fall ist der Analyseaufwand wirkungslos verpufft. Auch die penetrante Schuhwerbung von Zalando erzeugt bei mir eher Reaktanz als eine erhöhte Kaufneigung.

Preis und Raum

Der klassische Markenartikel war ein Produkt, das überall denselben Preis hatte. Aufgrund der vertikalen Preisbindung konnten die Hersteller den Händlern diesen über den Raum einheitlichen Preis verordnen. Doch damit ist seit 1974 Schluss. Nur bei Druckerzeugnissen (Presse und gedruckte Bücher, nicht E-Books[160]), Zigaretten und verschreibungspflichtigen Arzneimitteln gibt es nach wie vor die Preisidentität. Bei allen anderen Produkten beobachten wir räumliche Preisdifferenzen. Diese reflektieren Kaufkraftunterschiede (in München sind viele Preise höher als in Zwiesel im Bayrischen Wald, manche aber auch niedriger), Wettbewerbseinflüsse und Kostendifferenzen (weit entfernt von einer Raffinerie kostet Benzin mehr als in der Nähe einer solchen). Besonders groß sind die Preisdifferenzen international. Hier kommen institutionelle Besonderheiten, Steuern und Unterschiede in den Distributionssystemen ins Spiel. In Luxemburg kostet ein Liter Benzin rund 20 Prozent weniger als in Deutschland, was dazu führt, dass es auf der luxemburgischen Seite der Grenze die wohl größte Tankstellendichte der Welt gibt und preissensible Autobesitzer teilweise bis zu 100 Kilometer fahren, um ihre Tanks und mitgebrachten Kanister aufzufüllen. Auch die Preise für Zigaretten und Kaffee liegen in Luxemburg deutlich niedriger, sodass diese Produkte beim Tanken gleich mit eingekauft werden. Das führt möglicherweise zu absurden Konsequenzen. So ist die Lungenkrebsrate im Regierungsbezirk Trier signifikant höher als im restlichen Rheinland-Pfalz. Eine Ursache hierfür konnte bisher nicht gefunden werden. Eine Hypothese ist, dass die niedrigeren Zigarettenpreise in Luxemburg dafür verantwortlich sind. Als der Schweizer Franken im Jahr 2011 gegenüber dem Euro massiv aufwertete, kam es zu einer regelrechten »Invasion« von Schweizern im süddeutschen Raum. Die Preise in Deutschland waren so viel niedriger als in der Schweiz, dass die Schweizer verstärkt in Deutschland einkauften.[161]

Der große Vorteil der räumlichen Preisdifferenzierung besteht im effektiven Fencing. Wenn ein Produkt in einem 100 Kilometer entfernten Ort nur geringfügig billiger ist, wird niemand diese Strecke zurücklegen, um es dort zu kaufen. Allerdings siegt auch hier nicht immer die Rationalität. Ob sich der Tanktrip nach Luxemburg wirklich lohnt, wenn man alle Kosten einbezieht, ist zumindest bei Entfernungen über 50 Kilometer infrage zu stellen. Aber die Leute rechnen ähnlich wie bei der BahnCard nur mit den »Out of Pocket«-Kosten. Eine Studie deckte ebenfalls ein irrationales Verhalten bezüglich räumlicher Distanz auf. Es ging um eine Freizeitjacke. Testgruppe A wurde die Jacke mit einem Preisschild von 125 Dollar gezeigt. Es gab zudem den Hinweis, dass dieselbe Jacke in einem 20 Minuten entfernten Laden derselben Kette 5 Euro billiger sei, also zu 120 Euro angeboten werde. Bei der Testgruppe B lautete die Preisauszeichnung auf 15 Euro, und es gab den Hinweis auf den Preis von 10 Euro in dem anderen Laden. In beiden Fällen betrug der Preisunterschied also 5 Euro. In der Testgruppe B waren 68 Prozent der Personen bereit, den Weg zu dem 20 Minuten entfernten Laden auf sich nehmen, in der Testgruppe A nur 29 Prozent.[162] Offenbar sind 5 Euro bei einem Ausgangspreis von 125 Euro den Weg nicht wert, bei einem Ausgangspreis von 15 Euro ist das anders. Man kann dies auch umgekehrt interpretieren: Der Nutzen (in diesem Fall negativ) von räumlicher Distanz ist nicht absolut, sondern relativ. Das hat Auswirkungen auf die Durchsetzbarkeit räumlicher Preisdifferenzen und auf das Fencing.

Besonders wirksam ist das Fencing bei Preisdifferenzen zwischen Ländern. Aber auch hier gibt es Ausnahmen. Wenn die Preisunterschiede zu groß werden und die Arbitragekosten (für Transport, Bürokratie, Produktanpassung) gleichzeitig niedrig sind, kommt es zu Grau- oder Parallelimporten. Im Pharmamarkt spielen Parallelimporte eine große Rolle. Die Firma Kohlpharma beispielsweise setzte im Jahr 2012 mit solchen Importen aus EU-Ländern nach Deutschland 585 Millionen Euro um. Auch im Automarkt sind die internationalen Preisunterschiede groß. Es wird geschätzt, dass die Gewinne der Autoindustrie bei einer Vereinheitlichung der Preise innerhalb Europas um 25 Prozent niedriger wären. Oder anders ausgedrückt: Ein Viertel der europäischen Gewinne der Autohersteller geht auf die internationale Preisdifferenzierung zurück. Im Automarkt spielen Parallelimporte jedoch keine große Rolle, da die Schwierigkeiten der Beschaffung (die Hersteller kontrollieren die Mengen) und die Arbitragekosten zu hoch sind.

Viele Firmen haben auf die Vereinheitlichung des europäischen Marktes mit der Einführung eines europäischen Einheitspreises reagiert. Das ist eine zwar einfache, aber keineswegs intelligente Strategie. Denn dabei wird das Gewinnpotenzial, das in der europäischen Preisdifferenzierung steckt, verschenkt. Man kann sogar sagen, dass ein europäischer Einheitspreis mit den krisenhaften Entwicklungen in Südeuropa zunehmend weniger Sinn macht, da sich die Kaufkraft zwischen Norden und Süden auseinanderentwickelt. Umgekehrt war und ist es nicht möglich, große überkommene Preisunterschiede zwischen Ländern aufrechtzuerhalten, da dies zu erheblichen Marktstörungen durch graue Importe führen kann. Die Lösung besteht in einem Kompromiss. Simon-Kucher & Partners hat für diesen Zweck das sogenannte INTER-PRICE-Modell entwickelt, mit dem ein internationaler Preiskorridor optimiert wird, der einerseits die Marktdifferenzen ausnutzt, aber andererseits die Grauimporte auf einem Niveau hält, das als erträglich angesehen wird.[163]

Preis und Zeit

»Tempora mutantur et pretii mutantur in illis«: »Die Zeiten ändern sich, und die Preise ändern sich mit ihnen«, könnte man in Abwandlung eines lateinischen Spruches sagen. Die zeitliche Preisdifferenzierung ist eines der wichtigsten Verfahren zur besseren Gewinnausschöpfung. Sie kommt in unendlich vielen Varianten vor, nach Tageszeit, nach Wochentag, nach Jahreszeit, in Form von Frühbucherrabatten oder Vorverkaufspreisen, als Last-Minute-Angebote, als Winter- oder Sommerschlussverkauf, als »Special Introductory Offer« für ein neues Produkt oder als sogenanntes Dynamic Pricing in Abhängigkeit von Angebots- und Nachfrageentwicklung.

Treiber der zeitlichen Preisdifferenzierung sind zum einen unterschiedliche Preisbereitschaften. Während der Ferienzeit oder einer Messe sind die Kunden bereit, mehr zu zahlen als zu anderen Zeiten. Der Verkäufer wäre dumm, wenn er nicht einen höheren Preis forderte. Eng damit zusammen hängt der Ausgleich von Angebot und Nachfrage. Das traditionelle Peak Load Pricing (Spitzenlast-Pricing) für Strom verfolgt genau dieses Ziel. Auch beim Dynamic Pricing steht dieses Ziel – zusammen mit der besseren Gewinnausschöpfung – im Vordergrund.

Ein schönes Beispiel ist ein Parkhaus. Dynamic Pricing bedeutet hier, dass es keinen festen Preis pro Stunde gibt, sondern der Preis sich nach dem Belegungsstand richtet. Ein solches System gibt es beispielsweise im Flughafen Heathrow in London und in anderen Garagen in England. Der Preis wird so gesteuert, dass ein Kunde mit entsprechender Preisbereitschaft immer einen Parkplatz findet. Zweimal habe ich in Düsseldorf einen Flug verpasst, weil ich keinen Parkplatz fand. Meine Preisbereitschaft war in dieser Situation extrem hoch, aber da es nur einen uniformen Preis gab, waren die Parkhäuser erstens voll und zweitens entging dem Parkhausbetreiber ein erklecklicher Gewinn. Sowohl der Parkhausbetreiber als auch ich hätten mit Dynamic Pricing einen höheren Nutzen erfahren.

Nicht selten wird mit zeitlicher Preisdifferenzierung wirkungsloser Unsinn betrieben. In einer zentral gelegenen Garage in Bonn mit mehreren Hundert Stellplätzen kostet die Stunde an Wochentagen 2,50 Euro. An Sonntagen beträgt der Preis hingegen nur 1 Euro pro Stunde. Trotzdem ist die Garage sonntags meistens leer. Wo liegt der Fehler? Er liegt in der Verwechslung von niedriger Nachfrage mit höherer Preiselastizität. Die Garage ist an Sonntagen nicht leer, weil der Preis von 2,50 Euro zu hoch wäre, sondern weil die Leute sonntags nicht in die Stadt fahren. Die Preissenkung macht keinerlei Sinn. Der Betreiber verschenkt nur Geld.

In einem Projekt für eine große englische Kinokette entdeckten wir ähnliche Fehler. So wurden an bestimmten Wochentagen und Tageszeiten Rabatte von 25 Prozent gegeben, ohne dass dies zu erhöhter Nachfrage führte. Wir schufen eine Preisstruktur, die in Perioden hoher Nachfrage systematisch Gewinne abschöpft. Nur noch an einem Tag, der als »cheap day« beworben wird, gibt es einen höheren Rabatt, der aber so hoch ist, dass er die Kinosäle tatsächlich füllt. Vor der breiten Einführung wurde die neue Struktur an einigen Standorten getestet. Die Besucherzahlen gingen wie erwartet leicht zurück, der Gewinn stieg massiv an.

Verderbliche Ware

Ein schwieriges Problem der zeitlichen Preisdifferenzierung stellt sich bei verderblicher Ware. Wie sollen der Bäcker oder der Obsthändler kurz vor Geschäftsschluss preisen? Wenn sie die frische Ware heute nicht verkaufen, wird diese wertlos, da die Kunden am nächsten Tag keine Brötchen oder Tomaten von gestern akzeptieren. Zur »verderblichen Ware« in diesem Sinne gehören auch Hotelzimmer, Sitze im Flugzeug oder Tourismuskapazitäten. Jeder frei bleibende Sitz auf einem Flug bedeutet verlorenen Umsatz und Gewinn. Die Kosten sind hier »sunk« und spielen für das Pricing keine Rolle mehr. Bei kurzfristiger Betrachtung ist die Lösung klar. Jeder Preis größer als null ist besser, als die Ware verderben zu lassen. Demnach sollte der Verkäufer zu sehr günstigen »Last-Minute-Preisen« anbieten, die die Kapazitäten räumen. Diese Taktik hat jedoch einen Haken. Wenn Last-Minute-Pricing zur Regel wird, lernen die Kunden das und kaufen vermehrt im letzten Augenblick zu den Last-Minute-Preisen. Der Anbieter kannibalisiert seine Verkäufe zu normalen Preisen, das Fencing zwischen Normal- und Last-Minute-Verkäufen funktioniert nicht. Das ist genau der Grund, warum viele Firmen die Ware lieber verderben bzw. die Kapazitäten verfallen lassen, als Last-Minute-Pricing zu praktizieren. Natürlich ist es im Einzelfall schwierig, die konträren Effekte gegeneinander abzuschätzen. Häufig jedoch dürfte der Verzicht auf Last-Minute-Pricing klug sein.

Die Möglichkeiten des Pricing sind im Hinblick auf Hoch- und Niedrignachfrageperioden oft asymmetrisch. Den Betrieb einer Wasch- oder Spülmaschine kann man durch Preissenkungen in Phasen mit niedriger Stromnachfrage verschieben. Und mit hohen Preisen lassen sich Nachfragespitzen abschleifen. Bei der Nachfrage in Restaurants oder bei der Bahn sieht das anders aus. Selbst wenn man am Montagabend niedrige Preise bietet, werden sich die Restaurants und die Züge nicht füllen. Man hat aber die Chance, in Spitzenperioden Zuschläge zu verlangen.

Patente für Dynamic Pricing

Welche Dimensionen die Schlacht um die Vorherrschaft beim Dynamic Pricing annimmt, zeigt ein Patentantrag, den Google am 30. September 2011 eingereicht hat.[164] In der Zusammenfassung heißt es unter anderem: »Methods, systems and apparatus, including computer programs for dynamically pricing electronic content. ... adjusting a base price associated with purchasing the item of electronic content, and providing the particular user with an offer to repurchase the item at the adjusted price.« Es geht um Methoden der Preisanpassung und individuell-zeitlichen Preisdifferenzierung, die Google mit dem Patentschutz für sich reklamieren will.

Dynamic Pricing nimmt im Internet krasse Ausmaße an. Am häufigsten gibt es Preisänderungen bei Konsumelektronik, Bekleidung, Schuhen und Schmuck. Es ist nicht ungewöhnlich, dass die Preise mehrfach pro Stunde angepasst werden. Insgesamt finden im Internet täglich Millionen von Preisanpassungen statt, ein Phänomen, das man bisher nur bei Airlines kannte. Im E-Commerce geht es vor allem darum, in den Suchmaschinen an erster Stelle zu erscheinen.[165] Das Bestreben, sich über den Preis an die Spitze zu setzen, kann zu einem gewinnverzehrenden Vergnügen werden und erzeugt Reaktionsmuster, die die Preise nach unten treiben. Das ist ein klassisches spieltheoretisches Dilemma, über das sich nur die Käufer freuen werden. Es ist zu erwarten, dass wir in Zukunft vermehrt Schlachten um die Vorherrschaft im Dynamic Pricing erleben werden.

Jonglieren mit Kapazitäten und Preisen

Eine besonders komplexe Form der zeitlichen Preisdifferenzierung finden wir im sogenannten Revenue Management, auch als »Yield Management« bezeichnet. Fluggesellschaften betreiben dieses Verfahren mit hohem Einsatz und großer Professionalität. Modelle, Datenanalysen und Prognosetechniken spielen eine große Rolle. Ziel ist es, aus jedem einzelnen Flug den maximalen Umsatz und Ertrag herauszuholen. Dazu werden Produkt- und Preispolitik kombiniert eingesetzt. Zum Beispiel wird im Flugzeug die Business Class durch Verschieben eines Vorhangs vergrößert oder verkleinert. Je nach prognostizierter Nachfrage werden einzelnen Preisen bestimmte Kapazitäten zugewiesen. Abhängig von den eingehenden Buchungen werden diese Zuordnungen laufend angepasst. Es kann demnach passieren, dass man im Moment einen Flug für 59 Euro buchen kann und derselbe Flug eine halbe Stunde später 99 Euro kostet. Der Revenue Manager steht ständig vor der Entscheidung, einen Platz jetzt zu einem Preis von 59 Euro wegzugeben und dadurch auf die Chance zu verzichten, diesen Platz später für 99 Euro zu verkaufen. Oder aber, diesen Platz letztlich nicht loszuwerden.

Revenue Management wird von Airlines, Hotelketten, Autovermietern und ähnlichen Anbietern praktiziert. Es trägt zur besseren Kapazitätssteuerung und -auslastung bei. Aber es gibt hier nicht den Stein der Weisen. So sagte mir einmal der Revenue Manager des Hilton Hotels im Zentrum von Chicago: »Heute Nacht stehen 13 meiner 1600 Zimmer leer, obwohl Chicago voll ist. Das sind 13 zu viel.« Ich antwortete: »Sind Sie sicher? Vielleicht wäre es besser gewesen, den Preis auf 110 Dollar zu erhöhen und 50 Zimmer leer stehen zu lassen.« Abbildung 8.9 vergleicht beide Alternativen.

Abbildung 8.9: Preise und verkaufte Zimmer

	13 Zimmer leer	50 Zimmer leer	200 Zimmer leer
Preis ($)	100	110	110
Verkaufte Zimmer	1587	1550	1400
Umsatz ($)	158700	170500	154000

Wären bei dem Preis von 110 Dollar nicht mehr als 50 Zimmer leer geblieben, so hätte er einen deutlich höheren Umsatz eingefahren. Dieses einfache Beispiel beleuchtet ein Kernproblem des

Revenue Managements. Die leer stehenden Kapazitäten sind »harte« Daten und »drücken« auf die Preise. Die unausgeschöpften Preisbereitschaften sind hingegen »weiche«, mit hoher Unsicherheit behaftete Daten. Der Hotelmanager aus Chicago wusste »mit Sicherheit«, dass ihn 13 leer stehende Zimmer 1 300 Dollar kosten. Hingegen war er unsicher, ob tatsächlich 1 550 Gäste die Preiserhöhung von 10 Dollar geschluckt hätten und nur 37 Gäste abgesprungen wären. Würden nämlich nur 1 400 Besucher zum höheren Preis buchen, so würde der Umsatz, wie die vierte Spalte in der Abbildung zeigt, auf 154 000 Dollar fallen. Vielleicht kann man Revenue Management als das bestmögliche Durchwursteln unter unsicheren Bedingungen bezeichnen. Je besser die Prognosen sind, desto gewinnträchtiger ist Revenue Management.

Preis und Knappheit

Ein heikles Thema betrifft das Pricing in Knappheits- und Notsituationen. Das zeigte sich am Beispiel des Hurrikans Sandy, der die amerikanische Ostküste im Herbst 2012 tagelang in einen Ausnahmezustand versetzte. Die Nachfrage nach Notstromaggregaten schnellte hoch. Was kann ein Anbieter in dieser Situation tun? Er steht vor einem Dilemma. Lässt er den Preis auf dem normalen Niveau, so ist er im Nu ausverkauft. Schlaue Käufer sicherten sich mehrere Aggregate (oder horteten Lebensmittel in großen Mengen), sodass andere Nachfrager leer ausgingen. Für die Aggregate ließ sich im Internet der doppelte Preis erzielen. Die Alternative für den Händler besteht darin, den Preis auf ein Niveau zu erhöhen, auf dem sich (das inflexible) Angebot und die Nachfrage zumindest annähern. Mehr Käufer erhalten dann das knappe Gut, aber der Anbieter geht das Risiko ein, als Ausbeuter und Ausnutzer der Situation beschimpft zu werden. Auch ärmere Nachfrager können sich den Kauf eventuell nicht mehr leisten. Solche »Price Gouging« genannten Preiserhöhungen in Katastrophensituationen werden von vielen Nachfragern als unfair empfunden und sind in einigen Ländern sogar verboten.[166] Ein Tankstellenbetreiber in Florida, der die Preise erhöhte, wurde vom Gericht vorgeladen.[167] Auch in vielen Tests zeigte sich immer wieder, dass Verbraucher Preiserhöhungen in Notsituationen ablehnen. Jedenfalls ist diese Form der zeitlichen oder präziser gesagt der eventgetriebenen Preisdifferenzierung ein heißes Eisen.

Hi-Lo vs. EDLP

In den Kontext der zeitlichen Preisdifferenzierung gehört auch die sogenannte Hi-Lo-Preisstrategie, die im Einzelhandel stark verbreitet ist. Hi-Lo steht für sich regelmäßig abwechselnde Angebote zu höheren Normalpreisen und zu niedrigeren Aktionspreisen. Das Gegenstück zu Hi-Lo bildet die sogenannte Every Day Low Pricing-Strategie, abgekürzt EDLP. Bei ihr werden die Preise auf einem vergleichsweise niedrigen Niveau über die Zeit konstant gehalten. Der Verbraucher soll immer, nicht nur in Sonderangebotswochen, ein günstiges Angebot vorfinden.

Bei Händlern, die Hi-Lo anwenden, resultieren in Produktkategorien wie Bier oder Kaffee 70 bis 80 Prozent der Umsätze aus Sonderangeboten. Das »eigentlich« Normale ist hier der Aktionspreis und nicht der Normalpreis. Die Preisaktionen werden durch Werbung und im Laden durch Mehrfachplatzierungen unterstützt. Nicht selten vervielfachen sich die Absatzmengen, wenn ein Artikel im Sonderangebot ist und beworben wird. Das gilt insbesondere für starke Markenartikel, sie weisen eine sehr hohe Preiselastizität bei Sonderangeboten auf. Händler nutzen deshalb bevorzugt solche Marken für Aktionen, was den Herstellern, die an einem einheitlichen Preisimage interessiert sind, nicht passt. Das Kartellgesetz verbietet den Herstellern jedoch, Einfluss auf die Abgabepreise des Handels zu nehmen. Die Wirkungen von Hi-Lo sind extrem komplex. Wird echter Zusatzumsatz generiert? Oder geht der Mehrumsatz auf Kosten anderer Produkte bzw. zukünftiger Verkäufe? Werden die Käufer durch die vielen Aktionen zu »Sonderangebotsjägern«? Steigt die Preiselastizität? Welcher Verbrauchertyp präfertiert Hi-Lo vs. EDLP?

Es gibt sehr viele Studien zu diesen Fragen, aber wenig schlüssige Erkenntnisse. Martin Fassnacht und Sabine El-Husseini liefern eine umfassende Literaturübersicht.[168] Zu den wenigen »converging results« gehört, dass Verbraucher mit niedrigeren Einkommen EDLP und solche mit höheren Einkommen Hi-Lo bevorzugen. Die Wahl zwischen einer der beiden Strategien wird vor allem vom Konkurrenzverhalten bestimmt. Wenn wichtige Konkurrenten eine der beiden Strategien wählen, folgen die anderen. Die Forschungsergebnisse deuten zudem darauf hin, dass die Verbraucher durch den vermehrten Einsatz von Hi-Lo-Strategien preissensitiver werden. Sie lernen, dass es zu jeder Zeit irgendwo ein Schnäppchen gibt und sich die Suche danach lohnt. Letztlich kommen Fassnacht und El-Husseini zu folgendem Schluss: »Existing research cannot give clear advice, which pricing strategy is better in terms of revenue, sales volume, store traffic or profitability.«[169] Es bleibt also nichts anderes übrig, als im Einzelfall sehr sorgfältig zu analysieren, ob Hi-Lo oder EDLP besser ist. Allgemeine Empfehlungen sind bei unserem heutigen Erkenntnisstand nicht möglich.

Vorverkaufspreise und Frühbucherrabatte

Eine spezielle Variante zeitlicher Preisdifferenzierung sind Vorverkaufspreise, Frühbucherrabatte und Early-Bird-Angebote. Man trifft auf diese Form häufig bei Veranstaltungen, Flugreisen und im Tourismus. Bei Flugreisen leuchtet diese Differenzierung ein, da preisempfindliche Privatpersonen früh buchen, während preisunempfindliche Geschäftsreisende ihre Buchungen eher kurzfristig vornehmen. Insofern dürfte das Fencing relativ effektiv sein. Bei Tourismus und Events scheint das Argument weniger klar. Sind die Frühbucher preisempfindlicher? Oder spekulieren die Preisempfindlichen gar auf Last-Minute-Angebote? Mein Eindruck ist, dass nicht selten das Bestreben des Anbieters, möglichst schnell eine gewisse Auslastung zu sichern, eine Rolle spielt. Dabei können solche frühen Rabatte spätere Verkäufe zu höheren Preisen verhindern und somit den Gewinn beeinträchtigen. Das weiß man in der Frühphase des Angebots allerdings nicht.

Am 24. August 2012 begann die Bundesligasaison 2012/13. Am selben Tag meldete Bayern München, dass alle Heimspiele ausverkauft seien. Das spricht nicht für eine intelligente Preispolitik. Offensichtlich waren die Preise zu niedrig. Den Vorteil dürften schlaue Leute haben, die sich früh Tickets besorgten und diese später auf dem Schwarzmarkt weiterverkauften. Das Verhalten von Bayern München wäre allerdings optimal gewesen, wenn man eine schlechte Saison und damit ein Sinken des Interesses im Zeitablauf erwartet hätte. Dann wäre es in der Tat klug, vor der Saison, auf dem Höhepunkt des Hype, möglichst viele Karten zu verkaufen. Jedoch lief die Saison 2012/13 für die Bayern sehr gut. Bayern wurde mit weitem Punkteabstand Deutscher Meister. Umso mehr müssten sich die Verantwortlichen über die zu niedrigen Preise ärgern. Im Übrigen beherzige man bei Vorauszahlungen das folgende Sprichwort aus Montenegro: »Wenn du dich ärgern willst, bezahle im Voraus.« Ob die zahlreichen Vorauszahlungskunden von Billigstromanbietern, die Insolvenz anmelden mussten, diese Weisheit kannten?

Penetrationsstrategie: Toyota Lexus

Die idealtypischen Preisstrategien für neue Produkte heißen Penetration und Skimming. Bei der Penetrationsstrategie führt man das Produkt zu einem vergleichsweise niedrigen Preis ein, um schnell eine hohe Marktpenetration zu erreichen und Ansteckungseffekte zu erzeugen.[170] Eine klassische Penetrationsstrategie setzte Toyota bei der Einführung seiner Luxusmarke Lexus in den USA ein. Obwohl Lexus ein neuer Markenname war und in der Werbung kein Zusammenhang mit Toyota hergestellt wurde, war allgemein bekannt, dass der Lexus von dem Unternehmen stammte, das pro Jahr mehr als eine Million Autos in den USA verkaufte. Toyota erzielte Spitzenumsätze mit dem Corolla und dem Camry – Autos mit hervorragendem Ruf für Zuverlässigkeit und hohen Restwert, jedoch kaum die Grundlage, um zu glauben, dass Toyota ein Luxusauto liefern könne. Bei Einführung betrug der Preis des Lexus LS400 35 000 Dollar, und es wurden im ersten Jahr 16 000 Stück verkauft. In Abbildung 8.10 ist die weitere Preisentwicklung für den LS400 in den USA dargestellt.

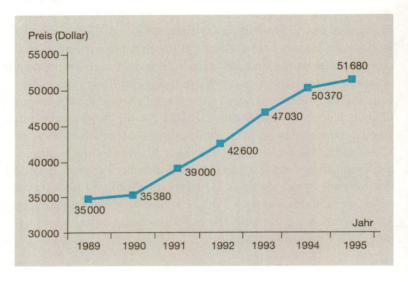

In den folgenden sechs Jahren wurde der Preis um insgesamt 48 Prozent erhöht. Im zweiten Jahr sprangen die Verkäufe auf 63 000 Stück. Frühe Käufer des Lexus LS400 machten positive Mundpropaganda für das Produkt. Der LS400 wurde in der jährlichen Ausgabe des *Consumer Reports* begeistert beschrieben: »Verbindet fortgeschrittene Technik mit fast jedem denkbaren Komfort, Sicherheit und Ausstattung, die diesen Wagen zu dem am besten bewerteten Auto machen, das wir je getestet haben.« Der LS400 wurde der Standard für ein günstiges Preis-Leistungs-Verhältnis in seinem Segment und führte regelmäßig die Ranglisten der Kundenzufriedenheit an. Die anfängliche Unsicherheit der Kunden, ob Toyota ein wirkliches Luxusauto bauen kann, verschwand. Toyota erhöhte die Preise kontinuierlich. Der niedrige Einführungspreis erleichterte es dem Lexus, schnell in den Markt einzudringen, Aufmerksamkeit zu erlangen und eine gute Wertschätzung zu schaffen. Dies ist ein klassisches Beispiel einer Penetrationsstrategie. Mit 35 000 Dollar war der Einführungspreis des Lexus zu niedrig, um den kurzfristigen Gewinn zu maximieren. Dennoch kann dieser Preis als Beispiel für kluges Pricing verstanden werden. In Deutschland wurde der Lexus anders als in USA nie zu einem Markterfolg. Ein Grund könnte darin liegen, dass der Preis bei Luxusautos in Deutschland eine deutlich stärkere Qualitäts- und Statusindikation als in den USA hat. Wenn es solche Wirkungen gibt, dann bleibt eine Penetrationsstrategie wirkungslos.

Bei einer Penetrationsstrategie besteht immer ein Risiko, dass man das neue Produkt zu billig einführt. Gerade bei einem neuen Produkt kann man sich leicht irren. So verlangte Playmobil für die Neuheit »Noahs Arche« 69,90 Euro. Bei eBay wurde das Produkt für 84,09 Euro verkauft, ein Beleg dafür, dass der Einführungspreis zu niedrig lag.[171] Hewlett Packard brachte den innovativen Series-4-Drucker Anfang der 90er Jahre zu einem deutlich unter der Konkurrenz liegenden Preis auf den Markt. Innerhalb eines Monats wurde die für das erste Jahr geplante Verkaufszahl erreicht. Der Drucker wurde vom Markt genommen und durch einen ähnlichen Drucker zu einem wesentlich höheren Preis ersetzt. Die englische Firma Newnet führte 2006 einen »uncapped service« für 21,95 Pfund pro Monat ein. Die ersten 600 Kunden nutzten die Kapazität von 155 MB voll aus. Die Firma erhöhte daraufhin den Preis um 60 Prozent auf 34,95 Pfund. Der taiwanesische Computerhersteller Asus brachte das Mini-Notebook eee PC im Januar 2008 zu 299 Euro auf den Markt. Bereits nach wenigen Tagen war das neue Produkt ausverkauft. In der Anfangszeit erhielten nur 10 Prozent der kaufwilligen Kunden den Computer. Mit 299 Euro dürfte zudem ein zu niedriger Preisanker gesetzt worden sein. Auch der Audi Q7 wurde Anfang 2006 zu billig eingeführt. Bei einem Preis von 55 000 Euro gingen 80 000 Bestellungen ein. Die jährliche Kapazität reichte aber nur für 70 000 Einheiten. Man kann hier allenfalls argumentieren, dass eine Warteliste die Begehrlichkeit erhöht. Oder sie führt dazu, dass ungeduldige Nachfrager eine andere Marke kaufen.

Die Penetrationsstrategie empfiehlt sich bei Erfahrungsgütern (Experience Goods). Erfahrungsgüter sind dadurch gekennzeichnet, dass man erst Erfahrung mit ihnen gewinnen muss, um den tatsächlichen Nutzen beurteilen zu können. Der niedrige Einführungspreis motiviert mehr Kunden, das Produkt auszuprobieren, und kann so Multiplikatoreffekte in Gang setzen. Das im Internet populäre Freemium-Preismodell kann als eine Variante der Penetrationsstrategie interpretiert werden. Eine Grundversion des Produkts wird frei angeboten und man hofft, dass möglichst viele Nutzer nach den ersten Versuchen von der Free-Version zur bezahlten Premiumvariante wechseln. Freemium behandeln wir in Kapitel 10 vertieft.

Skimming-Strategie: Apple iPhone

Bei der Einführung des revolutionären iPhone im Juni 2007 verfolgte Apple eine ausgeprägte Skimming-Strategie. Abbildung 8.11 zeigt die Entwicklung der Preise für die Version mit Acht-Gigabyte-Speicher.

Abbildung 8.11: Skimming-Strategie des i-Phone mit 8-GB-Speicher

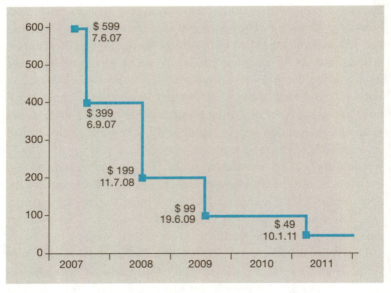

Der Einführungspreis wurde mit 599 Dollar angesetzt. Aber bereits nach wenigen Monaten erfolgte eine massive Preissenkung auf 399

Dollar. Was können Gründe für den hohen Einführungspreis gewesen sein? Der Preis von 599 Dollar signalisierte höchste technische Kompetenz und Qualität sowie Prestige. Trotz des hohen Preises gab es bei der Einführung lange Warteschlangen vor den Apple-Läden. Es kann auch sein, dass Apple die Nachfrage in der Einführungsphase wegen beschränkter Produktionskapazitäten dämpfen wollte. Natürlich kann ein Irrtum nicht ausgeschlossen werden. Die massive Preissenkung auf 399 Dollar führte zu einer starken Belebung der Nachfrage. Es ist ein Unterschied, ob der Preis von 399 Dollar von Anfang an gegolten hätte, oder ob es das iPhone jetzt 200 Dollar billiger gab als noch vor wenigen Wochen. Im Sinne der Prospekttheorie bringt der Preisnachlass einen zusätzlichen Gewinnnutzen. Die Kehrseite besteht darin, dass es bei den frühen Käufern, die 599 Dollar zahlten, zu Verärgerungen und Protesten kam. Apple reagierte mit Gutscheinen von 100 Dollar für diese frühen Käufer. In den Folgejahren folgten weitere starke Preissenkungen. Sicherlich ist die ausgeprägte Skimming-Strategie von Apple im Sinne der Abschöpfung unterschiedlich hoher Preisbereitschaften über die Zeit nicht nur nachfragegetrieben, sondern die Kosten sanken aufgrund technischer Fortschritte und der »Explosion« der Absatzmenge stark. Im Geschäftsjahr 2011/12 verkaufte Apple 125 Millionen iPhones. Diese generierten einen Umsatz von 80,5 Milliarden Dollar, was etwa der Hälfte des gesamten Apple-Umsatzes entspricht.[172] Aus der Division von Umsatz und Stückzahl ergibt sich ein Durchschnittspreis pro iPhone von 640 Dollar. Interessant sind Angaben zu den Kosten. Die Herstellkosten bewegten sich in 2012 nach IHS iSuppli zwischen 118 Dollar für die 16-GB-Version und 245 Dollar für die 64-GB Variante. Die enormen Gewinnspannen erklären, warum Apple bei dem Umsatz von 156,5 Milliarden Dollar einen Nachsteuergewinn von 41,7 Milliarden Dollar erzielen konnte. Das entspricht einer Umsatzrendite nach Steuern von 26,6 Prozent und machte Apple zeitweise zum wertvollsten Unternehmen der Welt. Die Preisstrategie trug hierzu wesentlich bei.

Die Skimming-Strategie wurde ergänzt durch kontinuierliche Innovationen und Erweiterungen der Produktlinie, man spricht von Versioning, also der ständigen Einführung neuer Versionen. Diese waren von Generation zu Generation leistungsfähiger, sodass das Preisniveau der Apple-Geräte insgesamt etwa konstant gehalten werden konnte. Dieses Muster ist aus dem Personal-Computer-Bereich bekannt. Das Preisniveau von PCs ändert sich über die Zeit nicht allzu stark, aber jede neue Generation ist leistungsfähiger als ihre Vorgängerin. Im Sinne von Preis-Nutzen- oder Preis-Leistungs-Verhältnis kann man hier ebenfalls von Skimming-Strategie sprechen, da man pro Leistungseinheit über die Zeit immer weniger bezahlt.

Manche Preisentwicklungen in der Einführungsphase sehen zwar wie Skimming-Strategien aus, sind aber in Wirklichkeit Verzweiflungsaktionen aufgrund von Fehleinschätzungen. So führte Nokia am 8. April 2012 sein neues Smartphone Lumia 900 in den USA ein. Der Einführungspreis betrug in Kombination mit einem 24-Monate-Mobilfunkvertrag bei AT&T 99 Dollar. Nur drei Monate später, am 15. Juli 2012, senkte Nokia den Preis auf 49,99 Dollar. Die Absenkung wurde wie eine Skimming-Strategie begründet. »This move is a normal strategy that is put in place during the life cycle of most phones«, sagte ein Nokia-Sprecher.[173] Wer's glaubt ... Die Preissenkung folgte nämlich auf einen Start, den Analysten als »trübe« oder »glanzlos« (»lackluster« im Englischen) bezeichneten. In den etwas mehr als drei Monaten zwischen der Einführung und der Preissenkung für das Lumia-900-Modell sank der Kurs der Nokia-Aktien um 64 Prozent. Seit der Jahrtausendwende hat Nokia mehr als 95 Prozent seines Börsenwerts verloren. Selbst Microsoft hatte nicht immer Glück mit Skimming-Strategien. Im Frühjahr 2002 lancierte Microsoft die Xbox zu einem Preis von 479 Euro. Der Preis des wichtigsten Konkurrenzprodukts, der Playstation 2 von Sony, lag bei 299 Euro. Bereits nach wenigen Wochen verkündete Microsoft eine Preissenkung auf 299 Euro, und im September 2002 musste man auf den Preis der Playstation, der mittlerweile bei 249 Euro lag, runtergehen. Im August 2004 sank der Preis weiter auf 149 Euro. Und zum Auslauf des Modells per Ende 2006 wurde die Xbox von Händlern für 99 Euro verscherbelt. Insgesamt soll die Xbox Microsoft Verluste von 4 Milliarden Dollar eingebracht haben.

Auch der folgende Fall zeigt, dass Skimming nicht ohne Risiko ist. Im August 2012 führte die Pharmafirma Sanofi das neue

Krebsmittel Zaltrap in den USA zu einem Preis von 11 063 Dollar pro Monat ein. Das Memorial Sloan-Kettering Cancer Center in New York, eines der führenden Krebszentren in der Welt, lehnte das neue Produkt ab. »We are not going to give a phenomenally expensive new cancer drug to our patients«, ließ man in der *New York Times* verlauten. Sanofi reagierte sehr schnell mit hohen Rabatten, die den Preis des neuen Produkts faktisch halbierten. »Sanofi halves price of cancer drug Zaltrap after Sloan-Kettering reaction«, berichtete wieder die *New York Times*.[174] Eine solche Fehleinschätzung ist sehr unangenehm. Die schnelle Reaktion war vermutlich das bestmögliche Verhalten unter den gegebenen Umständen. Solche Pannen lassen sich nur durch eine sorgfältige vorgeschaltete Analyse vermeiden.

Auch Peter Drucker teilte mir seine Ansichten zur Skimming-Strategie mit: »I had a few days ago a seminar with one of the world's largest branded consumer companies on pricing. They say that they find it easy to cut prices if they set them too high, but very difficult to raise them if they set them too low. And they think that this is enough for a pricing policy. It does not seem to have occurred to them that the wrong price impairs market and market share. Yet these people enjoy the reputation of most successful marketers.«[175] Das erinnert mich zwangsläufig an eine weitere Weisheit aus Montenegro: »Man kann den Preis leicht senken, wenn man nur vorher genug gefordert hat.«

Die Informationsklippe

Nach den vorangegangenen Fallbeispielen dürfte niemand mehr bezweifeln, dass die hohe Kunst des Pricing in der geschickten Preisdifferenzierung besteht. Aber es wurde auch deutlich, dass es Umsetzungshürden und Fallstricke gibt. Ein sorgfältiger und vorsichtiger Umgang mit diesem Thema ist angezeigt. Die wichtigsten Probleme sprechen wir abschließend an. Eine fundierte Preisdifferenzierung erfordert weit detailliertere Informationen als die uniforme Preisbildung. Und zwar Informationen zu individuellen oder zumindest segmentspezifischen Preisbereitschaften. Im Fall der nichtlinearen Preisbildung muss man den mengenbezogenen Grenznutzen kennen. Ohne Kenntnis der Unterschiede der Preisbereitschaften in Bezug auf Raum, Zeit oder andere Kriterien, die der Differenzierung dienen sollen, stochert man im Nebel herum. Die Früchte der Preisdifferenzierung lassen sich nicht mit groben Ansätzen, sondern nur mit einem mikroskopischen Herangehen ernten. Das unternehmerische Bauchgefühl stößt hier an seine Grenzen. Die Ursache für die hohen Informationserfordernisse liegt darin, dass man haarscharf an die individuellen Preisbereitschaften herangeht und diese möglichst voll ausschöpft. Nichts anderes bedeutet die Aussage »vom Rechteck zum Dreieck«. Wenn man mangels schlechter Informationen auch nur geringfügig über das Ziel hinausschießt, fällt man regelrecht von der »Gewinnklippe«. Georg Tacke hat dies anhand von Simulationsrechnungen überzeugend nachgewiesen.[176]

Preisdifferenzierung erfordert also ein tief gehendes Verständnis der theoretischen Grundlagen, eine sehr systematische Informationserhebung und die Auswahl des richtigen Differenzierungsmodells. Vor zu viel Euphorie bezüglich Daten aus dem Internet oder »Big Data« sei gewarnt. Diese Daten informieren über tatsächliche Transaktionen und die dabei realisierten Preise. Sie enthalten keine direkten Aussagen über Preisbereitschaften.[177] Gerade diese sind aber für die Preisdifferenzierung entscheidend. Auch der Kapitalmarkt zeichnet sich bisher durch eine gewisse Skepsis gegenüber dem Gewinnpotenzial von Big Data aus.[178]

Fencing

Wie an den Studien sichtbar wurde, erfordert Preisdifferenzierung eine effektive Trennung der Kunden nach Preisbereitschaften. Wenn es den Kunden mit hoher Preisbereitschaft gelingt, das Produkt zum niedrigen Preis zu ergattern, dann hat sich der Verkäufer ins Knie geschossen. Preisdifferenzierung macht nur Sinn, wenn das Fencing funktioniert. Ein klassischer Fence bei Fluggesellschaften war der »Saturday Night Stay«. Nur wer über Samstagnacht blieb, kam an die günstigen Flugtickets. Das funktionierte, weil ein Geschäftsreisender kaum bis Sonntag warten wird, um etwas Geld zu sparen, während Privatleute das sehr wohl tun.

Ein wirksames Fencing wird erreicht, wenn der Nutzenunterschied zwischen den Preiskategorien ausreichend groß ist und der Zugang kontrolliert werden kann. Das bedeutet, dass man in der obersten Preiskategorie sehr hohen und in der untersten bewusst niedrigen Nutzen bieten sollte. Auf diese Notwendigkeit hat der französische Ingenieur Jules Dupuit bereits 1849 hingewiesen. Damals hatte die 3. Bahnklasse kein Dach. Dupuit schrieb: »It is not because of the few thousand Francs which would have to be spent to put a roof over the third class-seats. What the company is trying to do is to prevent the passenger who can pay the second class-fare from traveling third class; it hits the poor, not because it wants to hurt them, but to frighten the rich.«[179] Ein effektives Fencing erfordert ausreichenden Nutzenabstand zwischen den Preiskategorien. Das sieht man bis heute an den Sitzabständen in der Economy-Klasse.

Um einen wirksamen Zaun aufzubauen, reicht die reine Preisdifferenzierung, bei der nur der Preis anders, der Rest jedoch gleich ist, nicht aus. Produktmodifikationen (Versioning), Nutzung unterschiedlicher Distributionskanäle, gezielte Ansprache einzelner Kunden, Zugangskontrollen, Trennung nach Sprachen und ähnliche Maßnahmen kommen infrage. Preisdifferenzierung muss in der Regel mehrere Marketinginstrumente einbeziehen und ist somit mehr als reines Pricing. Daraus folgt dann wiederum, dass Preisdifferenzierung Kosten verursacht.

Auf die Kosten achten

Optimal wäre es, jedem einzelnen Kunden seinen Maximalpreis abzuverlangen. Diese Aussage gilt jedoch nur, wenn man die Kosten der Preisdifferenzierung vernachlässigt. Realistischerweise ist davon auszugehen, dass die Kosten für Information, Zugangskontrolle oder Umsetzung mit zunehmender Verfeinerung der Preisdifferenzierung überproportional ansteigen. Gleichzeitig wird aber der Gewinnzuwachs der Preisdifferenzierung mit zunehmender

Verfeinerung geringer. In dem Rechenbeispiel eingangs dieses Kapitels wurde gezeigt, dass der Deckungsbeitrag um 33,3 Prozent steigt, wenn statt eines uniformen Preises von 105 Euro zwei Preise von 90 bzw. 120 Euro verlangt werden (und das Fencing gelingt). Werden drei Preise verlangt, deren optimale Werte bei 81,50, 105 und 127,50 Euro liegen, so steigt der Deckungsbeitrag nur noch um 12,5 Prozent an. Die Gewinnkurve wird mit zunehmender Preisdifferenzierung flacher, die Kostenkurve hingegen steiler. Folglich gibt es ein Optimum der Preisdifferenzierung. Nicht die maximale Preisdifferenzierung ist optimal, sondern diejenige, bei der sich Nutzen und Kosten gerade die Waage halten. Das bedeutet auch, dass es sich bei Einbeziehung der Differenzierungskosten normalerweise nicht lohnt, das Dreieck des Gewinnpotenzials voll auszuschöpfen.

Kapitel 9

Von Krisen und Kriegen

Krise – was ist das?

Hier wird Krise als gleichbedeutend mit einem Einbruch der Nachfrage verstanden. Daraus entstehen mehrere Wirkungen für das Pricing. Aus einem Markt, in dem sich Angebot und Nachfrage die Waage halten, wird in der Krise ein »Käufermarkt«, das heißt die Macht verschiebt sich in Richtung Käufer. Wesentliche Kennzeichen sind:

- Intern sind die Kapazitäten und die Mitarbeiter nicht ausgelastet, daraus ergeben sich Konsequenzen wie Kurzarbeit, Entlassungen und Lohnkürzungen.
- Bereits produzierte, jedoch nicht verkaufte Produkte stapeln sich in Lagern, auf dem Werksgelände oder bei den Händlern.
- Es entsteht Preisdruck. Dieser kommt sowohl von den Kunden, die ihre gestärkte Machtposition ausnutzen, als auch von den Wettbewerbern, die sich gegenseitig unterbieten. Zudem gibt es von innen Druck auf die Preise, um sich der Waren in den Lagern zu entledigen.
- Der Druck auf den Vertrieb, mehr zu verkaufen, wächst. Gleichzeitig nehmen die Kaufwiderstände bei den Kunden zu. Die Erreichung der Vertriebsziele wird erschwert.

Diese Überlegungen zur Angebots- und Nachfragesituation verdeutlichen, dass das Pricing von einer Krise massiv tangiert wird. Die Krise bewirkt, dass sich ein oder mehrere Gewinntreiber negativ entwickeln. Der Absatz geht bei gegebenem Preis zurück. In Reaktion auf die reduzierte Nachfrage oder auf Preissenkungen der Konkurrenz muss möglicherweise der eigene Preis reduziert werden. Wie sich diese Rückgänge auf den Gewinn auswirken, illustrieren wir an dem Zahlenbeispiel. Nur geht es jetzt nach unten statt nach oben. In der Ausgangssituation ist der Preis 100 Euro, die variablen Stückkosten betragen 60 Euro, die Fixkosten 30 Millionen, und es werden 1 Million Stück verkauft. Abbildung 9.1 zeigt, wie der Gewinn zurückgeht, wenn entweder der Preis oder die Absatzmenge um 5 Prozent sinken.

Abbildung 9.1: Auswirkung von Preis- oder Absatzrückgang

Ein Rückgang von 5% ...					... führt zu einem Gewinnrückgang von ...
	Gewinntreiber		Gewinn		
	Alt	Neu	Alt	Neu	
Preis	€ 100	€ 95	€ 10 Mio.	€ 5 Mio.	- 50 %
Absatzmenge	1 Mio.	0,95 Mio.	€ 10 Mio.	€ 8 Mio.	- 20 %

Eine fünfprozentige Preissenkung erzeugt einen wesentlich stärkeren Gewinneinbruch als ein fünfprozentiger Absatzrückgang, nämlich 50 Prozent versus 20 Prozent. Im Hinblick auf den Gewinn ist es in der Krise besser, Absatz- als Preisrückgänge hinzunehmen. Der Grund ist leicht einsichtig. Der Preisrückgang schlägt voll negativ auf den Gewinn durch. Der Stückdeckungsbeitrag sinkt um die Hälfte von 10 auf 5 Euro. Da sich Absatzmenge und variable Kosten nicht ändern (die Fixkosten sind ohnehin gegeben), bricht der Gewinn um die Hälfte ein. Ganz anders sieht es bei einem Absatzrückgang um 5 Prozent oder 50 000 Einheiten aus. Mit diesem sinken auch die variablen Stückkosten um 3 Millionen Euro (= 60 x 50 000), sodass der Gewinn nur um 2 und nicht um 5 Millionen Euro einbricht.

Konfrontiert man diese Aussagen mit der Situation eines Managers, der vor der Entscheidung zwischen den folgenden Alternativen A und B steht, so wird die Brisanz deutlich:

Alternative A: Hinnahme einer fünfprozentigen Preissenkung (zum Beispiel in Form eines Rabatts) bei Konstanthaltung des Absatzes.

Alternative B: Hinnahme eines fünfprozentigen Absatzrückganges bei Konstanthaltung des Preises.

Wir haben diese Alternativen in Seminaren und Workshops mit vielen Managern diskutiert. Fast alle neigen zur Alternative A, obwohl dort der Gewinn um 3 Millionen Euro niedriger ausfällt. In der Regel wird als Begründung das Argument vorgebracht, Absatz, Marktanteil und damit Beschäftigung seien bei Alternative B höher und man vermeide Entlassungen. Dieser Zielkonflikt zwischen Gewinn und Absatz war bereits Thema in Kapitel 3. Wenn schon in normalen Zeiten eine Präferenz für die Alternative »niedrigerer Preis – gleicher Absatz« zu beobachten ist, dann zeigt sich diese Tendenz noch stärker in der Krise. Denn dort steht das Bestreben, den Absatz, die Auslastung und damit die Beschäftigung zu halten, im Vordergrund. Doch häufig ist genau das in der Krise das falsche Verhalten.

Der hier betrachtete Fall, in dem in der Krise entweder der Preis oder die Absatzmenge, aber nicht beide zurückgehen, ist schon schlimm genug, aber harmlos im Vergleich zu einem gleichzeitigen Rückgang beider Gewinntreiber. Abbildung 9.2 veranschaulicht, was passiert, wenn sowohl der Absatz als auch der Preis um gleiche Prozentsätze sinken.

Abbildung 9.2: Wirkung eines gleichzeitigen Preis- und Absatzrückganges auf den Umsatz

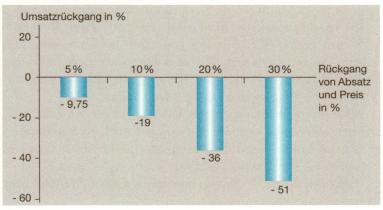

Gehen Absatz und Preis um 5 Prozent zurück, so sinkt der Umsatz um 9,75 Prozent, der Gewinn sogar um 67,5 Prozent. Brechen Preis und Absatzmenge um jeweils 20 Prozent ein, dann fällt der Umsatz um 36 Prozent. Das Unternehmen erleidet dann einen Verlust von 14 Millionen Euro. Bei Preis- und Absatzeinbrüchen von 30 Prozent geht der Umsatz sogar um 51 Prozent zurück. Im Krisenjahr 2009 waren solche existenzgefährdenden Umsatz- und Gewinnabstürze keine Ausnahmen.

Absatzmengen oder Preise senken?

Wie soll man auf die Krise reagieren? Die Preise senken oder einen Absatzrückgang hinnehmen? Wie unterschiedlich die Ansichten zu Fragen der Preis- und Mengensteuerung in der Krise ausfallen können, illustrieren die folgenden Aussagen zweier Top-Manager aus der Autoindustrie. So sagte der Vorstandsvorsitzende von General Motors, Richard Wagoner: »Die Fixkosten in unserer Branche sind extrem hoch. Wir haben erkannt, dass wir in einer Krise besser fahren, wenn wir die Preise reduzieren, als wenn wir einen Mengenrückgang hinnehmen. Immerhin verdienen wir anders als einige unserer Wettbewerber damit immer noch Geld.«[180] Wendelin Wiedeking vertrat als Vorstandsvorsitzender der Porsche AG die genau entgegengesetzte Ansicht: »Wir fahren eine Politik stabiler Preise, um unsere Marke zu schützen und einen Preisverfall für gebrauchte Porsches zu vermeiden. Wenn die Nachfrage zurückgeht, reduzieren wir unsere Produktionsmenge, nicht unsere Preise.«[181] Diese 2006 getätigte Aussage hat Wiedeking im Jahr 2009 nochmals bekräftigt: »Denn eines ist für uns klar: Wir werden die Märkte nicht mit Fahrzeugen vollpumpen, für die keine Nachfrage besteht. Wir produzieren immer ein Auto weniger, als der Markt verlangt.«[182]

Beide Automobilmanager sprechen über kriseninduzierte Nachfragerückgänge und kommen zu exakt gegenteiligen Schlüssen:

- General Motors senkt die Preise, um eine Absatzreduktion zu verhindern bzw. abzuschwächen,
- Porsche senkt die Produktionsmenge, um einen Preisrückgang zu verhindern bzw. abzuschwächen.

Die vorangehende Analyse deutet darauf hin, dass es für den Gewinn besser ist, einen Absatz- als einen Preisrückgang zu akzeptieren. Diese Überlegungen unterstreichen, dass die Mengenbegrenzung in der Krise zu einer wichtigen Maßnahme wird. Denn das ökonomische Gesetz kommt in dieser Situation gnadenlos zur Wirkung. Wenn ein Unternehmen oder eine Branche zu viel Menge auf den Markt wirft, dann ist ein Preis- und Margenverfall unvermeidlich. Das Problem beginnt in der Fabrik. Besteht dort Druck, die Mitarbeiter zu beschäftigen und entsprechend viel zu produzieren, dann schlägt das auf den Markt und den Preis durch. Niedrige variable Kosten im Verbund mit hohen Fixkosten, die in guten Zeiten ein Segen sind, werden in der Krise zum Fluch. Hohe Fixkosten verlangen nach Verteilung auf möglichst große Stückzahlen. Gleichzeitig wird bei niedrigen variablen Stückkosten trotz niedriger Preise immer noch ein positiver Stückdeckungsbeitrag erzielt. Das alles drückt auf den Vertrieb, der mit Preiskonzessionen versucht, die geforderten Mengen zu bringen.

Der Mengen- und Angebotsdruck sollte deshalb in der Krise möglichst schnell rausgenommen werden. Viele Unternehmen in unterschiedlichen Branchen haben in der 2009er Krise besonnen reagiert, indem sie frühzeitig Kurzarbeit einführten, Arbeitszeitkonten abbauten und Werke schlossen. Fast alle Autofirmen sind diesen Weg gegangen. Die BASF legte weltweit 80 Betriebe still. Sehr schnell hat auch ArcelorMittal, der Weltmarktführer bei Stahl, reagiert, indem der Konzern bereits Mitte November 2008 die Produktion um ein Drittel eindämmte.[183] Im Juni 2009 hieß es: »Delta Airlines and American Airlines further reduce the number of flights. Delta will scale back its foreign capacity by 15 % and its domestic capacity by 6 %. American's capacity will be 7.5 % smaller compared to a year earlier.«[184] Die französische Champagnerindustrie erlebte in 2009 einen Nachfragerückgang von mehr als 20 Prozent. Statt jedoch die Preise zu senken, ließen die Winzer in der Champagne einfach ein Drittel der Trauben auf den Feldern. So konnten sie das Preisniveau einigermaßen stabil halten. Die Hersteller von rostfreiem Stahl hatten im Juni 2009 sogar den Mut, trotz Krise die Preise zu erhöhen. Das alles sind kluge Maßnahmen. Dennoch werden Preissenkungen in der Krise oft unvermeidlich sein.

Preise intelligent senken

In der Krise wird der Preis zu einem äußerst wichtigen, aber unzulänglich verstandenen Aktionsparameter. »One of the most important decisions in this recession is what to do about prices. In booms you don't have to get pricing exactly right. Now you do!«, hieß es 2009 in der Zeitschrift *Fortune*.[185] Unverzichtbare Voraussetzung für intelligentes Pricing ist ein genaues Verständnis der Preis-Absatz-Zusammenhänge. Was hat sich verändert? Wirken Preisänderungen in der Krise anders? Die vermutlich häufigste und gleichzeitig falscheste Reaktion auf die Krise besteht in Preissenkungen und verstärkter Rabattgewährung. Wie ist dieses kontraproduktive Verhalten zu erklären? In den meisten Fällen dürfte dahinter das Bestreben stehen, auf diese Weise das bisherige Absatzniveau zu verteidigen und die Beschäftigung auf einem erträglichen Niveau zu halten.

Eine Absatzkrise bedeutet, dass man zum gleichen Preis weniger verkauft. Sie bedeutet aber keineswegs, dass sich zu einem niedrigeren Preis die gleiche Menge wie bisher absetzen lässt. Das ist die große Illusion, die sich fast nie erfüllt. Verantwortlich dafür sind zwei Ursachen. Erstens hat man es nicht mehr mit derselben Preisabsatzfunktion wie vor der Krise zu tun. Vielmehr verschiebt sich diese nach unten. Beim gegebenen Preis wird einfach weniger gekauft. Zum Zweiten führen Preissenkungen und Sonderrabatte nicht zu dem erhofften Mehrabsatz, weil die Konkurrenz ebenfalls die Preise senkt. Damit lösen sich die Hoffnungen auf höhere Marktanteile und auf ein Halten der Absatzmenge in Luft auf. Es ist ja nicht so, dass die Verbraucher in der Krise den Kauf wegen zu hoher Preise verweigern, sondern sie kaufen nicht, weil sie verunsichert sind und das Geld für eine ungewisse Zukunft horten. Eine Preissenkung im üblichen Rahmen trägt wenig zur Beseitigung dieser Unsicherheit bei. Hüten Sie sich also davor, das Instrument Preis in der Krise aggressiv einzusetzen. Die wahrscheinlichste Folge ist, dass Sie einen Preiskrieg auslösen, der keinem mehr Absatz bringt, aber die Margen auf lange Zeit ruiniert. Natürlich ist es auch eine Illusion, dass man ohne jede Preiskonzession auskommt.

Wenn man um Preissenkungen schon nicht herumkommt, dann sollte man diese möglichst so gestalten, dass die Negativfolgen minimiert bzw. die positiven Absatzwirkungen maximiert werden. Die Interessenlage des Anbieters ist bei Preissenkungen und -erhöhungen asymmetrisch. Eine Preiserhöhung sollte von den Kunden idealerweise nicht wahrgenommen werden. Eine Preissenkung hingegen erzeugt umso positivere Absatzwirkungen, je stärker sie von den Kunden wahrgenommen wird. Bei Preissenkungen muss der Anbieter also bestrebt sein, die Preiselastizität durch kommunikative Maßnahmen zu erhöhen. Empirische Untersuchungen belegen, dass die positive Absatzwirkung einer Preissenkung erheblich stärker ausfällt, wenn sie durch spezielle Preiswerbung, Doppeltplatzierungen oder Hinweisschilder unterstützt wird. Die positive Absatzwirkung ist in der Krise besonders vonnöten, allerdings sind auch die Kommunikationsbudgets eingeschränkt, sodass hier ein gewisses Dilemma existiert. Einerseits gibt es vermehrt Preissenkungen, andererseits fehlt es an Geld, diese wirksam zu kommunizieren.

Die »Abwrackprämie« aus dem Jahr 2009 liefert ein Fallbeispiel, bei dem Preissenkungen den Absatz in der Krise belebten. Die Prämie wurde durch zusätzliche Rabatte der Autoindustrie unterstützt, sodass Preissenkungen von über 30 Prozent zustande kamen. Diese massiven Preisreduktionen reichten bei den begünstigten Käufergruppen aus, den Kaufwiderstand zu brechen. Diese Sondersituation mit einem hohen staatlichen Zuschuss kann man jedoch nicht auf normale Geschäfte übertragen.

Ein weiteres Fallbeispiel, in dem Preissenkungen in der Krise wirkten, liefert die regionale Baumarktkette Hela. An einem verkaufsoffenen Sonntag im Frühjahr 2009 offerierte der Hela-Markt in Wittlich/Mosel 20 Prozent Rabatt auf alle Einkäufe.[186] Im Umkreis des Baumarkts und auf den Parkplätzen brach der Verkehr zusammen. Es setzte ein regelrechter Run von Kunden ein. Dieser Fall zeigt, dass man mit entsprechend hohen Preissenkungen und wirksamer Kommunikation (hier spielte der verkaufsoffene Sonntag eine Schlüsselrolle) selbst in der Krise Kaufwiderstände überwinden kann. Wie der Gewinneffekt bei Hela aussah, ist allerdings eine andere Frage. Ob der Mehrabsatz das »Preisopfer« von 20 Prozent kompensiert hat, erscheint fraglich. Bei einer bisherigen Bruttospanne von 25 Prozent hätte Hela fünfmal so viel verkaufen müssen, um zum gleichen Gewinn zu kommen. Gerade in der Krise ist Zurückhaltung gegenüber übereilten und radikalen Preissenkungen geboten.

Naturalrabatte statt Preisrabatte!

Preiskonzessionen können in Form von Barrabatten, bei denen der gezahlte Preis gesenkt wird, oder in Form von Naturalrabatten gewährt werden. Naturalrabatte haben gerade während einer Krise mehrere Vorteile:

• Das nominale Preisniveau wird nicht angetastet.
• Gewinnmäßig sind sie bei gleichem Prozentsatz für den Anbieter vorteilhafter als Preisrabatte.
• Sie bringen mehr Menge und damit Beschäftigung.

Wir illustrieren dies am Fall eines Herstellers von Freizeitgeräten, die etwa 10 000 Euro pro Stück kosten. Als Reaktion auf die Krise offerierte dieser Hersteller seinen Händlern beim Kauf von fünf Geräten ein sechstes Gerät gratis. Da der Händler sechs Geräte erhält, aber nur fünf bezahlt, beträgt der faktische Preisnachlass 16,7 Prozent. Bei einem Preis von 10 000 Euro und dem Naturalrabatt sieht die Kalkulation für den Hersteller wie folgt aus: Umsatz 50 000 Euro, Stückzahl 6 Geräte, Deckungsbeitrag 14 000 Euro. Würde der Hersteller hingegen 16,7 Prozent direkten Preisnachlass gewähren, so ergäbe sich folgende Kalkulation: Umsatz 41 650 Euro, Stückzahl 5 Geräte, Deckungsbeitrag 11 650 Euro. Beim Naturalrabatt sind also sowohl die Stückzahl und damit die Beschäftigung als auch der Deckungsbeitrag höher. Die Rabattaktion wurde ausdrücklich als Krisenmaßnahme definiert und ließ sich später leichter zurücknehmen als ein direkter Preisrabatt, der zwangsläufig eine Schwächung der Listenpreise mit sich gebracht hätte.

Gute Erfahrungen mit Naturalrabatten machte auch ein Hersteller von Designermöbeln während der 2009er Krise. Diese führende Marke legt auf Preiskonsistenz und -kontinuität großen Wert. Wenn die Kunden einen Preisnachlass forderten, was sie in der Krise mit großer Regelmäßigkeit und Hartnäckigkeit taten, wurde ihnen ein weiteres Möbelstück als Gratisbeigabe angeboten. In den meisten Fällen war damit das Rabattthema vom Tisch. Nachweisbar resultierten sowohl ein positiver Beschäftigungseffekt (es wurde mehr Ware verkauft als mit direkten Preisnachlässen) als auch ein höherer Deckungsbeitrag. Der höhere Deckungsbeitrag rührte primär daher, dass Hersteller und Kunde die Gratisbeigabe unterschiedlich bewerten. Der Kunde nimmt einen Wert in Höhe des Kaufpreises wahr, der Hersteller wird nur mit den variablen Kosten belastet. Der Hersteller kann also dem Kunden ein Geschenk machen, das in den Augen des Kunden 100 Euro wert ist, ihn selbst aber nur 60 Euro kostet. Im Fall des direkten Preisrabatts muss er hingegen 100 Euro opfern, um dem Kunden diesen Betrag zukommen zu lassen.

Auch bei Vermietungen bewähren sich Naturalrabatte als Ersatz für Mietnachlässe. Es ist für den Vermieter in der Regel vorteilhafter, einem neuen Mieter für einige Monate Mietfreiheit statt eines niedrigeren Mietpreises pro Quadratmeter zu gewähren. Die Bewertung des Gebäudes erfolgt anhand eines Vielfachen der Miete, und die Banken legen bei ihrer Kreditgewährung ähnliche Maßstäbe an. Deshalb kommt es vor allem auf einen hohen Mietbetrag an, selbst wenn einige Monate mit einem Mietzins von null vorausgegangen sind. Interessanterweise schätzen auch Mieter diesen Naturalrabatt. Das dürfte daran liegen, dass sie im Zeitraum des Einzugs wegen anderer Belastungen wie Umzugskosten und Anschaffung neuer Möbel finanziell beengt sind.

Unter dem Radar des Kunden

Trotz des größeren Preisdrucks sind selektive Preiserhöhungen selbst in der Krise möglich. Zum einen sind viele Preissysteme so komplex, dass die Kunden niemals eine volle Preistransparenz besitzen. Dies kann am Umfang von Sortimenten, an der Zahl der Preisparameter oder an der Unübersichtlichkeit der Konditionssysteme liegen. Viele Positionen in der Preisliste einer Bank sind dem Kunden kaum bewusst, geschweige denn, dass er die einzelnen Preise kennt. Typischerweise hat der Kunde bestimmte Preise im Auge. Im Banking sind dies bei Privatkunden die Monatsgebühr für Girokonten, Ausgabeaufschläge bei Investmentfonds oder der aktuelle Zinssatz für Tagesgeld. Firmenkunden kennen in der Regel die aktuellen Libor- und Euriborsätze sowie die Preise für beleglose Transaktionen im Zahlungsverkehr. Andere Preisparameter wie etwa die Management Fee bei Fonds, oder der Sollzins des Girokontos oder gar der Kreditkarte, sind den Kunden weitestgehend unbekannt. Diese Parameter bieten Preiserhöhungsspielräume. So hat eine regionale Bank während der Krise durch selektive Anpassungen von Preiskomponenten, die »unter dem Radar« der Kunden blieben, mehrere Hunderttausend Euro zusätzlichen Ertrag erzielt, ohne dass dies zu Beschwerden der Kunden führte. Voraussetzung war eine saubere Analyse aller Preis- und Angebotskomponenten hinsichtlich Anzahl der Transaktionen, Assets, Ertragsbeitrag und Sensitivität der Kunden gegenüber Preiserhöhungen. Diese Aspekte wurden durch eine Befragung von Vertriebsmitarbeitern schnell und kosteneffizient abgeschätzt.

Selektive Preissteigerungspotenziale findet man regelmäßig bei großen Sortimenten. Groß- und Einzelhandel, Ersatzteile, Tourismus, Fluggesellschaften sind Bereiche mit solchen Chancen. Oft orientieren sich die Kunden hier an wenigen Eckartikeln, kennen aber die Preise des restlichen Sortiments kaum. Dies gilt vor allem für selten gekaufte Produkte. Insbesondere bei Ersatzteilen bieten sich zahlreiche Ansatzpunkte, um in einer Krise Preiserhöhungen ohne Absatzrückgänge durchzusetzen. Zum einen brauchen die Kunden trotz Krise Ersatzteile. Ein Ansatzpunkt liegt in der Differenzierung der Ersatzteile in verschiedene Segmente, für die unterschiedliche Preisbereitschaften seitens der Käufer gelten. Eine Kategorie bilden Exklusivteile, die nur beim Originalhersteller bezogen werden können, eine andere Commodity-Teile, die auch von anderen Herstellern oder Händlern angeboten werden. Entscheidend ist es, die richtige Preispolitik über die verschiedenen

Absatzstufen zu realisieren. So konnten in einem Projekt für einen Fahrzeughersteller trotz Krise Preiserhöhungen für Ersatzteile von durchschnittlich 12 Prozent durchgesetzt werden. Gegenüber dem Basisszenario wurde eine Gewinnverbesserung von 20 Prozent erreicht. Ein effektiver Ansatz besteht in einer veränderten Preisdifferenzierung. Krisen treffen einzelne Branchen und sogar Kunden unterschiedlich. So zeigte sich in einer Studie, dass Essen außer Haus stark negativ von Krisen betroffen ist, während Lesen profitiert, da die Leute mehr Zeit haben. Entsprechend wird die Preisempfindlichkeiten von einer Krise unterschiedlich verändert. Eine pauschale Behandlung ist deshalb unangebracht. Nur ein tiefes Verständnis stellt sicher, dass man die richtigen Preismaßnahmen umsetzt.

Erzübel Überkapazitäten

Das in der modernen Welt vielleicht größte Problem, dem sich das Pricing gegenübersieht, sind Überkapazitäten. Diese Einsicht wurde mir im Lauf der letzten Jahre, insbesondere durch die anhaltende Krise, zunehmend bewusst. Selbst eine Wachstumsbranche wie die Windenergie sieht sich mit diesem Problem konfrontiert:»Die Kapazitäten in der Windradbranche übertreffen die Weltnachfrage um das Doppelte«, sagte der Verbandsgeschäftsführer im Januar 2013.[187] Überkapazitäten trifft man nahezu überall. In einem Projekt im Baubereich waren Überkapazitäten das Thema, das die Manager mehr als alles andere beschäftigte. Die Stahlindustrie stöhnt nachhaltig über zu viel Kapazität. Auch in der Autoindustrie bereiten Überkapazitäten permanente Sorgen. Im Rekordjahr 2011 wurden weltweit 80,1 Millionen Autos verkauft. Die Kapazitäten werden jedoch auf weit über 100 Millionen Einheiten geschätzt und wachsen weiter an. Die Entstehung von Überkapazitäten ist typisch für den Eintritt in die Reifephase eines Marktes, da das Wachstum überschätzt wurde, sowie für den Eintritt in die Abschwungphase, da der Abschwung nicht antizipiert wurde. Selbst in Schwellenländern entstehen in kurzer

Zeit zu hohe Kapazitäten. »Überkapazitäten sind für Autohersteller weltweit nicht nur ein Problem auf den gesättigten Märkten Europas. Auch auf den boomenden Schwellenmärkten – allen voran China – könnte der rasante Aufbau der Produktion den Autobauern über kurz oder lang zu schaffen machen,« sagt ein Experte.[188]

Die Auswirkung von Überkapazitäten auf Preise und Gewinne kommt in der folgenden Aussage des Vorstandsvorsitzenden eines bekannten deutschen Anlagenbauers aus dem Jahr 2007 pointiert zum Ausdruck: »In unserer Branche kann man kein Geld verdienen. Alle Anbieter haben Überkapazitäten. Bei jedem Projekt, das auf den Markt kommt, braucht einer gerade Beschäftigung und macht Selbstmordpreise. Manchmal sind wir dieser eine, manchmal ist es ein anderer. Obwohl 80 Prozent des Weltmarktes auf vier wichtige Lieferanten entfallen, verdient keiner von diesen Geld.« Ich brauchte nicht lange zu überlegen und antwortete ihm: »Solange die Überkapazitäten bestehen, wird sich an dieser Situation wenig ändern.« Die Krise in 2009 führte zum Ausscheiden eines Anbieters aus dem Markt, zudem reduzierten die Überlebenden ihre Kapazitäten. Und was geschah? Die Branche wurde in kurzer Zeit profitabel. Nachdem der Aktienkurs des Anlagenbauers über Jahre dahingedümpelt hatte und in 2009 bei etwa 10 Euro lag, stieg er nach dem Abbau der Überkapazitäten bis 2013 auf über 80 Euro. Im Alleingang hätte ein einzelner Anbieter an der Misere Überkapazitäten wenig ändern können. Erst durch die Kapazitätsreduktion mehrerer Wettbewerber pendelten sich die Preise auf einem Niveau ein, das Gewinne zuließ.

Selbst wenn bereits Überkapazitäten bestehen und auf die Preise drücken, hält das Investoren oft nicht davon ab, weitere Kapazitäten aufzubauen. So heißt es im März 2013 »Überkapazitäten verhageln den Tophotels schon heute die Übernachtungspreise« und »Je höher der Standard, desto niedriger ist die Rendite«.[189] Trotz dieser Preismisere wird kräftig in neue Luxushotels investiert, sodass sich das Überkapazitätsproblem verschärfen wird. Ich habe in vielen Unternehmen und Branchen endlose, sich über Jahre hinziehende Diskussionen und Versuche erlebt, Preise durchzusetzen, die für eine angemessene Rendite oder das Überleben eines Unternehmens notwendig waren. Solange Überkapazitäten auf den Markt drückten, erwiesen sich solche Versuche zur Preisverbesserung als wenig effektiv. Man muss in diesen Fällen an die Kapazitätsfrage herangehen. Das bedeutet, dass der Preis-Kapazitäts-Komplex auf die oberste Managementebene gehört.

Was aber kann ein Unternehmen tun, wenn die Wettbewerber bei der Kapazitätsreduktion nicht mitziehen oder gar versuchen, die frei werdenden Marktanteile auf die eigenen Mühlen zu leiten? Wir haben es hier, ähnlich wie bei Preiserhöhungen, mit einem Gefangenendilemma zu tun. Wenn die Konkurrenten beim Kapazitätsabbau nicht mitziehen oder gar ihre Kapazitäten erhöhen, dann ist eine eigene Kapazitätsreduktion gefährlich. Man verliert Marktanteil und gefährdet langfristig seine Marktposition. Aus diesem Grund ist es bei Kapazitätsreduktionen, ähnlich wie bei der Preiserhöhung, unerlässlich, das Verhalten der Konkurrenten eng zu beobachten und im Rahmen des Legalen darauf hinzuwirken, dass die Branche insgesamt die Kapazitäten zurückfährt. Natürlich verbietet das Kartellgesetz ähnlich wie beim Preis Absprachen oder vertragliche Regelungen mit Konkurrenten. Erlaubt ist jedoch Signaling, das heißt die Verkündung der eigenen Absichten im Hinblick auf die beabsichtigte Kapazitätsreduktion. Das Instrument des Signaling sollte deshalb genau wie beim Preis im Zusammenhang mit Kapazitätsreduktionen systematisch eingesetzt werden. Zum effektiven Signaling kann auch die Ankündigung gehören, dass man seinen Marktanteil verteidigen wird. Ebenso sinnvoll kann die Ankündigung von Vergeltungsmaßnahmen sein, wenn der Konkurrent versucht, für sich aus der Kapazitätsreduktion einen Vorteil herauszuschlagen.

Ähnlich wie in der Preispolitik kommt es auf die Konsistenz von Ankündigung und Verhalten an. Um glaubhaft zu bleiben, muss man den angekündigten Kapazitätsabbau tatsächlich und zeitgerecht vollziehen. Zudem ist sicherzustellen, dass sich der Vertrieb an die auferlegten Beschränkungen hält. Wenn die Unternehmensleitung eine Angebotsbegrenzung verkündet, der Vertrieb aber nach wie vor mit aggressiven Preisen große Mengen in den Markt drückt, werden die Konkurrenten entsprechend zurückschlagen, zum Schaden der gesamten Branche. Die in der Literatur zum Preismanagement im Oligopol gemachten Aussagen gelten analog für die Kapazitätspolitik.[190]

Während einer Krise stehen die Chancen, dass die Konkurrenten die Zusammenhänge verstehen und ihre Kapazitäten reduzieren, vergleichsweise günstig. In vielen Sektoren haben wir während der Krisenjahre 2008 bis 2010 tatsächlich einen branchenweiten Kapazitätsabbau beobachtet. So haben die beiden führenden Touristikanbieter TUI und Thomas Cook während dieser Zeit ihre Kapazitäten europaweit zurückgefahren.[191] Auch viele Airlines strichen Flüge auf weniger frequentierten Verbindungen. Preisdruck im Markt hat immer Ursachen. Oft liegt die Hauptursache in Überkapazitäten. Solange diese Hauptursache vorherrscht, nutzt das Herumdoktern an Symptomen wenig. Um wieder zu vernünftigen Preisen zu kommen, muss man die Ursache Überkapazität beseitigen.

Preiserhöhung trotz Krise

Krisen schaffen veränderte Angebots-Nachfrage-Situationen und können somit Anlass sein, die eigene Preisposition neu zu analysieren und zu überdenken. Dabei sollten nicht nur Preissenkungen erwogen, sondern auch an Alternativen gedacht werden. Die Restaurantbranche wird regelmäßig von Krisen besonders hart getroffen.[192] Außer-Haus-Essen ist eben teurer, als zu Hause zu essen. Die amerikanische Kette Panera Bread, die 1 300 Restaurants betreibt, reagierte anders als die Konkurrenten auf die Krise in 2008/9. Statt die Preise zu senken und Sonderaktionen zu fahren, wertete Panera das Angebot auf und erhöhte die Preise. Zum Beispiel wurde ein teures Hummer-Sandwich für 16,99 Dollar in das Sortiment aufgenommen. Ron Shaich, der CEO von Panera, kommentierte dieses Trading-up wie folgt: »Most of the world seems to be focussed on the Americans who are unemployed. We're focused on the 90 percent that are still employed.«[193] Entgegen dem Branchentrend wuchs der Umsatz von Panera von 2008 auf 2009 um vier Prozent und der Gewinn sogar um 28 Prozent. Auch in den folgenden Quartalen stiegen diese Kennzahlen weiter an.[194]

Offensichtlich waren die Verbraucher in der Panera-Zielgruppe bereit, höhere Preise für höheren Nutzen zu zahlen.

Im Juni 2009 auf dem Höhepunkt der Krise und bei einer Kapazitätsauslastung von 45 Prozent setzten die amerikanischen Edelstahlhersteller Preiserhöhungen von 5 bis 6 Prozent durch. Die niedrige Kapazitätsauslastung erhöhte zwangsläufig die Stückkosten. Da alle Hersteller gleichermaßen betroffen waren, gelang die Durchsetzung der Preiserhöhung. »We are raising prices because of the increased costs of operating our mills at the current lower demand levels,« kommentierte Dennis Oates, CEO von Universal Stainless & Alloy Products, die Preiserhöhung. Er sagte zudem: »The whole mindset has changed in the industry. Sometimes you have to accept the fact that raising prices is a risk. But you are better off not chasing that last sale at the bottom. Nearly all of our customers have accepted the price hike.«[195] Auch ex post betrachtet, darf man diese Preiserhöhungen als kluge Maßnahme bezeichnen.

Preiskriege

Preiskriege toben in vielen Branchen und überall in der Welt. In der Global Pricing Study 2012 von Simon-Kucher & Partners gaben 59 Prozent der befragten 2 713 Manager aus 50 Ländern an, dass ihr Unternehmen sich in einem Preiskrieg befinde. Am schlimmsten betroffen war Japan, wo 74 Prozent der Befragten von einem Preiskrieg berichteten. Deutschland lag mit 53 etwas unter dem Durchschnitt. Die USA und Belgien hatten mit jeweils 46 Prozent die niedrigste Häufigkeit von Preiskriegen.[196] Ebenfalls überraschend sind die Antworten auf die Frage, wer den Preiskrieg ausgelöst habe. Sage und schreibe 82 Prozent behaupteten, dies sei die Konkurrenz gewesen. Die Übeltäter sind, wie auch sonst im Leben, immer die anderen. Zwölf Prozent der Befragten gaben zu, dass ihr Unternehmen den Preiskrieg mit Absicht initiiert habe. Die restlichen 5 Prozent sagten, ihr Unternehmen habe den Preiskrieg zufällig und unabsichtlich in Gang gesetzt, was nur bedeuten kann, dass man die Konkurrenzreaktionen falsch antizipiert hat.

Preiskriege sind eines der sichersten Mittel, um Gewinne für lange Zeit zu zerstören. Ein amerikanischer Spruch trifft den Nagel auf den Kopf:»Im Krieg zwischen zwei Konkurrenten haben die Atombombe und der Preis die gleiche Einschränkung. Beide können nur einmal eingesetzt werden.« Es ist einfach, einen Preiskrieg auszulösen, so wie der Druck auf den roten Nuklearknopf einfach ist. Aber ein Preiskrieg hinterlässt verbrannte Erde, beschädigt dauerhaft die Beziehungen zwischen Konkurrenten und lässt sich nur schwer beenden. Unter welchen Bedingungen entstehen Preiskriege? Was sind die Auslöser? Und wie stark werden die Preise beeinträchtigt? In Abbildung 9.3 werden die Antworten auf diese Fragen gezeigt.[197]

Abbildung 9.3: Preiskriege: Auslöser und Preissenkungen

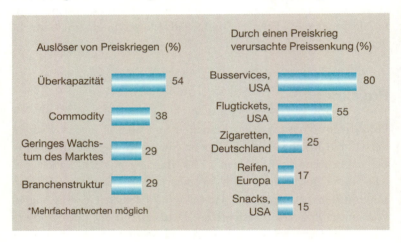

Auch in dieser Studie erweisen sich Überkapazitäten als der häufigste Auslöser von Preiskriegen. Besonders gilt das, wenn es sich um Commodities, also um wenig differenzierte Produkte oder Dienstleistungen handelt, bei denen der Preis im Zweifel den Ausschlag gibt. Auch geringes Wachstum erhöht die Gefahr von Preiskriegen. Wie der rechte Abbildungsteil zeigt, sind die Preiseinbrüche teilweise katastrophal. An Gewinne ist bei solchen Preisrückgängen nicht mehr zu denken. Schaut man sich die Häufigkeit von Preiskriegen nach Branchen an, so stimmt das Bild weitgehend mit diesen Diagnosen überein. Abbildung 9.4 zeigt, in welchen Branchen Preiskriege weltweit überdurchschnittlich auftreten.[198]

Abbildung 9.4: Branchen mit der größten Häufigkeit von Preiskriegen (in Prozent)

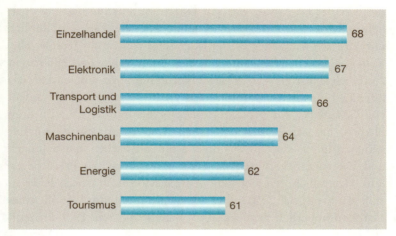

Bemerkenswert ist hier allenfalls, wie hoch und wie ähnlich die Häufigkeiten von Preiskriegen über Branchen hinweg sind.

Wie verhindert man Preiskriege? Und wie beendet man sie? Diese beiden Fragen haben es in sich. Um es klar zu sagen: Es gibt keine allgemeingültigen und schlüssigen Antworten darauf. Neben den in Abbildung 9.3 dargestellten Auslösern spielen persönliche Aggressionen von Managern eine wichtige Rolle. Immer wieder treffen wir in unseren Projekten auf Unternehmensführer, deren Hauptziel die Vernichtung von Konkurrenten zu sein scheint. In einem Projekt fragte der CEO den Vertriebschef: »Was kostet es, den Wettbewerber X aus dem Markt zu treiben?« »2 Milliarden Dollar«, lautete die Antwort des Vertriebsleiters. »Dann tun Sie es«, kam die Antwort des CEO wie aus der Pistole geschossen. Solche Einstellungen der Bosse übertragen sich auf die Mannschaft, insbesondere auf die Außendienstler, sodass diese im Markt und bei den Kunden entsprechend preisaggressiv auftreten.

Unrealistisch ambitiöse Ziele fallen in dieselbe Kategorie. General Motors war traditionell marktanteilsorientiert. »Historically, GM's financial metrics have focussed on market share and revenue, rather than on cash flow and profit.«[199] Bei einer Vertriebstagung im Jahr 2002 trugen die Manager von General Motors eine Nadel am Revers, auf der nur die Zahl 29 stand. Der Marktanteil von GM im US-Markt war seit Jahren im Sinkflug und lag deutlich unter 29 Prozent.[200] Die 29 sollte das neue Ziel sein, ähnlich unrealistisch wie seinerzeit die 18 Prozent von Guido Westerwelle. Kein Außenstehender traute GM eine Trendwende und 29 Prozent zu. Doch selbst als sich in den Folgejahren abzeichnete, dass das 29er Ziel illusorisch war, blieb Gary Cowger, seinerzeit President von GM North America, stur: »Die Nadel mit der 29 wird dran bleiben, bis wir 29 erreicht haben. Und dann besorge ich mir wahrscheinlich eine 30.«[201] Solche unrealistischen Einstellungen und Zielvorgaben führen zu Preisaggressionen, zu Preiskriegen und letztendlich, wie der Fall General Motors drastisch beweist, zum Bankrott. Seit 2002 ging der Marktanteil von GM in Amerika kontinuierlich zurück, 2009 waren es noch 19,9 Prozent, 2012 nur noch 17,9 Prozent. Die beste Maßnahme zur Vermeidung von Preiskriegen besteht in der Reduktion von Aggression und dem Unterlassen unrealistischer Zielvorgaben für Umsatz, Absatz und Marktanteil. Ein guter Rat ist, mit den Konkurrenten weicher und friedlicher umzugehen, hingegen bei den Kunden in der Preisdurchsetzung härter und konsequenter zu sein. Das ist allerdings das Gegenteil dessen, was man in den meisten Marketinglehrbüchern liest.

Kommunikation und Signaling sind für die Vermeidung und Beendigung von Preiskriegen unverzichtbar. Der folgende Ratschlag aus den USA weist in die richtige Richtung: »Firmen, die erfolgreich Preiskriege vermeiden, schreiben und reden ständig in der Öffentlichkeit über die Schrecken der Preiskonkurrenz und die Vorteile des wertorientierten Wettbewerbs. Dieses ›Herumposaunen‹ findet in Artikeln, in internen Medien, bei Treffen der Branchenvereinigungen und in jedem verfügbaren öffentlichen Forum statt.«

Die Besänftigung der Konkurrenz zum Zwecke der Herstellung

einer friedlicheren Stimmung kommt in folgendem Zitat zum Ausdruck:»Toyota Chairman Hiroshi Okuda told reporters that Japan's auto industry needed to give Detroit ›time and room to catch a breath‹. He even suggested Toyota might raise prices on cars sold in the U.S. to ease competitive pressures on General Motors Corp. and Ford Motor Co., both of which have disclosed declining financial performance and market share recently. Mr. Okuda said that raising prices might slow sales but would earn more money on each car sold, and as a result improve profitability. So the notion of raising prices isn't necessarily an altruistic move to help a battered rival. Still, some car-industry officials in Tokyo saw Mr. Okuda's comments as the latest in a long series of pre-emptive moves to keep tensions low.«[202]

Preiskommunikation sollte darauf ausgelegt sein, die Wahrscheinlichkeit zu minimieren, dass Kunden und Konkurrenten Preisaktionen oder die Gründe für ein bestimmtes Verhalten falsch interpretieren. Es kann genauso schädlich sein, wenn die Konkurrenten Preise missverstehen, wie wenn man selbst die Preise der Wettbewerber missversteht. Beides kann einen Preiskrieg auslösen. Nehmen wir an, Sie wollen ein neues Produkt einführen, das das bisher angebotene Modell ablöst. Das Lager ist mit dem alten Modell gut gefüllt. Sie können jetzt einfach loslegen, den Preis für das alte Modell massiv senken und das Ganze noch durch Preiswerbung unterstützen. Sie informieren dabei nicht über Ihre Absicht, das alte Modell demnächst durch ein neues zu ersetzen, und erst recht nicht über den Zweck der Preisaktion, nämlich das Lager zu räumen. Wenn Sie Glück haben, kaufen die Kunden zu dem niedrigeren Preis, und das Lager leert sich. Wie aber werden Ihre Konkurrenten auf Ihre aggressive Preissenkung reagieren, falls sie keine weiteren Informationen über Ihre Motive haben? Die Wahrscheinlichkeit ist groß, dass die Wettbewerber Ihre Preisaktion als Angriff und als Versuch sehen, ihnen Marktanteile wegzunehmen. Von da ist es nicht mehr weit zum aggressiven Zurückschlagen. Wenn die Wettbewerber tatsächlich ihre Preise senken, dann haben Sie ein doppeltes Problem. Zum einen werden Sie weniger verkaufen, als erwartet. Das Lager leert sich nicht. Zum Zweiten haben Sie möglicherweise das Preisniveau nachhaltig zerstört.

Darunter kann sogar das neue Produkt leiden, weil Sie es nunmehr zu einem niedrigeren Preis als ursprünglich geplant einführen müssen.

Ganz anders dürfte die Konkurrenzreaktion ausfallen, wenn Sie vorab ankündigen, dass Sie demnächst ein neues Produkt einführen und eine temporäre Preisaktion durchführen, um das Lager zu räumen. Wenn diese Botschaft für die Wettbewerber glaubhaft ist (das hängt von Ihrem bisherigen Verhalten ab), dann werden diese Verständnis haben und keinen Anlass sehen, in einen Preiskrieg einzutreten. Die exakt gleiche Aktion, sagen wir eine temporäre Preissenkung von 30 Prozent, kann also vom Wettbewerb sehr verschieden interpretiert werden und folglich zu völlig unterschiedlichen Reaktionen führen. Signaling ist die Methode der Wahl, um die erwünschten Reaktionen zu erzeugen und unerwünschte Konsequenzen zu vermeiden.

Meine Einsichten zu Preiskriegen fasse ich auf einfache Weise zusammen. Es gibt intelligente und dumme Branchen. Sie unterscheiden sich darin, dass intelligente Branchen Preiskriege vermeiden, dumme sich hingegen in solche verwickeln. Das Problem: Es genügt ein dummer Wettbewerber, um eine ganze Branche in die dumme Kategorie zu treiben. Deshalb ist es besser, intelligente als dumme Wettbewerber zu haben.

Kapitel 10

Pricing-Innovationen

Preise sind so alt wie die Menschheit. Preise gab es lange vor der Erfindung des Geldes. Sie wurden jedoch nicht in Geldeinheiten ausgedrückt, sondern als Austauschverhältnis zwischen Gütern, ein System, das sich bis heute in der Form von sogenannten Bartergeschäften gehalten hat. Als Kinder spielten wir oft mit Murmeln. Diese wurden auch getauscht. Für eine Murmel mit einer seltenen Farbe musste man mehrere Murmeln mit häufigen Farben hergeben. Der Preis einer Murmel von seltener Farbe war höher als der einer Murmel, deren Farbe es oft gab. Angesichts der langen Geschichte des Preises könnte man vermuten, dass auf diesem Feld alle Erfindungen längst gemacht, alle Möglichkeiten ausgereizt sind und es nur wenige Innovationen gibt. Gerade in den letzten drei Jahrzehnten ist jedoch das Gegenteil der Fall. Ständig sprießen neue Ideen, Systeme und Methoden, wie man sich über Preise informiert und wie man sie gestalten kann, aus dem Boden. Teilweise haben diese innovativen Ansätze ihre Wurzeln in der Theorie. Dazu zählen sowohl neuartige Messmethoden wie beispielsweise Conjoint Measurement als auch revolutionär andere Herangehensweisen an ökonomische Fragestellungen wie Behavioral Pricing. Nicht zuletzt eröffnen die moderne Informationstechnik und das Internet Chancen für das Pricing, von denen man bisher nur träumen konnte. In diesem Kapitel stellen wir eine Auswahl von Pricing-Innovationen vor, die bereits im Markt erfolgreich waren oder das Potenzial haben, dies zu werden.

Radikal erhöhte Preistransparenz

Die offensichtlichste preisbezogene Innovation des Internet besteht in der radikalen Erhöhung der Preistransparenz. Dies dürfte auch die Innovation mit der größten Breitenwirkung sein, denn sie betrifft alle Branchen. Um Preisinformationen zu sammeln und zu vergleichen, musste man in der alten Welt mehrere Geschäfte besuchen, verschiedene Anbieter anrufen, sich Angebote einholen oder Testberichte lesen. Das alles war mühsam, schwierig und zeitraubend, sodass der Informationsstand zu Preisen bei vielen Kunden niedrig blieb. Anbieter konnten sich fühlbare Preisdifferenzen erlauben, ohne dass diese bekannt wurden. Heute kann sich jeder im Internet bequem in wenigen Minuten und kostenfrei einen Überblick über die Preise unterschiedlicher Anbieter verschaffen. Die Zahl der Seiten, die solche Preisvergleiche anbieten, ist unüberschaubar. Sie heißen guenstiger.de, billiger.de, preisvergleich.de, check24.de, preissuchmaschine.de oder ähnlich. Neben diesen Diensten, die Preise in vielerlei Branchen erfassen, gibt es zahlreiche branchenspezifische Dienste. Seiten wie expedia.de, opodo.de oder kayak.de erlauben spezifische Preisvergleiche für Reisen. Billiger-Mietwagen.de hilft bei der Suche nach dem preisgünstigsten Mietwagen. Bankrate.com klärt über die Preise für Bankdienste auf. Durch das Vordringen der Smartphones gewinnt die Preistransparenz eine konkrete lokale Dimension. Mit entsprechenden Apps scannt man den Strichcode eines Produkts in einem Geschäft ein und erhält sofort die Information, wie viel dieses Produkt in benachbarten Läden kostet. Das setzt dann selbst der räumlichen Preisdifferenzierung, die sich traditionell gut für das Fencing eignete, enge Grenzen. Es wird schwieriger, für identische Produkte oder Dienstleistungen differenzierte Preise durchzusetzen. Die Kunden sind einfach zu gut informiert und kaufen im Zweifel bei dem billigeren Konkurrenten. Mithilfe von speziellen Beschaffungsseiten wie alibaba.com ist es selbst in China kein Problem, den günstigsten Lieferanten für ein Produkt zu finden. Weitere Innovationen, die die Preisinformation der Verbraucher ständig verbessern und damit die Kreuzpreiselastizität erhöhen, kommen mit Sicherheit.

Olympische Spiele London 2012

Die Olympischen Spiele 2012 in London waren ein spektakulärer Erfolg. Das Pricing trug hierzu entscheidend bei. Es kam eine Vielzahl von neuen Pricing-Ideen zum Einsatz.[203] Der verantwortliche Manager Paul Williamson setzte den Preis gezielt als Kommunikationsmittel ein. Ohne weitere Kommentierung sollten die Preisziffern starke Signale senden. Der niedrigste (reguläre) Preis für eine Eintrittskarte lag bei 20,12 Pfund, der teuerste Preis bei 2012 Pfund. Die Zahl 2012 spiegelt sich immer wieder in den Preisziffern wider. Ohne weitere Erläuterung wusste jeder, was gemeint war: Olympia London 2012. Für Kinder und Jugendliche war das Motto »Pay Your Age«, das heißt, sie zahlten genau so viel – oder besser gesagt genau so wenig – wie sie alt waren. Ein Sechsjähriger zahlte 6 Pfund, ein Sechzehnjähriger 16 Pfund. Diese Preisstruktur traf auf ungeheuer positive Resonanz. Tausendfach wurde in den Medien darüber berichtet. Selbst die Königin und der Premierminister lobten die »Pay Your Age«-Preise. Diese Preise kommunizierten nicht nur sehr effektiv, sondern wurden auch als besonders fair angesehen. Ebenso konnten Senioren preisgünstige Tickets kaufen.

Es gab keinerlei Rabatte. Dieses Prinzip wurde konsequent durchgehalten, selbst wenn Veranstaltungen nicht ausverkauft waren. So sollte ein klares Signal gesandt werden, dass die Tickets und die Veranstaltungen ihren Preis wert waren. Auf die sonst im Sport übliche Preisbündelung, bei der Tickets für attraktivere und weniger attraktive Veranstaltungen im Paket verkauft werden, verzichteten die Organisatoren. Allerdings wurde der Nahverkehr mit den Tickets preisgebündelt. Das Internet wurde massiv für Kommunikation und Vertrieb eingesetzt. 99 Prozent aller Tickets wurden online verkauft. Vor den Spielen war das Ziel, durch den Ticketverkauf 376 Millionen Pfund zu erlösen. Paul Williamson schaffte mit seiner genialen Preis- und Kommunikationsstrategie einen Umsatz von 660 Millionen Pfund. Das waren 75 Prozent mehr als geplant und mehr als die Einnahmen der drei vorangegangenen Olympischen Spiele in Peking, Athen und Sydney zusammen. Dieser Fall zeigt, welche Power in innovativem Pricing steckt.

Pay per Use

Das traditionelle Preismodell besteht darin, dass man ein Produkt kauft, den Preis zahlt und das Produkt dann nutzt. Beispiele: Eine Airline kauft Düsentriebwerke für ihre Flugzeuge, eine Spedition erwirbt Reifen für ihre Lastwagen oder eine Autofabrik investiert in Lackieranlagen, kauft Lacke ein und lackiert ihre Autos. Die bedürfnisorientierte Perspektive legt jedoch eine völlig andere Grundlage für die Preisstellung nahe. Das Bedürfnis des Kunden richtet sich oft nicht auf den Besitz eines Produkts, sondern auf die Leistung bzw. Bedürfniserfüllung, die dieses Produkt erbringt. Eine Airline braucht letztlich keine Triebwerke, sondern Schubleistung für ihre Flugzeuge, die Spedition benötigt Laufleistung der Reifen, und die Autofabrik will ein lackiertes Auto. Statt also einen Preis für das Produkt zu fordern, kann der Anbieter einen Preis für die jeweilige Leistung verlangen. Das ist die Basis für innovative »Pay per Use«- oder »Pay as You Go«-Preismodelle.

So bieten Triebwerkshersteller wie General Electric oder Rolls Royce ihren Luftfahrtkunden Schubleistung statt Triebwerke an und rechnen nach Stunden ab. Für den Anbieter ist das der Übergang vom Produkt zum Dienstleistungsangebot. Er verkauft nicht mehr Produkte, sondern Dienstleistungen. Zudem handelt es sich um ein Systemangebot mit höherem Umsatzpotenzial. Denn der Preis pro Stunde Schubleistung schließt Wartung, Umlauf der Triebwerke und weitere Leistungen ein. Für die Airline ergeben sich Vorteile im Hinblick auf Komplexitätsreduktion, Finanzbedarf, Wegfall von Fixkosten und Personal.

Die Firma Michelin, Weltmarktführer bei Autoreifen, war einer der Pioniere mit einem innovativen »Pay per Use«-Modell. Ähnliche Systeme werden mittlerweile großen Speditionen auch von anderen Reifenherstellern angeboten. Bei diesem Modell kaufen die Speditionen keine Reifen, sondern zahlen pro Kilometer Laufleistung. Dem Reifenhersteller gelingt eine wesentlich effektivere Value Extraction als beim klassischen Produktverkaufsmodell. Nehmen wir an, ein neuer Reifen habe gegenüber den bisherigen Produkten eine um 25 Prozent höhere Laufleistung. Dann wird es dennoch äußerst schwierig sein, einen um 25 Prozent höheren

Preis durchzusetzen. Die Kunden sind bestimmte Preisniveaus für Reifen gewohnt. Diese fungieren als Preisanker. Starke Abweichungen von diesen Ankern werden selbst bei höherer Laufleistung kaum akzeptiert. Das »Pay per Use«-Modell überwindet dieses Problem. Der Kunde zahlt pro Kilometer und wenn der Reifen 25 Prozent weiter läuft, zahlt er 25 Prozent mehr. Die volle Extraction des Mehrnutzens gelingt. Auch den Speditionskunden bietet das Modell Vorteile. Es fallen nur Kosten für die Reifen an, wenn die Lastwagen tatsächlich fahren und die Spedition Umsätze erzielt. Wenn hingegen die Lastwagen aufgrund schlechter Auftragslage auf dem Hof stehen, entstehen der Spedition keine Kosten für die Reifen. Auch die Kalkulationsbasis wird für die Spedition einfacher. Sie erhält gleich Kosten pro Kilometer, oft stellt sie die Rechnung an die eigenen Kunden anhand derselben Preismetrik, nämlich Kosten pro Kilometer.

Die Firma Dürr, Weltmarktführer bei Autolackieranlagen, offeriert in Zusammenarbeit mit BASF, Weltmarktführer bei Autolacken, den Autoherstellern die Lackierung eines Autos zu einem festen Preis. Für den Autohersteller schafft dieses Modell eine sichere Kalkulationsgrundlage, da das Preis- und Kostenrisiko auf die Lieferanten verlagert wird, Komplexität und Finanzbedarf werden reduziert. Die EnviroFalk GmbH, ein Spezialist für industrielle Wasseraufbereitung, stellt ihren Kunden die Anlagen kostenlos zur Verfügung, und diese zahlen nach Kubikmeter gereinigtem Wasser. Solche »Pay per Use«-Modelle geben den Anbietern einen planbaren Cashflow über die Zeit und erlauben die optimale Abstimmung von Anlagen sowie Verbrauchsmaterial.

Auch Branchen, an die man bei Pay per Use nicht sofort denkt, kommen für dieses Pricingmodell infrage. Die Versicherung Norwich Union in England bietet jungen Fahrern eine »Pay As You Go«-Versicherung an. Zunächst muss eine Hardware ins Auto eingebaut werden, die einmalig 199 Pfund kostet. Dann gibt es eine monatliche Grundgebühr, die Feuer und Diebstahl abdeckt. Die ersten 100 Meilen im Monat sind frei. Der Preis pro gefahrener Meile beträgt ab 100 Meilen 4,5 Pence und in den für junge Fahrer zwischen 18 und 21 Jahren besonders unfallträchtigen Stunden von 23 bis 6 Uhr 1 Pfund pro Meile. Der Preisunterschied ist enorm und dürfte für die unerfahrenen Fahrzeuglenker ein starkes Incentive bilden, nachts, wenn die Gefahr der Alkoholisierung hoch ist, das Auto stehen zu lassen.

Lösungen aus einer Hand können für den Kunden höheren Nutzen in Form von mehr Sicherheit und Effizienz bedeuten. Die australische Firma Orica, Weltmarktführer für kommerzielle Sprengmittel, offeriert Steinbruchbetreibern eine Problemlösung aus einer Hand. Orica liefert nicht nur die Sprengmittel, sondern analysiert das Gestein und führt Bohrungen sowie Sprengungen durch. In diesem Systemmodell versorgt Orica den Kunden mit gebrochenen Steinen und berechnet die Leistung nach Tonnage. Da es sich um eine kundenspezifische Lösung handelt, wird der Preis weniger vergleichbar, der Umsatz pro Kunde, die Effizienz und die Sicherheit steigen. Der Kunde kümmert sich nicht mehr um den Sprengprozess. Ein Wechsel zu einem anderen Anbieter wird schwieriger.

Wenn man die bedürfnisorientierte Perspektive ausdehnt, gibt es viele weitere Chancen für »Pay per Use«-Modelle. Allerdings sind bestimmte technische Voraussetzungen wie einfache Messung der tatsächlichen Nutzung und Informationssysteme, etwa kostengünstige Übertragung der Nutzungsdaten, notwendig, um solche Preismodelle kosteneffizient zu betreiben. Es gibt keinen Grund, warum man ein Auto kauft oder zu einem festen Preis pro Monat least. Man kann die Fahrleistung genauso wie bei Telefon oder Strom nach tatsächlich gefahrenen Kilometern abrechnen. Das relativ junge Car Sharing geht in diese Richtung. Auch bei der Mediennutzung ist Pay per Use oder Pay per View im Vordringen. Beim Kabelfernsehen kann man, statt eine feste monatliche Flatrate zu verlangen, nach tatsächlicher Nutzung preisen. Die koreanische Firma HanaroTV hat mit einem solchen Modell innerhalb kurzer Zeit eine Million Kunden gewonnen. Auch für das Facility Management eignen sich »Pay per Use«-Modelle, etwa für den Betrieb von Heizungen oder Klimaanlagen. Statt nach festen Tages- oder Monatssätzen können Maschinen nach tatsächlicher Leistung gepreist werden. Das würde ähnlich wie bei den LKW-Reifen eine wesentlich effektivere Extraction höheren Nutzens erlauben und wäre damit ein wichtiger Schritt vom »Rechteck zum Dreieck«.

Überall wird sich Pay per Use jedoch nicht durchsetzen. Im Auftrag eines Aufzugherstellers entwickelten wir ein »Pay per Use«-Preismodell für Aufzüge in großen Bürogebäuden. Die Ausgangsfrage war, warum man für horizontalen Transport (Bus, Bahn), jedoch nicht für vertikalen Transport bezahlen muss. Zunächst gibt es hierfür keinen ersichtlichen Grund. Der Aufzughersteller bot den Investoren großer Bürogebäude die kostenlose Installation der Aufzüge an. Als Gegenleistung erbat er sich für einen längeren Zeitraum das Recht, Preise für die Benutzung der Aufzüge erheben zu dürfen. In der Umsetzung sieht das so aus, dass die Mieter der Büros für ihre Mitarbeiter spezielle Karten zur Benutzung der Aufzüge kaufen oder das Preismodell in bestehende Karten, die ohnehin aus Sicherheitsgründen verwendet werden, integrieren. Dieses »Pay per Use«-Modell ordnet die Kosten des Aufzugs verursachungsgerecht zu, ist diesbezüglich also »gerechter« als die üblichen Pauschalmodelle, in denen die Aufzugnutzung entweder in der Miete enthalten ist oder über einen pauschalen Zuschlag abgegolten wird. Wer mehr fährt, zahlt mehr. Man kann die Preise nach Stockwerken, nach Nutzungsintensität oder ähnlichen Kriterien differenzieren. Dieses Modell hat sich allerdings bisher nicht im großen Maßstab durchgesetzt. Vielleicht ist es zu innovativ. Investoren und Mieter gewöhnen sich erst allmählich an solche Pricing-Innovationen.

Neue Preismetriken

Ein sehr interessanter Ansatz besteht darin, die Bemessungsbasis für den Preis zu ändern. Man spricht in diesem Sinne von Preismetrik. Einige der vorangehenden Fälle könnte man in die Kategorie neue Preismetrik einordnen, jedoch wird in den meisten mehr als nur die Metrik verändert. Ein Fall aus dem Baubereich illustriert das Potenzial, das in einer neuen Preismetrik steckt. Für ein Baumaterial für Wände kann der Preis nach Gewicht (Preis pro Tonne), Rauminhalt (Preis pro Kubikmeter), nach Fläche (Preis pro Quadratmeter) oder nach Kosten der fertigen Wand (Preis pro Quadratmeter fertige Wand) ausgewiesen werden. Je nach Metrik können sich sehr unterschiedliche Preise und Wettbewerbsverhältnisse ergeben. Ein neuartiger Porenbeton eines führenden Herstellers war bei der Bemessungsgrundlage Tonne oder Kubikmeter etwa 40 Prozent teurer als Konkurrenzprodukte, bei der Metrik Quadratmeter Stein betrug der Preisunterschied nur noch circa 10 Prozent. Da sich dieser Stein leichter und schneller verbauen ließ, ergab sich beim Preis pro Quadratmeter fertige Wand ein Vorteil von 12 Prozent. Damit ist klar, dass der Hersteller dieses neuartigen Steins versuchen muss, die Preismetrik auf Quadratmeter fertige Wand umzustellen. Allerdings sind solche Änderungen eingefahrener Metriken nicht einfach durchsetzbar. Am ehesten gelingt die Durchsetzung, wenn ein Produkt sehr innovativ ist und der Anbieter eine starke Marktposition besitzt.

Hilti ist ein weltweit führender Hersteller für professionelle Elektrowerkzeuge. Traditionell verkauft ein solches Unternehmen seine Produkte. Bereits im Jahr 2002 hat Hilti das sogenannte Flottenmanagement eingeführt. Der Kunde zahlt einen festen monatlichen Preis für seine »Flotte« von Hilti-Werkzeugen. Hilti kümmert sich um die Auswahl der optimalen Werkzeuge für den Bedarf des jeweiligen Kunden, Reparaturen, Austausch von Batterien und umfassenden Service. Der Kunde kann mit einem festen monatlichen Preis kalkulieren und sich auf seine Kernkompetenz, die Arbeit am Bau, konzentrieren.

Auch bei Software erleben wir mit dem Cloud Computing die Einführung neuer Preismetriken. Software wird nicht mehr als Lizenz verkauft und auf kundeneigenen Servern betrieben (On Premise), sondern über das Internet in Form einer Dienstleistung (On Demand) gegen eine Gebühr überlassen. Dieses Geschäftsmodell nennt man Software as a Service (SaaS). Das neue Office-365-Paket wird beispielsweise nicht mehr verkauft, sondern in Form von Monats- oder Jahresabonnements zur Nutzung überlassen. Die Version Office 365 Home Premium kostet 10 Euro monatlich oder 99 Euro im Jahr an Nutzungsgebühr. Der Kunde erhält über das Internet unmittelbaren Zugriff auf die jeweils aktuellste Version und eine Reihe weiterer Services. Auch die von Scopevisio angebotene Software für mittelständische Unternehmen funktioniert nach diesem Modell. Der monatliche Preis beginnt bei 9,95 Euro pro Anwendung und Nutzer. Der Kunde kann gemäß seinen Bedürfnissen aus verschiedenen Komponenten eine für ihn passgenaue Online-Unternehmenssoftware zusammenstellen und dabei die Anzahl der monatlichen Benutzerlizenzen auf seinen individuellen Bedarf ausrichten. Entsprechend variiert der monatliche Preis mit den Bedürfnissen des Kunden. Dieses Preismodell dürfte zum Standard für Cloud-basierte Anwendungssoftware werden.

Sanifair

Der Betrieb von Toilettenanlagen erfordert beträchtliche Investitionen und verursacht hohe laufende Kosten. In Restaurants ist die Benutzung solcher Anlagen im Verzehrpreis inbegriffen. Es stellt sich aber die Frage, wieso die Benutzung dieser Anlagen in Autobahnraststätten bis vor wenigen Jahren auch für die vielen Autofahrer, die nichts in der Raststätte kauften oder verzehrten, kostenfrei sein sollte. Wer trägt eigentlich die Kosten, wenn die Kunden nichts zahlen? Als die Raststätten noch von der staatlichen »Gesellschaft für Nebenbetriebe der Bundesautobahnen mbH« betrieben wurden, war das offensichtlich der Staat. Der damalige Zustand der Toiletten sei allerdings der Vergessenheit anheimgegeben. Seit 1998 werden die Raststätten von der privaten Tank & Rast GmbH betrieben. Im Jahr 2003 führte T&R das Sanifair-Konzept ein. Zum einen wurden die Toilettenanlagen auf modernste Standards gebracht, zum anderen wurde ein Bezahlsystem etabliert. Die Benutzung der Toilette kostete fortan 50 Cent. Für Kinder, die durch eine Schablone gehen können, blieb die Benutzung frei – eine familienfreundliche Form der Preisdifferenzierung. Auch Behinderte zahlen nichts. Die 50 Cent waren jedoch nicht verloren, sondern der Kunde erhielt einen Bon über den gleichen Betrag, den er beim Kauf in der Raststätte einlösen konnte. Auf diese elegante Weise gelang die Differenzierung zwischen ausschließlichen Toilettennutzern, die faktisch 50 Cent zahlen mussten, und den Käufern anderer Produkte, die die 50 Cent beim Kauf angerechnet bekamen – wie im Restaurant die Toilette also gratis benutzen konnten. Im Jahr 2010 wurde der Preis auf 70 Cent erhöht, von denen weiterhin 50 Cent beim Kauf einlösbar sind.

Sanifair ist in mehrfacher Hinsicht innovativ. Zum einen wurden Sauberkeit und Hygiene verbessert. Das Modell ist verursachungsgerecht, indem ein Preis für eine Leistung erhoben wird, die Kosten verursacht, die aber früher gratis angeboten wurde. Die Preise sind in mehrfacher Hinsicht differenziert. Für Kinder und Behinderte ist die Benutzung frei. Reine Toilettennutzer zahlen den vollen Preis von 70 Cent. Käufer anderer Produkte erhalten 50 Cent, das sind 71 Prozent des Preises, erstattet, zahlen also faktisch 20 Cent. Die technische Realisierung ist zudem mit Automaten, Bonausdruck und Durchgangsschablone für Kinder einfach und effizient. Viele Studien belegen trotz der Bepreisung eine hohe Kundenzufriedenheit. Im Jahr 2010 wurde Sanifair als »Marke des Jahrhunderts« gewählt. Bedenkt man, dass die Zahl der Raststättenbesucher pro Jahr in die Hunderte von Millionen geht, dann trägt diese Pricing- und Leistungsinnovation wesentlich zum Erfolg von Tank & Rast bei. Das Sanifair-System ist auch von anderen Anbietern im In- und Ausland übernommen worden.

BahnCard

Die BahnCard ist mittlerweile 20 Jahre alt, aber dennoch ein innovatives Preissystem, zumal über die Jahre ständig Erweiterungen hinzukamen. Wie fing es an? Im Herbst 1991 stellte Hemjö Klein, Vorstand der damaligen Deutschen Bundesbahn, Simon-Kucher & Partners die Aufgabe, Bahnreisen gegenüber dem Auto preislich wettbewerbsfähiger zu machen. Unsere Untersuchungen ergaben, dass Autofahrer beim Vergleich der Kosten von Bahn und Auto im Wesentlichen nur die Benzinkosten, die sogenannten Out-of-pocket-Costs, berücksichtigten. Der Kilometerpreis für die 2. Klasse lag damals bei 24 Pfennigen, für einen VW Golf betrugen die Benzinkosten etwa 15 Pfennig pro Kilometer. Eine 500 km lange Bahnfahrt kostete in der 2. Klasse also 120 DM, das Benzin für die Autofahrt hingegen nur 75 DM. Bei diesem Preisnachteil hatte die Bahn schlechte Chancen. Eine Absenkung des Bahnpreises pro Kilometer auf unter 15 Pfennige war illusorisch. Die Lösung bestand in einer Angleichung der Preisstruktur für Bahnreisen an die Kostenstruktur des Autos. Diese setzt sich aus Fixkosten für Abschreibung, Versicherung und Kfz-Steuer sowie aus den variablen Kosten (im Wesentlichen für Benzin) zusammen. Konnte man den Preis für Bahnreisen nicht ebenfalls in eine fixe und eine variable Komponente aufspalten? Das war die Geburtsstunde der Bahn-Card. Statt nur eines einzigen Preises für die Fahrkarte gab es fortan zwei Preise, den Preis für die Fahrkarte und den Preis für die BahnCard. Die BahnCard 2. Klasse wurde am 1. Oktober 1992 zu einem Preis von 220 DM eingeführt, die BahnCard 1. Klasse folgte wenige Wochen später zu 440 DM. Senioren und Jugendliche zahlten jeweils die Hälfte. Der Inhaber einer BahnCard erhielt ein Jahr lang 50 Prozent Rabatt auf den Normalpreis. Für BahnCard-Inhaber sank der variable Preis pro Kilometer in der 2. Klasse somit auf 12 Pfennig und lag damit spürbar unter den 15 Pfennigen, die pro Autokilometer anfielen. Die BahnCard schlug sofort ein, bis Ende Januar 1993 wurden mehr als eine Million Stück verkauft. Ende 2002 führte die Bahn ein System ein, bei dem man wie im Flugverkehr vorab reservieren musste. Die BahnCard mit 50 Prozent Rabatt passte nicht in dieses System und wurde durch eine BahnCard ersetzt, auf die es nur noch 25 Prozent Rabatt gab. Das neue System floppte, die Verantwortlichen wurden entlassen. Gegen die Abschaffung der BahnCard 50 entstand ein Sturm der Entrüstung, der sich in den Folgemonaten verschärfte. Die Bahn musste reagieren. Am 18. Mai 2003 traf ich zusammen mit meinem Partnerkollegen Dr. Georg Tacke, der an der ursprünglichen Entwicklung der Bahn-Card maßgeblich beteiligt war, im Berliner Hotel Adlon Hartmut Mehdorn, den seinerzeitigen Vorstandsvorsitzenden der Deutschen Bahn AG. Zwei Tage später begannen wir mit der Revision des Preissystems. Am 2. Juli 2003 verkündete die Bahn die Wiedereinführung der BahnCard 50 zum 1. August. Die BahnCard 25 wurde beibehalten, und zusätzlich wurde die sogenannte persönliche Jahresnetzkarte als BahnCard 100 (für 100 Prozent Rabatt) in das BahnCard-System integriert.

Ende 2012 besaßen 4,8 Millionen Menschen eine BahnCard. Die Preise reichen von 61 Euro für die 2.-Klasse-BahnCard 25 bis zu 6 850 Euro für die 1.-Klasse-BahnCard 100. Die BahnCard 50 kostet 249 Euro für die 2. Klasse und 498 Euro für die 1. Klasse.

Wie Abbildung 10.1 zeigt, bringen die verschiedenen Varianten der BahnCard im Vergleich zum Normalpreisumsatz sehr unterschiedliche Einsparungen. Die Zahlen gelten für die 2. Klasse. In der 1. Klasse fallen die Einsparungen prozentual ähnlich aus.

Abbildung 10.1: Einsparungen durch die BahnCard 2. Klasse

Normal-preisumsatz	Bahncard-variante	Umsatz mit Bahncard	Einsparung	
			in €	in %
500 €	BC 25	436 €	64 €	12,8 %
750 €	BC 25	624 €	126 €	16, 9 %
1 000 €	BC 50	749 €	251 €	25,1 %
2 500 €	BC 50	1 499 €	1 001 €	40,0 %
5 000 €	BC 50	2 749 €	2 251 €	45,0 %
10 000 €	BC 100	4 090 €	5 910 €	60,1 %
20 000 €	BC 100	4 090 €	15 910 €	79,6 %

Für jede BahnCard-Variante gilt, dass der Rabatt gegenüber dem Normalpreis umso höher ausfällt, je intensiver der Kunde die Bahn nutzt. Der Kunde hat also ein starkes Incentive, die Investition in die BahnCard »zurückzuverdienen«. Das macht die Bahn-Card zu einem sehr effektiven Kundenbindungsinstrument.

Im Schnitt dürften die BahnCard-50-Kunden knapp unter 30 Prozent gegenüber dem Normalpreis einsparen. In ihrer Wahrnehmung sind es aber 50 Prozent. Die Bahn erreicht also durch die BahnCard 50 eine Vorteilswahrnehmung von 50 Prozent, braucht dafür aber weniger als 30 Prozent zu opfern – kein schlechtes Geschäft.

Die BahnCard beinhaltet für die Bahn Chancen und Risiken. Ein entscheidender Aspekt besteht darin, wie viele BahnCard-Inhaber Bahn statt Auto fahren, nachdem sie die Investition in die BahnCard getätigt haben. Ein bekannter Wirtschaftswissenschaftler sagte mir einmal, er habe eine BahnCard 100 gekauft, um sich selbst zum Bahnfahren und zum Verzicht aufs Autofahren zu zwingen. Ein beträchtliches Tarifopfer würde der Bahn entstehen, wenn nur bisherige Intensivnutzer die BahnCard kaufen. Solche Kunden zahlen deutlich weniger als ohne BahnCard. An Bahn-Card-Käufern, die relativ wenig fahren, verdient die Bahn hingegen mehr als vorher. Die wenigsten Kunden dürften wissen, wo die Break-Even-Punkte zwischen den verschiedenen BahnCard-Varianten liegen. In Abbildung 10.2 sind die Umsatzbereiche für die 1. und die 2. Klasse angegeben, in denen die jeweilige BahnCard für den Kunden zu minimalen Kosten führt.[204]

Abbildung 10.2: Bei welchem Jahresumsatz zum Normalpreis ist welche BahnCard kostenminimal?

	2. Klasse			1. Klasse		
	Preis Bahncard (€)	Umsatz zum Normalpreis (€)	Erzielbarer Rabatt (%)	Preis Bahncard (€)	Umsatz zum Normalpreis (€)	Erzielbarer Rabatt (%)
Normalpreis	0	bis 244	0	0	bis 492	0
BahnCard 25	61	245 – 752	0 bis 16,9	123	493 – 1 500	0 bis 16,8
BahnCard 50	249	753 – 7 682	16,9 bis 46,8	498	1 501 – 12 784	16,8 bis 46,1
BahnCard 100	4 090	7 683	46,8 und mehr	6 890	12 785	65,6 und mehr

Meine persönliche Vermutung ist, dass zahlreiche BahnCard-Inhaber nicht die für sie kostenminimale Variante kaufen. Ein häufiger Fehler dürfte darin bestehen, die BahnCard 50 mit dem Normalpreis und nicht mit der BahnCard 25 zu vergleichen. Im Intervall 245–752 Euro für die 2. Klasse bzw. 493 – 1 500 Euro für die 1. Klasse führt die BahnCard 25 zu minimalen Kosten. Vergleicht man nur mit dem Normalpreis, so wird die BahnCard 50 hingegen schon bei einem Umsatz von 498 Euro für die 2. Klasse bzw. 996 Euro für die 1. Klasse kostenminimal.

Eine besondere Erwähnung verdient die BahnCard 100. Seit jeher gab es die sogenannte Persönliche Jahresnetzkarte, die aber kaum bekannt war und nur selten gekauft wurde. Die Einbindung dieser Karte als BahnCard 100 in das BahnCard-System im Jahr 2003 führte zu einer Vervielfachung des Absatzes dieser Karte – trotz einer leichten Preissteigerung. Ende 2012 lag die Zahl der BahnCard-100-Inhaber bei rund 40 000. Diese Karte hat einen großen Convenience-Vorteil: Man braucht nie eine Fahrkarte zu kaufen, sondern steigt einfach in den Zug ein.

Amazon Prime

Systeme mit Karten, die einen eigenen Preis haben und dafür Rabatte oder andere Vorteile bieten, sind noch relativ selten. Die Schweizer Bundesbahnen haben mit ihrem Halbpreis-Abonnement ein ähnliches System wie die Deutsche Bahn. Amazon offeriert ein Prime genanntes Programm mit garantierter Lieferung in Deutschland innerhalb eines Tages (in den USA innerhalb von zwei Tagen), einer kostenfreien Ausleihe für ein E-Book pro Monat und rabattierten Angeboten von E-Books und Videos. In der EU liegt der Preis von Prime bei 49 Euro, in den USA bei 79 Dollar pro Jahr. Die Zahl der Prime-Kunden erreichte in 2011 die 10-Millionen-Grenze. Amerikanische Kunden, die Prime kauften, verdreifachten ihre Umsätze bei Amazon auf 1 500 Dollar pro Jahr. In den USA sollen 40 Prozent der Amazon-Umsätze von Prime-Kunden kommen. Dennoch soll Amazon an diesem Progamm Geld verlieren, da die Kosten pro Prime-Kunde bei über 90 Dollar liegen. Amazon sieht das Programm als eine Investition in Kundentreue. »If they can make customers more loyal, they can make more profit, even if they have to subsidize Prime«, sagt ein früherer Amazon-Manager.[205]

Technische Gase

Zwei- und mehrdimensionale Preissysteme sind in der Praxis weitverbreitet. In Branchen wie Telekommunikation, Energie- und Wasserversorgung bestehen die Tarife regelmäßig aus einem fixen

Grundpreis und einem variablen Preis für die tatsächliche Nutzung. Bei technischen Gasen, die in Stahlflaschen verkauft werden, gibt es eine Tagesmiete für die Stahlflasche und einen Kilopreis für das Gas. Ein Kunde, der eine Flasche in einem Tag verbraucht, zahlt pro Kilogramm Gas weniger als jemand, der mit einer Flasche Gas zehn Tage auskommt.

ARM

Die britische Firma ARM, Weltmarktführer bei Intellectual Property für Halbleiter, vergibt ihre Lizenzen gegen einen Einmalpreis und eine prozentuale Beteiligung an jedem verkauften Chip. Ihr Umsatz ist seit 2000 von 213 auf 913 Millionen Dollar gewachsen.[206] Eine interessante Alternative wäre hier das BahnCard-Modell, indem statt eines einmaligen Fixpreises eine jährliche Gebühr erhoben wird. Alle mehrdimensionalen Preisstrukturen beinhalten eine Preisdifferenzierung, da der fixe Preis auf unterschiedliche Abnahmemengen umgelegt wird. Ein Vorteil dieser Systeme liegt darin, dass man allen Kunden das gleiche Preisangebot macht, jeder Kunde aber gemäß seiner tatsächlichen Nutzung einen differenzierten Preis zahlt.

Freemium

Freemium ist ein Kunstwort aus »Free« (kostenlos) und »Premium« (Aufpreis) und bezeichnet eine Preisstrategie, bei der die Basisversion eines Produkts kostenlos angeboten wird und durch kostenpflichtige Premium-Dienste erweitert werden kann. Durch das Internet ist die Anzahl an Freemium-Geschäftsmodellen stark gestiegen. Dabei spielt eine wichtige Rolle, dass die Grenzkosten von Internetdiensten gleich oder nahe an null sind und somit durch die freie Abgabe keine Belastung für den Anbieter entsteht. Scheinbare Freemium-Modelle gab es auch in der alten Welt. So werben Banken mit freien Girokonten. Nur wenn der Kunde mehr will als die Basisleistung, muss er zahlen. Allerdings ist die Kostenfreiheit für das Basiskonto oft an Bedingungen geknüpft. So darf bei manchen Banken ein Mindestkontostand nicht unterschritten werden. Die Commerzbank offeriert ein »kostenloses Girokonto mit Zufriedenheitsgarantie«. Der Kunde erhält zudem »50 € zum Start« und »50 € bei Nichtgefallen«. Allerdings umfasst der kleingedruckte Text mit Bedingungen mehr als 70 Worte, u.a. müssen mindestens 1 200 Euro monatlich eingehen.[207] Bei diesen Angeboten handelt es sich nur scheinbar um Freemium-Modelle. Der Kunde zahlt letztlich mit entgangenem Zins. Ähnliches gilt für sogenannte Null-Prozent-Finanzierungen, die in den letzten Jahren verstärkt von Einzelhändlern offeriert werden.[208] Die Finanzierungskosten sind im Kaufpreis versteckt.

Ziel von Freemium ist es, zunächst eine möglichst große Anzahl potenzieller Kunden mit dem Gratisangebot anzulocken. Sind die Nutzer mit den Basisfunktionen vertraut, steigt, so hofft der Anbieter, die Bereitschaft, für höherwertige Zusatzdienste zu bezahlen. Freemium passt zu sogenannten Erfahrungsgütern (Experience Goods), deren vollen Nutzen man erst durch die Erfahrung mit dem Gut kennen lernt. Freemium lässt sich auch als eine Ausprägung der Penetrationsstrategie interpretieren. Freemium-Modelle erfreuen sich steigender Popularität. Typische Einsatzbereiche sind Software (z. B. Skype), Medien (z. B. Spotify), Spiele (z. B. Farmville), Apps (z. B. Angry Birds), soziale Netzwerke (z. B. Xing) oder Web-Dienste (z. B. doo.net).

Kernerfolgsfaktoren für Freemium-Modelle sind:

1. Ein attraktives Grundangebot, um viele Nutzer zu gewinnen.
2. Das richtige Fencing zwischen Grund- und Premiumangebot, um zahlende Erstkäufer zu generieren (*first time buyer conversion*).
3. Ein Konzept, um aus Erstkäufern treue Wiederholungskäufer zu machen, die den höchsten Kundenwert (*customer lifetime value*) haben.

Zwischen 1) und 2) gibt es eine Trade-Off-Beziehung. Ist das Grundangebot zu attraktiv, so wird die Produktwertsteigerung schwierig. Das Unternehmen gewinnt zwar viele Nutzer, aber nur wenige davon werden zahlende Premiumnutzer. Umgekehrt gewinnt man mit einer zu einfachen Basisversion zu wenige Free-Nutzer. Man hat dann vielleicht eine hohe Konversion zu Premiumnutzern, aber die Gesamtzahl der zahlenden Kunden bleibt niedrig. Das Fencing zwischen Grund- und Premiumangebot wird über Features, Produktversionen oder Unterscheidung in der Nutzungsintensität erreicht. Ein bekanntes Fallbeispiel bietet das berufliche Netzwerk Xing. Die Basisfunktionen zur Vernetzung mit anderen Mitgliedern lassen sich kostenlos nutzen. Ein uneingeschränkter Austausch mit anderen Mitgliedern ist hingegen nur mit der kostenpflichtigen Premiummitgliedschaft möglich. Diese kostet bei dreimonatiger Bindung 6,35 Euro, bei zwölfmonatiger Bindung 5,55 Euro pro Monat. Xing hat im deutschsprachigem Raum rund 5,5 Millionen Mitglieder, davon sind 765 000 oder knapp 14 Prozent Premiummitglieder.

doo.net, ein Cloud Service für digitale Dokumentation und Archivierung, arbeitet ebenfalls mit einem Freemium-Modell. Bis zu einer Kapazität von 1 Gigabyte ist der Service frei. Die monatlichen Preise für Premium (10 GB), Premium Plus (25 GB) und Professional (100 GB) betragen 4,99; 9,99 bzw. 24,99 Dollar. Zudem wird für 30 Tage die freie Nutzung von 25 GB angeboten. Da doo.net einen sehr innovativen Service bietet, dessen wirklichen Nutzen man erst durch Erfahrung schätzen lernt (Erfahrungsgut), ist das Fehlen einer »Preisbarriere« für die Gewinnung von Erstnutzern sehr wichtig.

Die Kommunikationssoftware Skype dagegen setzt auf vollständige Funktionalität, beschränkt kostenlose Anrufe jedoch auf das eigene Netz. Hat sich der Nutzer an die intuitive Bedienoberfläche gewöhnt, ist er eher bereit, für Anrufe ins Festnetz oder aufs Handy einen Preis zu zahlen. Skype hat zu Beginn vor allem einzelne Gesprächsminuten verkauft. Später wurden die Angebote ähnlich wie bei klassischen Telekommunikationsunternehmen strukturiert. Die aktuellen Bezahlangebote beinhalten Minutenpakete oder Flatrates in ausgewählte Landesnetze.

Auch Zeitungen haben nach Jahren der Kostenloskultur für digitale Inhalte inzwischen Freemium-Modelle eingeführt. Websites von Zeitungen erzielten ihre Erlöse im Internet in den vergangen

Jahren ausschließlich mit Werbung. Um auch von den Lesern Geld zu erhalten, arbeiten viele Verlage inzwischen mit Bezahlschranken. Das Hauptinstrument des Fencing ist hier keine höherwertige Produktversion, sondern die Nutzungsintensität. Bei der *New York Times* beispielsweise sind 20 Klicks im Monat frei. Wer häufiger klickt, muss zahlen. Für Abonnenten der Druckversion ist der Zugang zur Internetversion frei. *Die Welt* experimentiert ebenfalls mit Bezahlschranken.[209] Sowohl bei der *Welt* als auch der *New York Times* fällt auf, dass digitale Monatsabos zu 99 Cents offeriert werden, obwohl die Listenpreise bei der *Welt* zwischen 4,49 und 14,99 Euro bzw. bei der *New York Times* zwischen 15 und 35 Dollar liegen. Die Kindle-Version der *New York Times* hat zum Beispiel einen Monatspreis von 29,99 Dollar. Die Angebote von 99 Cents für ein Monatsabo scheinen im Betrag zwar nicht weit von »free« entfernt, aber die Tatsache, dass eine Zahlungsbeziehung eingerichtet werden muss, macht sowohl für den Kunden als auch den Anbieter einen fundamentalen Unterschied aus. Denn das Überspringen der »Preisbarriere« (in den USA spricht man von der »Penny Gap«) ist bei Freemium-Modellen die große Hürde. Für Verlage besteht die Herausforderung, die Nutzer von der Kostenloskultur im Internet zu entwöhnen und ihre digitalen Inhalte als Bezahlleistung zu etablieren. Der IBM-Manager Saul Berman nennt dies »the challenge of the decade«.[210] Stephan Scherzer, Geschäftsführer des Verbands Deutscher Zeitschriftenverleger, spricht von der »entscheidenden Zukunftsfrage: Wie bringen die Verlage ihre Leser dazu, für Inhalte im Internet zu bezahlen?«[211] Bisher gibt es nur wenige Medien, die auf rein journalistische Erlöse setzen. Ein Beispiel ist das französische Enthüllungsportal Mediapart, das von dem ehemaligen *Le Monde*-Chefredakteur Edwy Plenel betrieben wird. Bei einer monatlichen Abogebühr von 9 Euro hat das Medium 65 000 Abonnenten, erzielt pro Jahr einen Umsatz von 6 Millionen Euro und ist mit einem Nettogewinn von gut 700 000 Euro profitabel.[212] Auf Werbung wird völlig verzichtet.

Als wir ein Projekt für ein soziales Netzwerk mit Freemium starteten, waren 8 Prozent der Kunden Premiumnutzer. In Online-Preistests stellten wir fest, dass Preisänderungen den Umsatz kaum veränderten. Da es mehrere vergleichbare (und teilweise komplett kostenlose) Konkurrenzdienste gab, sank die Zahl der Premium-zahler bei Preiserhöhungen schnell. Preissenkungen zogen umgekehrt nicht viele neue Kunden an. Die Preiselastizitäten bewegten sich in der Größenordnung von 1, das heißt, Preis- und Mengenänderungen kompensierten sich in etwa. Was allerdings wirkte, waren Angebots- und Portfolioänderungen. Durch bessere, inhaltsreichere Angebote stieg der Premiumanteil von 8 auf 10 Prozent. Das ist bezogen auf den Ausgangswert ein Zuwachs von 20 Prozent, und genau um diesen Prozentsatz stieg auch der Umsatz. Es war für dieses Netzwerk das erfolgreichste Projekt seit Jahren. Der Fall bestätigt, welch zentrale Rolle der Nutzen spielt. Der Nutzenunterschied zwischen »Free« und »Premium« muss groß genug sein, um die Preisbarriere zu überwinden.

Für den Bereich des Online Gaming sind Freemium-Modelle inzwischen so populär geworden, dass selbst die klassischen Spielehersteller eine Reihe von Spielen online kostenlos anbieten und primär mit einzelnen Features Geld verdienen wollen. So bietet Electronic Arts aus der populären »Need for Speed«-Rennspiel-Serie ein Freemium-Produkt an: »Need for Speed World.« Der Spieler kann gegen Geld Spielwährung erwerben und dann zusätzliche Autos oder Autoteile, die die Leistung steigern, kaufen.

Ob sich ein Freemium-Modell gegenüber einer herkömmlichen Preisstrategie aus Unternehmenssicht lohnt, hängt vom Wettbewerb, den Zielkunden und den Produkteigenschaften ab.[213] Die zentralen Kenngrößen sind die Conversion und der Customer Life Time Value der Premiumkunden. Ein solcher kann dem Unternehmen durchaus mehrere Hundert Euro einbringen im Gegensatz zum Grundproduktnutzer, der nichts einbringt. Durch systematische Optimierung von Preis- und Produktstrategie bei Freemium-Modellen lassen sich unserer Projekterfahrung nach bis zu 20 Prozent höhere Umsätze generieren.

Dass es auch ohne Freemium geht, konnten wir 2012 in einem Projekt für eine führende Zeitschrift in den USA testen. In dem neuen Preissystem werden Print und Online jeweils alleine zum gleichen, leicht erhöhten Preis von 118 Dollar für das Jahresabo angeboten. Der neue Preis für das Print-Online-Bündel liegt bei 148 Dollar, was einem Bündelrabatt von 63 Prozent bezogen auf die Summe der Einzelpreise von 236 Dollar entspricht. Der Durchschnittserlös stieg ohne Kundenverlust um 15 Prozent. Die Verlagsgruppe will dieses System auf ihre internationalen Objekte ausdehnen. Es sei angemerkt, dass es sich in diesem Fall um ein Medium mit sehr starker Markenreputation handelt. Für ein solches sind die Kunden offensichtlich bereit zu zahlen. Der kombinierte Zugang zu Print und Online wurde von vielen Abonnenten als echter Zusatznutzen gesehen.

Flatrates

»Flatrate« ist der moderne Ausdruck für einen Pauschalpreis. Man zahlt einen festen Preis pro Monat oder Jahr und kann das Angebot dann in beliebigem Umfang nutzen. Flatrates sind heute in Telekommunikation und Internet sehr stark verbreitet. Auch beim Kabelfernsehen zahlt man eine monatliche Flatrate und kann jederzeit und auf allen angebotenen Kanälen fernsehen. Ebenso beinhaltet die BahnCard 100 der Deutschen Bahn eine Flatrate. Man kann ein Jahr lang beliebig oft und beliebig weit fahren. Die Flatrate ist ein stark wirkendes Instrument zur Preisdifferenzierung. Intensivnutzer realisieren mit Flatrates hohe Rabatte. Wer beispielsweise so viel mit der Bahn fährt, dass er zum Normalpreis 20 000 Euro pro Jahr zahlen müsste, realisiert mit der BahnCard 100 in der 2. Klasse einen Rabatt von 79,6 Prozent. Genau das ist bei Flatrates das Risiko des Anbieters. Er muss bei Intensivnutzern mit Umsatzeinbußen und gegebenenfalls auch Kostenanstiegen (z. B. durch notwendige Investitionen in Netze bei Telekomunikationsanbietern) rechnen. Flatrates gehören zu den wichtigsten Innovationen in der Preislandschaft. Es gibt Jahres- oder Monatskarten mit Flatrate-Charakter für Museen, Theater, Fitnessstudios oder Schwimmbäder. Bei McDonald's erhält man mit den Menüs einen Becher, der einen beliebigen Konsum von Softdrinks erlaubt. »All Inclusive«-Angebote im Tourismus beinhalten sowohl Flatrate-Elemente (zum Beispiel für Speisen und Getränke) als auch eine Preisbündelung. Ebenso sind »All you can eat«-Büffets Flatrate-Systeme. Als ich in den 70er Jahren in den USA die ersten Büffets dieser Art erlebte, konnte ich mir so etwas für Deutschland kaum vorstellen. Ich vermutete, die Leute würden so viel essen, dass sich das für den Wirt niemals rechnen könne. In der Tat sind solche Büffets ein Symbol von Wohlstandsgesellschaften. Das Risiko hält sich für den Anbieter jedoch in Grenzen, weil der Verbraucher nur eine begrenzte Menge essen oder trinken kann. In japanischen Kneipen ist eine Flatrate populär, bei der man innerhalb eines bestimmten Zeitraums beliebig viel essen oder trinken darf. Der Preis liegt bei 1 500 Yen für eine Stunde, 2 500 Yen für zwei Stunden und 3 500 Yen für drei Stunden. Diese Flatrates sind bei japanischen Studenten beliebt. Der Anbieter begrenzt hier sein Risiko zusätzlich durch das Stundenlimit. Zudem hat man den Eindruck, dass die Flatrate-Kunden auffällig langsam bedient werden.

In den Bereichen Telekommunikation und Internet sind Flatrates ein Problem. Den Lesern der *ADAC Motorwelt* wird im März 2013 eine Flatrate von 19,90 Euro pro Monat mit folgenden Leistungen angeboten:»Kostenlos in alle Handy-Netze telefonieren! Kostenlos ins deutsche Festnetz telefonieren! Kostenlos und unbegrenzt im Internet surfen!« Im Angebot inbegriffen ist zudem ein Samsung Smartphone.[214] Was ist das Problem solcher Flatrates? Zwar kann der Kunde maximal 24 Stunden am Tag telefonieren oder surfen, aber die Datenmengen weiten sich immer stärker aus. Die Diskussion um Flatrates im Internet und in der Mobilkommunikation begann in den späten 90er Jahren in den USA und schwappte auf Deutschland über. Der Druck, Flatrates anzubieten, wuchs, insbesondere seitens der Intensivnutzer, die davon profitieren. Am 20. November 2000 hielt ich bei der Deutschen Telekom eine Präsentation zum Thema»Internet und Flatrate – Strategische Überlegungen«. Ich stellte vier Thesen vor, von denen ich hier zwei zitiere:

These 3: Die Flatrate bedeutet die Subventionierung der Minderheit der Vielnutzer durch die große Mehrheit der Wenignutzer.

These 4: Eine Flatrate führt mit hoher Wahrscheinlichkeit zu Umsatz- und Gewinnreduktionen. Betriebswirtschaftlich ist eine Flatrate deshalb unsinnig.

Ob man heute noch von einer Minderheit der Vielnutzer sprechen kann, lasse ich offen. Zu der entscheidenden These 4 stehe ich nach wie vor.

Die Datenvolumina wachsen massiv. Doch die Telekomanbieter haben aufgrund der Flatrates von diesem Zuwachs wenig, ihre Umsätze stagnieren. Gleichzeitig müssen sie Milliarden in neue Netze investieren. Die Früchte dieser Investitionen können sie nicht ernten, da sie den Maximalbetrag, den sie von einem Flatrate-Kunden erhalten, durch ihre Pauschale selbst gekappt haben. Ich behaupte nicht, dass der einzelne Telekomanbieter sich gegen die Flatrate-Welle hätte stemmen können. Insgesamt hat sich die Branche mit den Daten-Flatrates jedoch einen Bärendienst erwiesen. Im Frühjahr 2013 kündigte O2, die deutsche Tochtergesellschaft von Telefonica, eine »Revolution« an. Telefonate und SMS sollen nichts mehr kosten. Der Kunde soll nur noch für Datenverkehr zahlen, und dort gibt es Mengenlimitierungen.[215] Die amerikanische Telekomgesellschaft AT&T offeriert schon seit Längerem neuen Kunden keine Verträge mehr, die unlimitierte Datenmengen erlauben. Auch die Deutsche Telekom kündigte für Flatrate-Kunden eine »Drosselung« an. Am 29. April 2013 schrieb mir Telekom-CEO Rene Obermann bezugnehmend auf die Thesen: »das zeigt tatsächlich, dass Sie und Ihr Team damals die Entwicklung richtg gesehen haben«.

Aus Verbrauchersicht haben Flatrates mehrere Vorteile. Es gibt Verbraucher, die eine Flatrate kaufen, obwohl diese für sie nicht am günstigsten ist. Eine Flatrate hat für sie Versicherungscharakter, sie begrenzt ihr Risiko auf den zu zahlenden Festbetrag. Wenn man die Flatrate als Sunk Costs betrachtet, dann sind die Grenzkosten der Telefon- oder Internetnutzung gleich null. Man hat also das Gefühl, dass diese Dienste »nichts« kosten. Der Verbraucher vermeidet damit den berüchtigen »Taximeter-Effekt«. Es sei an das Beispiel des Wirtschaftswissenschaftlers mit der BahnCard 100 erinnert. Prospekttheoretisch interpretiert, gibt es bei jedem Telefonat einen Gewinnnutzen, in der Summe sind diese höher als der Verlustnutzen der Flatrate, der nur einmal im Monat anfällt, während die Gewinnnutzen täglich mehrmals erlebt werden.

Wenn der Verbrauch nicht durch natürliche Grenzen (wie beim Büffet) beschränkt ist, sollte man als Anbieter mit Flatrates vorsichtig sein. Vor allem muss man detaillierte Informationen über die Verteilung von Wenig- und Intensivnutzern besitzen und gründliche Simulationen durchführen, sonst kann es unangenehme Überraschungen geben. Bei vielen Intensivnutzern ist das Risiko einer erheblichen Gewinneinbuße durch Flatrates hoch.

Prepaid-Systeme

Prepaid-Systeme, bei denen vor der Nutzung einer Dienstleistung gezahlt wird, kann man als eine Variante von Vorverkaufspreisen interpretieren. In Deutschland durfte Simon-Kucher & Partners den Pionier E-Plus in den 90er Jahren bei der Einführung einer Prepaid-Karte unterstützen. Auch in Kantinen und bei ähnlichen Dienstleistern ist Prepaid heute beliebt. Man kauft eine Karte oder lädt eine solche mit einem bestimmten Betrag auf und kann diesen dann schrittweise aufbrauchen. Prepaid hat für Anbieter und Nachfrager gewisse Vorteile. Da es sich um ein Vorabinkasso handelt, entfällt für den Verkäufer das Risiko des Zahlungsausfalls. Der Käufer weiß, wie viel er ausgibt, und schließt damit das Risiko aus, dass auf seiner Rechnung mehr aufläuft, als er sich leisten kann. Aus diesen Gründen ist Prepaid in ärmeren Ländern stark verbreitet. Ein Nachteil für den Anbieter besteht darin, dass die Prepaid-Kundenbeziehung lockerer ist als die durch einen Vertrag mit fester Laufzeit definierte Beziehung. Prepaid findet man in Schwellenländern in ungewohnten Bereichen. So bietet die Zürich Versicherung in Mexiko eine Prepaid-Autoversicherung an. Man kann eine Karte kaufen, die für 30 Tage Versicherungsschutz gewährt und sich zu einem beliebigen Zeitpunkt aktivieren lässt.

Name Your Own Price

Während der ersten Internetwelle gab es große Erwartungen in ein Preismodell, bei dem der Kunde einen Preis bietet und der Anbieter danach entscheidet, ob er dieses Preisangebot annimmt oder nicht. »Name Your Own Price«, auch »Customer Driven Pricing« oder »Reverse Pricing« genannt, ist ein Verfahren, bei dem die

Hoffnung besteht, dass der Kunde seine wahre Preisbereitschaft offenlegt. Das Preisgebot der Kunden ist dabei bindend. Die Zahlung wird durch Angabe der Kreditkartennummer oder durch Lastschrifteinzug sichergestellt. Sobald das Gebot des Kunden oberhalb einer nur dem Anbieter bekannten Minimumschwelle liegt, erhält der Kunde den Zuschlag und zahlt den von ihm gebotenen Preis. Die Kurve solcher verbindlichen Preisgebote kann man als die erste »echte« Preisabsatzfunktion in der Geschichte bezeichnen, ein interessanter Nebeneffekt dieses Preismodells.

Der Pionier des Name-Your-Own-Price-Modells war die 1998 gegründete amerikanische Firma Priceline.com. Auch in Deutschland gab es in der Folge Anbieter wie IhrPreis.de[216] und tallyman. de. In den Anfangsjahren wurde ein breites Sortiment von Produkten angeboten. Es stellte sich jedoch heraus, dass die meisten Kunden unrealistisch niedrige Preisangebote abgaben. Entweder gingen hauptsächlich Schnäppchenjäger auf die Name-Your-Own-Price-Seiten oder die Verbraucher legten nicht ihre wirkliche Preisbereitschaft offen, sondern probierten, ob sie das Produkt zu einem extrem niedrigen Preis ergattern konnten. Jedenfalls war das Name-Your-Own-Price-Modell nicht nachhaltig erfolgreich. IhrPreis.de und tallyman.de verschwanden nach kurzer Zeit wieder vom Markt. In den USA überlebte Priceline. Heute ist Priceline ein normaler Internetvermarkter von Reisen mit mehr als 5 Milliarden Dollar Umsatz. Das Name-Your-Own-Price-Modell trägt dazu nur einen geringen Teil bei. Im Wesentlichen läuft darüber die Restevermarktung an extrem preissensitive Verbraucher, die bereit sind, für einen sehr niedrigen Preis Unannehmlichkeiten wie mehrfaches Umsteigen in Kauf zu nehmen. Auf der Homepage von Priceline heißt es: »The *Name Your Own Price*® service uses the flexibility of buyers to enable sellers to accept a lower price in order to sell their excess capacity without disrupting their existing distribution channels or retail pricing structures.«[217]

Trotz seiner theoretisch interessanten Potenziale im Hinblick auf die Offenlegung der Preisbereitschaften der Verbraucher hat das Name-Your-Own-Price-Modell die Erwartungen nicht erfüllt, was aber ein Comeback oder seine Eignung für die Restevermarktung nicht ausschließt.

Pay What You Want

Eine weitergehende Variante des kundenbestimmten Preises ist das Pay-What-You-Want-Modell. Hier zahlt der Kunde, was er will, ohne dass der Anbieter entscheiden kann, ob er zu diesem Preis verkauft oder nicht. Unter dem Motto »Bezahlen Sie, so viel Sie wollen!« führte der Allwetterzoo Münster mehrere Aktionen durch, die eine Verfünffachung der Besucherzahlen und eine Verdoppelung der Umsätze brachten. Daraus ergibt sich, dass die Besucher im Schnitt 40 Prozent der Normalpreise von 14 Euro für Erwachsene und 7 Euro für Kinder zahlten. Der »Rabatt« von 60 Prozent wurde aber durch die erhöhte Besucherzahl überkompensiert. Ich vermute, dass sich diese auf Dauer nicht aufrechterhalten lässt. Das Modell wurde ebenfalls für den Eintritt zum Friedenssaal des Historischen Rathauses in Münster getestet. Hier kamen nicht mehr Besucher als sonst, aber, so heißt es in einem Bericht, »das gezahlte Eintrittsgeld lag leicht über dem üblichen Preis«.[218] Die üblichen Eintrittspreise betragen 2 Euro für Erwachsene und 1,50 Euro für Kinder. Ich führe den Unterschied zwischen den beiden Experimenten auf die sehr unterschiedliche Preishöhe zurück. Auch in einem Test in einem Kino zahlten die Kunden, ähnlich wie im Zoo, viel weniger als die üblichen Preise. Die Rockgruppe Radiohead verkaufte 2007 ihr neues Album *In Rainbows* im Internet mit einem Pay-What-You-Want-Modell. Das Album wurde mehr als eine Million Mal aufgerufen, 40 Prozent der Nutzer zahlten, und zwar im Durchschnitt sechs Dollar.[219] Gelegentlich liest man von Versuchen in Restaurants, Hotels oder bei ähnlichen Dienstleistern. Nach dem Verzehr oder beim Auschecken zahlt der Kunde einen Preis, den er selbst bestimmt. Der Anbieter begibt sich preislich völlig in die Hände des Kunden. Nun mag es eine gewisse Zahl von Kunden geben, die in dieser Situation einen kostendeckenden Preis auslegen. Aber genauso wird es Nachfrager geben, die die Situation ausnutzen. Anders als im Zoo, Kino oder dem Münsteraner Friedenssaal entstehen in diesen Fällen variable Kosten, was das Risiko für den Anbieter erhöht. Im schlimmsten Fall setzt er bei einzelnen Kunden Geld zu. Mir ist kein Fall bekannt, in dem ein solches Modell dauerhaft funktionierte. Ich halte das Pay-

What-You-Want-Preismodell für eine Träumerei von ökonomischen Phantasten. Man kann Spenden als eine Variante von Pay What You Want interpretieren. Aber dort sollte man nicht von einem »Preis« sprechen, denn der Spende steht keine tangible oder einforderbare Gegenleistung gegenüber. Zwischen dem Pay-What-You-Want- und dem Name-Your-Own-Price-Modell besteht ein grundlegender Unterschied. Bei letzterem entscheidet der Verkäufer, ob er das Preisangebot des Kunden annimmt oder ablehnt. Beim Pay-What-You-Want-System finden Verzehr oder Nutzung vor der Zahlung statt. Oder der Kunde zahlt vorher, was er will – etwa beim Eintritt. Für den Verkäufer gibt es nichts zu entscheiden, er hat sein Angebot ohne Bedingung ausgelobt und ist auf Gedeih und Verderb dem Kunden sowie dessen Preisbereitschaft ausgeliefert. Vom Pay-What-You-Want-System sollte man als Verkäufer die Finger lassen.

Gewinnorientierte Incentive-Systeme

In diesem Buch habe ich mehrfach festgestellt, dass langfristig nur die Gewinnorientierung eine vernünftige Leitlinie für das Pricing bildet. Andere Ziele, die auf Umsatz, Absatz oder Marktanteil bezogen sind, führen zu nichtoptimalen Ergebnissen. Das Gleiche gilt für Incentive-Systeme. Trotz dieser Einsicht sind umsatzabhängige Incentives nach wie vor am stärksten verbreitet. Das Resultat sind tendenziell zu hohe Rabatte und zu niedrige Preise. Denn der umsatzmaximale Preis ist unter normalen Umständen deutlich niedriger als der gewinnmaximale Preis. Bei linearen Preisabsatz- und Kostenfunktionen liegt der umsatzmaximale Preis bei der Hälfte des Maximalpreises, der gewinnmaximale Preis hingegen auf der Mitte zwischen Maximalpreis und variablen Stückkosten. Für unser Elektrowerkzeug-Beispiel mit einem Maximalpreis von 150 Euro und variablen Stückkosten von 60 Euro bedeutet dies:
- Umsatzmaximaler Preis: 75 Euro, Gewinn: −7,5 Millionen Euro
- Gewinnmaximaler Preis: 105 Euro, Gewinn: 10,5 Millionen Euro

Der Unterschied im Gewinn ist hier drastisch. Wenn der Außendienst für die Maximierung des Umsatzes belohnt wird, verfolgt er natürlich das Ziel des hohen Umsatzes. Alles andere wäre aus seiner Sicht unvernünftig. Gibt man ihm also Preisentscheidungskompetenz, so tendieren die Preise nach unten und mit ihnen die Gewinne. Natürlich wird die Geschäftsführung in unserem Beispiel einen Riegel vorschieben, um ein Abrutschen in die Verlustzone zu verhindern. Aber die Tendenz der Preise geht in diese Richtung. Warum sind Umsatzprovisionen dennoch so stark verbreitet? Es dürfte mehrere Gründe geben, schiere Gewohnheit, Einfachheit sowie das Bestreben, die Gewinne und Gewinnspannen geheim zu halten.

Statt der Umsatzprovision sollte man unbedingt auf gewinnorientierte Incentives umstellen. Vorteile wie Einfachheit und Vertraulichkeit sollten dabei nicht aufgegeben werden. Ein einfaches Verfahren besteht darin, die Provision am Rabatt festzumachen. Je weniger Rabatt gegeben wird, desto höher ist der Provisionssatz. Wir haben Varianten hiervon in vielen Projekten entwickelt. Normalerweise geht der Rabatt um mehrere Prozentpunkte zurück, ohne dass Kunden- oder Mengenverluste eintreten. Es ist dabei hilfreich, wenn die Provision auf dem PC des Verkäufers in geeigneter Form angezeigt wird. Das verstärkt die Incentive-Wirkung. Die moderne Informationstechnik spielt ohnehin eine große Rolle für die Gestaltbarkeit von Incentives. Es kommt weniger auf die konkrete Ausgestaltung des Indikators an, sondern es geht darum, dass eine gewinnbezogene Größe und nicht der Umsatz die Basis für die Incentivierung der Verkäufer ist.

Bessere Preisprognose

In Commoditymärkten hat der einzelne Anbieter keinen Einfluss auf den Preis. Wie schon eingangs dieses Buches am Beispiel des Schweinepreises beschrieben, bildet sich der Preis vielmehr im Zusammenspiel von Angebot und Nachfrage. Ist man deshalb preispolitisch machtlos und sollte untätig abwarten, was passiert? Nicht unbedingt! Wenn man vorab wüsste, in welche Richtung sich der Preis bewegt, könnte man früher oder später disponieren, das heißt mehr zu höheren Preisen und weniger zu niedrigeren Preisen verkaufen. Genau dieser Herausforderung sah sich eine Geschäftseinheit eines großen Chemieunternehmens gegenüber. Die Verkäufer besuchten ihre Kunden in der Textilindustrie im wöchentlichen Rhythmus und konnten das Timing der Bestellungen beeinflussen. Zusammen mit dem Chemieunternehmen entwickelten wir ein Prognosemodell für die Preise. In dieses Modell flossen statistische Daten zu Angebot und Nachfrage sowie die Einschätzungen der Außendienstler, die diese nach jeder Besuchsrunde abgaben, ein. Abbildung 10.3 zeigt die Prognosen für 30 und für 90 Tage.

Abbildung 10.3: Preisprognose für ein chemisches Commodity

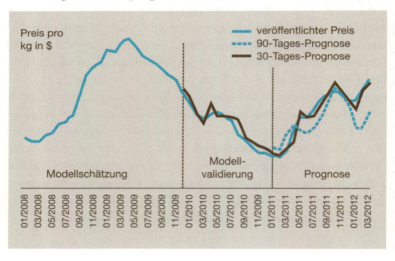

Den Verkäufern wurden diese Preisprognosen zur Verfügung gestellt. Besonders kam es auf die richtige Prognose des Preistrends an. Wann geht der Preis nach oben? Wann geht er nach unten? Wurde ein Anstieg des Preises prognostiziert, lautete der Auftrag an die Außendienstler: »Jetzt weniger verkaufen. Käufe aufschieben.« Umgekehrt bei Prognose fallender Preise: »Jetzt mehr verkaufen. Käufe vorziehen.« Die Situation ist derjenigen an der

Börse vergleichbar. Wer bessere Informationen über den Trend besitzt, kann höhere Gewinne einfahren. Allein durch diese verbesserte Prognose und das sich daraus ergebende bessere Timing konnte die Marge um einen vollen Prozentpunkt gesteigert werden, was in diesem Commodity-Geschäft eine erhebliche Verbesserung bedeutete. Mithilfe eines solchen Modells könnte auch ein Bauer entscheiden, ob er seine Schweine etwas früher oder später auf den Markt schickt.

Intelligente Zuschläge

Viele Pricing-Innovationen, die wir in den letzten Jahren beobachten oder mit initiieren konnten, beziehen sich auf Zuschläge. Zuschläge kann man in verschiedene Kategorien einteilen:

- Eine bisher in einem Gesamtpreis eingeschlossene Leistung wird getrennt gepreist, und der Preis wird in Form eines Zuschlags oder einer Zuzahlung erhoben. Diese Form ähnelt der Entbündelung.
- Für bisher nicht bepreiste Leistungen wird ein Preis eingeführt. Es entstehen so neue Preiskomponenten. Hier lässt sich das Sanifair-Konzept einordnen.
- Kostensteigerungen werden mithilfe eines Zuschlags an die Kunden weitergegeben. Hier fungiert der Zuschlag als Preisgleitklausel.
- Der Zuschlag wird als Mittel zur Preisdifferenzierung genutzt. Dabei kann es sich um zeitliche, räumliche oder persönliche Differenzierung handeln.

Besonders kreativ im Erfinden und Kassieren von Zuschlägen ist Ryanair. 2006 führte diese Billigfluggesellschaft als erste weltweit Gebühren für aufgegebenes Gepäck ein, damals eine radikale, sehr umstrittene Innovation. Anfänglich musste der Kunde 3,50 Euro pro aufgegebenem Gepäckstück bezahlen, heute sind es bei Gepäckstücken bis 20 kg in der Nebensaison 25 Euro und in der Hochsaison 35 Euro. Bei Millionen von aufgegebenen Gepäckstücken ergibt das einen netten Zusatzerlös von zig Millionen Euro.

Ryanair kommunizierte die Einführung des Zuschlags mit einer überraschenden Botschaft: »This will reduce the overall ticket price for passengers not checking in bags by about 9 percent.« Wer wird da noch gegen den Gepäckzuschlag opponieren? Doch neben dem niedrigen Grundpreis, auf den die Leute besonders achten und dessen Preiselastizität insofern hoch ist, hat sich Ryanair eine lange Liste von Zuschlägen ausgedacht, die weniger stark wahrgenommen werden und folglich eine geringere Preiselastizität aufweisen. So gibt es eine Kreditkartengebühr von 2 Prozent, eine Verwaltungsgebühr von 6 Euro, die Sitzplatzreservierung kostet 10 Euro, für Sportgeräte oder Musikinstrumente sind 50 Euro zu berappen, und so geht es munter weiter. Wenn man nicht online bucht, sind diese Gebühren noch deutlich höher. Von Zeit zu Zeit droht Ryanair-Chef Michael O'Leary mit neuen Zuschlägen wie etwa einer Toilettenbenutzungsgebühr, die er dann aber nicht realisiert. Vermutlich sind ihm die Ryanair-Passagiere zutiefst dankbar, dass er so schonend mit ihnen umgeht.

Zuschläge sind geeignete Mittel, um höhere Preisbereitschaften in Spitzenzeiten abzuschöpfen. Beispielsweise könnte die Bahn an Freitagnachmittagen und an Sonntagabenden Zuschläge erheben. Diese hätten zwei Wirkungen. Sie würden zum einen den Gewinn der Bahn steigern und zum Zweiten die Nachfrage dämpfen, sodass die Züge in den Spitzenzeiten weniger überfüllt wären. Der erste Effekt wäre dabei für die Bahn der gewinnmäßig interessantere. Preissenkungen in Off-Peak-Phasen bringen oft nichts, Preiserhöhungen in Peak-Phasen können äußerst interessant sein. Solche Asymmetrien im Hinblick auf die zeitliche Preisdifferenzierung gibt es in vielen Dienstleistungsbranchen.

Auch wenn ein höherer Nutzen geboten wird, kann man diesen mithilfe von Zuschlägen abschöpfen. Fragt ein Kunde nach einem Sitz am Notausgang, verlangt Air France seit November 2008 einen Zuschlag von 50 Euro für den Sitz mit mehr Beinfreiheit. Dauert der Flug länger als neun Stunden, beträgt der Zuschlag sogar 70 Euro. Für Inhaber von Gold- und Platin-Karten entfällt der Zuschlag. Auch andere Airlines nutzen diesen Zuschlag. Quantas verlangt zum Beispiel auf dem Flug Frankfurt-Singapur für einen Sitz am Notausgang 90 Euro. Der Nutzen von mehr

Platz ist ohne Zweifel vorhanden. Warum soll der Kunde, der diesen Vorteil wünscht, nicht mehr zahlen? Zudem klappt das Fencing hier perfekt.

Oftmals hängt der Wert eines Produkts davon ab, wie schnell es verfügbar ist. Hat zum Beispiel ein Muldenkipper in einer Mine einen Reifenschaden, so kann er nicht eingesetzt werden. Mit jeder Stunde, die der Kipper still steht, entgeht dem Unternehmen Umsatz. Schnellere Lieferung und Montage bedeuten weniger Umsatzausfall. Der Minenbetreiber wird also bereit sein, für höhere Schnelligkeit zu zahlen. Diese Tatsache spiegelt sich in dem Preismodell eines führenden Herstellers von Reifen für Schwerstfahrzeuge wider. Die standardmäßige Lieferzeit variiert je nach Reifentyp. Stark nachgefragte Reifen werden auf Lager gehalten und sind immer verfügbar. Für diese Produkte gibt es keinen Zuschlag für sofortige Lieferung. Bei weniger gängigen Reifen beträgt die standardmäßige Lieferzeit hingegen mehrere Tage. Verlangt der Kunde für diese Reifen schnellere Lieferung, so fällt ein Zuschlag an. Dieses Beispiel demonstriert, wie ein Zuschlagsmodell höheren Servicenutzen abschöpfen kann.

Die Weitergabe von Kostensteigerungen an den Kunden im normalen Produktpreis ist oft schwierig. Wenn man für bestimmte Kostenparameter einen Zuschlag einführt, schluckt der Kunde dies eher. Aufgrund der gestiegenen Benzinpreise verlangte ein Pharmagroßhändler einen Treibstoffzuschlag. Die Konkurrenz folgte. Angesichts der in diesem Geschäft extrem schmalen Margen von unter 1 Prozent stieg die Rendite durch diesen Zuschlag um 30 Prozent. Ein englisches Transportbetonunternehmen berechnet an Wochenenden einen Zuschlag von 70 Pfund und nachts einen solchen von 100 Pfund pro Lieferung (Basispreis etwa 600 Pfund). Ein deutsches Unternehmen der gleichen Branche verlangt bei Temperaturen unter null Grad einen Zuschlag von 8 Euro pro Kubikmeter.

Sehr interessant können auch Zusatzangebote gegen Zuschlag sein. Das Jumeirah Beach Hotel in Dubai bietet die ganztägige Nutzung einer Executive Lounge gegen einen Zuschlag von 40 Euro pro Person an. Da das Frühstück im Loungeangebot eingeschlossen ist, ansonsten jedoch mit 30 Euro berechnet wird, macht der Nettozuschlag nur 10 Euro pro Tag aus. Das Angebot wird gern angenommen und steigert den Umsatz pro Gast und Tag. Trinkgeld kann als eine Sonderform des Zuschlags interpretiert werden (oder als eine Variante von Pay What You Want). In manchen Ländern ist Trinkgeld völlig unüblich (z. B. in Japan oder Korea). In anderen Ländern hat es den Charakter eines quasi-festen Zuschlags, von dem allenfalls nach oben abgewichen werden kann. So »muss« man in amerikanischen Restaurants faktisch 15 Prozent Trinkgeld geben. Man »darf« aber natürlich mehr aushändigen. Bis vor wenigen Jahren nahmen Taxifahrer in New York nur Barzahlung an. Der Kunde entschied, wie viel Trinkgeld er gab. Im Schnitt lag das Trinkgeld bei 10 Prozent. Dann führten die New Yorker Taxifahrer die Zahlung per Kreditkarte ein. Man braucht dazu nur die Kreditkarte durch einen Leser zu ziehen, der in Griffweite angebracht ist. Das Trinkgeld kann man entweder auf einer Tastatur manuell eingeben oder einen von drei Default-Knöpfen bedienen. Auf diesen sind 20, 25 oder 30 Prozent Trinkgeld vorgegeben. Nach der Einführung dieses Systems stieg das durchschnittliche Trinkgeld auf 22 Prozent. Dem entsprechen jährliche Mehreinnahmen der New Yorker Taxifahrer von 144 Millionen Dollar.[220] Nicht schlecht! Pricing bringt es eben!

Zuschläge können auch genutzt werden, um eine Alternative unattraktiver zu machen und die Kunden in eine andere Alternative zu treiben. Lufthansa Cargo führte in 2002 einen Zuschlag von 5 Euro für traditionelle Buchungen ein und bewarb gleichzeitig die elektronische Buchung mit dem Slogan »e for free«. Durch diese Maßnahme gelang es, den Anteil elektronischer Buchungen massiv zu steigern. Nachdem die Umstellung auf elektronisches Buchen gelungen war, ließ Lufthansa Cargo den Zuschlag wieder entfallen.

Normalerweise ist die Preiselastizität auf Zuschläge geringer als die Preiselastizität bezüglich des Grundpreises. Es kann aber auch das Gegenteil gelten. Ab 2010 erhielten alle gesetzlichen Krankenkassen einen Einheitsbeitrag pro Versichertem. Kassen, die mit diesem Betrag nicht auskamen, mussten direkt von ihren Mitgliedern einen sogenannten Zusatzbeitrag erheben. Obwohl diese monatlichen Zuschläge im Verhältnis zu dem Grundbeitrag, der vom Arbeitgeber abgeführt wird, mit etwa 8 bis 10 Euro gering waren, lösten sie starke Mitgliederverluste aus. Die Kassen, die solche Zusatzbeiträge erhoben, verloren Mitglieder und kamen dadurch in noch größere Schwierigkeiten. Christoph Straub, der Vorstandsvorsitzende der größten deutschen Krankenkasse Barmer GEK, sagte dazu: »Zusatzbeiträge haben ein scharfes Preissignal mit einer geringen Finanzwirkung. Im Wettbewerb hat der Zusatzbeitrag deutliche Mitgliederbewegungen ausgelöst. Als Finanzierungsinstrument blieb seine Wirkung gering.«[221] Die starke negative Wirkung der Zusatzbeiträge lässt sich psychologisch erklären. Die wahrgenommene Differenz zwischen einem Preis von null (kein Zusatzbeitrag) und einem positiven Preis – auch wenn er im Verhältnis zum Gesamtpreis der gesetzlichen Krankenversicherung niedrig ausfällt – wird durch die Versicherten negativ bewertet. Darüber hinaus fehlt den Versicherten aufgrund der über lange Jahre vorherrschenden Preiskommunikation in der gesetzlichen Krankenversicherung jedes Gefühl für den tatsächlichen Preis. Der Preis der Krankenversicherung wird als Prozentwert des Bruttoeinkommens kommuniziert. Dabei teilen sich Arbeitgeber und Arbeitnehmer den Preis – zuletzt aber nicht mehr paritätisch. Der Preis erscheint damit als kaum nachvollziehbare Abrechnungsposition unter mehreren anderen auf dem Lohn- und Gehaltszettel der Arbeitnehmer. Der Zusatzbeitrag muss hingegen direkt, quasi aus dem Portemonnaie, bezahlt werden. Der wahrgenommene Verlustnutzen im Sinne der Prospekttheorie ist hoch. Ähnlich war es bei der Ärztepauschale von 10 Euro, die beim Arztbesuch einmal pro Quartal bar gezahlt werden musste. Auch sie löste eine starke Preiswahrnehmung sowie entsprechende Reaktanz aufseiten der Versicherten aus, und die erhofften Steuerungswirkungen blieben deutlich hinter den Erwartungen zurück. Die Ärztepauschale wurde in 2013, wohl als Wahlgeschenk, abgeschafft.

Auch der Autovermieter Sixt musste erleben, dass ein Zuschlag auf Widerstand stieß. Im März 2009 führte Sixt einen Zuschlag für zusätzlich gefahrene Kilometer ab 200 Kilometern ein. Nachdem es Proteste und Beschwerden seitens der Kunden gab, zog Sixt den Zuschlag nur zehn Tage später wieder zurück. Ebenso fiel die

Deutsche Bahn mit einem Zuschlag auf die Nase. Im September 2008 führte sie eine Gebühr von 2,50 Euro beim Ticketkauf am Schalter ein. Nach starken Protesten durch Kunden und Einsprüchen hochrangiger Politiker wurde dieser Zuschlag zwei Wochen später wieder abgeschafft. Problematisch ist für die Deutsche Bahn nicht nur das entgangene Umsatzpotential von mehr als 300 Millionen Euro, sondern auch die Tatsache, dass dieser Zuschlag auf Jahre hinaus »verbrannt« ist.

Ein ähnliches Desaster erlebte die Bank of America im September 2011 bei dem Versuch, eine monatliche Gebühr von 5 Dollar für Debitkarten zu erheben. Die Kundschaft war so verärgert, dass 20 Prozent mehr Kunden die Bank verließen als im Vorjahr.[222] Nach kurzer Zeit wurde dieser Zuschlag deshalb zurückgezogen. Nur durch eine sorgfältigere Marktforschung besteht die Chance, solche imageschädigenden Fehler zu vermeiden.

Apple iTunes

Wer früher Musikstücke in Form einer CD oder DVD kaufte, musste stets ein ganzes Album von in der Regel 14 Titeln erwerben. In unserer Terminologie handelte es sich bei diesem Geschäftsmodell um »reine Preisbündelung«. Die Titel konnte man nicht einzeln kaufen. Und wie beim »Block Booking« für Filme packten die Musikfirmen gezielt attraktivere und weniger attraktive Stücke in ein Paket. Auf diese Weise lässt sich unausgeschöpfte Preisbereitschaft bei den begehrteren Titeln auf die weniger begehrten übertragen. Der Verbraucher hatte keine Wahl, als auch die weniger begehrten Titel mitzuerwerben. Viele Kunden hassten es, 14 Titel kaufen zu müssen, von denen sie nur zwei oder drei wirklich wollten. Die Empfänglichkeit für ein alternatives Modell war also gegeben. Mit der Eröffnung des iTunes Stores am 28. April 2003 führte Apple ein innovatives Preismodell ein, das als »à la carte« bezeichnet wurde. Jedes Musikstück konnte nun einzeln erworben werden. Steve Jobs soll persönlich die Chefs der fünf größten Musikanbieter besucht haben, um die Rechte für iTunes und die Erlaubnis zum »à la carte«-Pricing zu erhalten. In unserer Terminologie handelt es sich um Entbündelung, verbunden mit Preisdifferenzierung. Das Angebot umfasst heute 28 Millionen Positionen, neben Musikstücken auch eBooks, Apps und weitere Titel. Die Musikstücke werden zu 0,69, 0,99 und 1,29 Dollar angeboten. Für die übrigen Angebote gibt es verschiedene Preiskategorien. iTunes offeriert zudem wöchentliche Sonderangebote. Jede Minute verkauft iTunes 24 000 Musikstücke, rund um die Uhr an sieben Tagen in der Woche. Damit kontrolliert iTunes zwei Drittel des Musikmarktes im Internet, der seinerseits 34 Prozent des Gesamtmarktes ausmacht.[223] Bis Februar 2013 wurden insgesamt 25 Milliarden Titel verkauft. Der spektakuläre Erfolg von iTunes ist nicht zuletzt auf das innovative Preismodell zurückzuführen. Aber auch dieses bietet keine Garantien für die Zukunft. Spotify and demnächst auch Google offerieren neue Modelle, bei denen man gegen eine monatliche Abo-Gebühr beliebig viele Musikstücke, die in der Cloud gespeichert sind, hören kann.[224] Spotify bietet 20 Millionen Musiktitel gegen eine Monatsgebühr von 10 Euro an.

Harvard Business Review Press

Das »à la Carte«-Modell eignet sich in vielen Branchen. Die Harvard Business Review Press verkauft einzelne Kapitel aus Büchern sowie Artikel aus der *Harvard Business Review* (HBR) zu einem Preis von 6,95 Dollar. Auch andere Verlage benutzen dieses »à la Carte«-Preismodell. Diese Modelle sind für den Nutzer, der nur an bestimmten Aspekten interessiert ist, sehr attraktiv. Das sollte der Anbieter bedenken. Das Jahresabonnement der *Harvard Business Review* kostet in Deutschland 125 Euro, was etwa 170 Dollar entspricht. Jemand, der weniger als 24 Artikel liest (was schon eine sehr hohe Zahl ist), fährt günstiger mit dem Einzelkauf. Wer nur fünf oder zehn Artikel nutzt, zahlt mit dem »à la Carte«-Modell 80 bzw. 60 Prozent weniger als für das Abonnement. Das »à la Carte«-Preismodell ist also für den Anbieter durchaus mit Risiken behaftet, und seine Einführung muss sorgfältig bedacht werden.

Auktionen

Eines der ältesten Verfahren zur Preisbildung sind Auktionen, erinnert sei an die eingangs erwähnte Schweineauktion. Seit jeher werden Preise für landwirtschaftliche Produkte, für Blumen, für Commodities, für Kunstgegenstände oder für öffentliche Aufträge mithilfe von Auktionen ermittelt. Dabei gibt es zahlreiche Auktionsformen, die bei den unterschiedlichen Anlässen zum Einsatz kommen.[225] Auktionen erleben in der jüngsten Vergangenheit einen starken Bedeutungszuwachs und vielfältige Innovationen. Dazu trägt bei, dass staatliche Konzessionen wie Bandbreiten in der Telekommunikation, Teilmärkte im Energiebereich, Öl- und Gasexplorationsrechte vermehrt über Auktionen vergeben werden. Unternehmen nutzen Auktionen verstärkt für Einkauf und Beschaffung. So hat die Tank & Rast GmbH ab 2013 die Treibstoffbelieferungsrechte für einen Teil ihrer Autobahntankstellen mithilfe eines neuartigen Auktionsverfahrens vergeben. Nicht zuletzt trug das Internet zum Vordringen von Auktionen bei. Das bekannteste Beispiel ist die Firma eBay, die mit der sogenannten Zweitpreisauktion arbeitet. Der Bieter mit dem höchsten Preis erhält den Zuschlag, zahlt aber nur den Preis des zweithöchsten Bieters. Als Erfinder dieser Auktionsart gilt Johann Wolfgang von Goethe, der seine Manuskripte den Verlagen mit dieser Auktionsform anbot. William Vickrey hat nachgewiesen, dass es für den Bieter bei dieser Auktion optimal ist, seine Preisbereitschaft (Maximalpreis) offenzulegen, und erhielt dafür 1996 den Nobelpreis. Google setzt für die Vergabe von Werbeplätzen ein ausgeklügeltes Auktionsverfahren ein, das sowohl den Nutzen einer Werbung für den Suchmaschinennutzer als auch die Preisbereitschaft des werbungtreibenden Unternehmens erfasst. Google stellt dem Werbungtreibenden zudem Kennzahlen zur Werbeeffizienz zur Verfügung. Das System wurde von dem renommierten Wirtschaftswissenschaftler Hal Varian, der seit 2007 Chefökonom von Google ist, entwickelt.

Bei Auktionen geht es normalerweise darum, die maximale Preisbereitschaft des Bieters zu extrahieren. Bei öffentlichen Angelegenheiten können auch andere Ziele wie die Sicherung der Investitionsfähigkeit der beteiligten Unternehmen oder der Energieversorgung, die Vermeidung von Kapazitätsengpässen etc. im Vordergrund stehen. Um solche Ziele zu erreichen, entwickeln Ökonomen spezielle »Marktdesigns«.[226] Teilweise sind bei solchen Auktionen extreme hohe Preise zustande gekommen. Im Jahr 2000 legten die Mobilfunkunternehmen bei der deutschen UMTS-Auktion rund 100 Milliarden DM (51 Milliarden Euro) auf den Tisch. In den Niederlanden kamen bei einer kürzlichen Frequenzauktion 3,8 Milliarden Euro zusammen, weit mehr als erwartet. In Tschechien hat die Regulierungsbehörde im Frühjahr 2013 eine Auktion abgebrochen. In vielen Fällen besteht die Befürchtung, dass den Gewinnern nicht mehr genügend Mittel bleiben, um in die Infrastruktur zur Nutzung der ersteigerten Lizenzen zu investieren. Die *FAZ* titelt »Mobilfunker bekommen Angst vor der nächsten Frequenzauktion«.[227] Der CEO einer großen Telekommunikationsgesellschaft bestätigte mir, dass diese Auktionen für die Branche ein schwer bewältigbares Problem darstellten. Auktionen und Marktdesigns gehören zu den innovativsten Gebieten in der modernen Wirtschaftsforschung. Es ist davon auszugehen, dass in Zukunft Preise vermehrt über innovative, auf den Einzelfall zugeschnittene Auktionsverfahren bestimmt werden.

Dankadresse

Für Anregungen, Kommentare, kritische Durchsicht von Textteilen und technische Unterstützung danke ich folgenden Kollegen und Kolleginnen bei Simon-Kucher & Partners:

In Bonn: Dr. Philip Biermann, Dr. Klaus Hilleke, Ingo Lier, Dr. Rainer Meckes, Kornelia Reifenberg, Dr. Georg Tacke, Dr. Georg Wübker

In Boston: Frank Luby, Juan Rivera

In Frankfurt: Dr. Dirk Schmidt-Gallas

In Köln: Dr. Gunnar Clausen, Dr. Martin Gehring, Dr. Karl-Heinz Sebastian, Dr. Ekkehard Stadie

In London: Mark Billige

In Madrid: Philip Daús

In München: Dr. Clemens Oberhammer

In Mailand: Dr. Enrico Trevisan, Dr. Danilo Zatta

In New York: Michael Kuehn, Andre Weber

In Paris: Kai Bandilla

In San Francisco: Joshua Bloom, Matt Johnson, Madhavan Ramanujam

In Singapur: Dr. Jochen Krauss

In Sao Paulo: Manuel Osorio

In Tokio: Dr. Jens Müller

In Wien: Dr. Thomas Haller

Anmerkungen

1 »Hier ist meine Seele vergraben«, Interview mit Hermann Simon in *Welt am Sonntag*, 9. November 2008, S. 37.
2 Gerald E. Smith (Hrsg.), *Visionary Pricing: Reflections and Advances in Honor of Dan Nimer*, London: Emerald Publishing 2012, mein eigener Beitrag in dieser Festschrift trägt den Titel »How Price Consulting is Coming of Age«, S. 61–79.
3 Persönlicher Brief von Peter Drucker vom 7. Juni 2003.
4 Persönliche Mail von Doris Drucker, der Ehefrau von Peter Drucker, vom 2. November 2005. Sie schreibt: »I am sorry to tell you that Peter is very ill. Before his collapse he dictated a letter to you. The secretary just brought it here for his signature.« Dann folgt das Zitat. Für den 12. November 2005 hatten wir ein Treffen in seinem Haus in Claremont, einem Stadtteil von Los Angeles, vereinbart. Am Abend vorher rief ich aus Mexico City an, um zu fragen, ob der Termin wie geplant stattfände. Seine Frau Doris Drucker ging ans Telefon und sagte: »Peter died this morning.« Ich war geschockt und nahm das nächste Flugzeug nach Hause.
5 Hermann Simon, *Price Management*, New York: Elsevier 1989.
6 Robert J. Dolan und Hermann Simon, *Power Pricing – How Managing Price Transforms the Bottom Line*, New York: Free Press 1996. (Deutsche Ausgabe: *Profit durch Power Pricing. Strategien aktiver Preispolitik*, Frankfurt am Main, New York: Campus 1997.)
7 »Brauereien beklagen Rabattschlachten im Handel«, *Frankfurter Allgemeine Zeitung*, 20. April 2013, S. 12.
8 »Bierbrauer kämpfen um höhere Preise«, *Handelsblatt*, 23. Januar 2013, S. 18.
9 www.duden.de/rechtschreibung/einpreisen, 24. Januar 2013.
10 Der Ausdruck »Zitrone« bzw. »Lemon« für ein schlechtes Produkt stammt aus einem vielbeachteten Artikel des amerikanischen Ökonomen George A. Akerlof, in dem er den Markt für Gebrauchtwagen behandelt und erklärt, welche Signale von Preisen ausgehen. »The Market for *Lemons*: Quality Uncertainty and the Market Mechanism«, *The Quar-*

terly Journal of Economics, August 1970, S. 488–500. Akerlof erhielt 2001 den Nobelpreis.

11 Baltasar Gracian, *Handorakel und Kunst der Weltklugheit*, Berlin: Insel Verlag 2009.

12 »Probe Pops Car-Part Keiretsu«, *The Wall Street Journal Europe*, 18. Februar 1013, S. 22.

13 »Die Machtverhältnisse werfen Fragen auf«, Interview mit Bundeskartellamtspräsident Andreas Mundt, *Frankfurter Allgemeine Zeitung*, 2. Februar 2013, S. 12.

14 Aus der Mitschrift eines Interviews mit Warren Buffett vor der Financial Crisis Inquiry Commission (FCIC) am 26. Mai 2010.

15 Gabriel Tarde, *Psychologie économique*, 2 Bände, Paris: Alcan 1902.

16 Michael J. Sandel, Was *man für Geld nicht kaufen kann – Die moralischen Grenzen des Marktes*, Berlin: Ullstein 2012.

17 »Contractors Outnumber Troops in Iraq«, *Los Angeles Times*, 4. Juli 2007, und »Contractors Outnumber U.S. Troops in Afghanistan«, *New York Times*, 2. September 2009.

18 Michael J. Sandel, *Was man für Geld nicht kaufen kann – Die moralischen Grenzen des Marktes*, Berlin: Ullstein 2012, S. 16–17. Vgl. auch »Low-Cost Flights and the Limits of what Money Can Buy«, *Financial Times*, 23. Januar 2013, S. 9.

19 Drucker, Peter F., *The Essential Drucker*, New York: Harper Business 2001, S. 38.

20 An anderer Stelle interpretiert Drucker den Gewinn als Kosten des zukünftigen Risikos, indem er fragt: »What is the minimum profitability needed to cover the future risks of the business?«, Peter F. Drucker, »The Delusion of ›Profits‹«, *The Wall Street Journal*, 5. Februar 1975, S. 10.

21 »TV-Hersteller machen 10 Milliarden Verlust«, *Frankfurter Allgemeine Zeitung*, 20. April 2013, S. 15.

22 »Rabattschlacht im Pharmahandel«, *Handelsblatt*, 20. März 2013, S. 16.

23 Luis Lopez-Remon, »Price before Volume-Strategy – the Lanxess Road to Success«, Präsentation, Simon-Kucher Strategy Forum, Frankfurt, 22. November 2012.

24 »Zooplus rutscht wieder ins Minus«, *Frankfurter Allgemeine Zeitung*, 21. August 2012, S. 12.

25 »GM's Employee-Discount Offer on New Autos Pays Off«, *USA Today*, 29. Juni 2005.

26 www.chicagotribune.com, 9. Januar 2007.

27 Thorsten Polleit, Der *Fluch des Papiergeldes*, München: Finanzbuch-Verlag 2011, S. 17–20.

28 Richard Cantillon, *Essai sur la nature du commerce general*, 1755, in englischer Sprache: *An Essai on Economic Theory*, Auburn (Alabama): Ludwig von Mises-Institute 2010.

29 Evelyn Friedel, *Price Elasticity – Research on Magnitude and Determinants*, Vallendar: WHU 2012.

30 Bruce Cheng kam 1949 als Dreizehnjähriger ohne Eltern nach Taiwan. 1971 gründete er Delta Electronics. Die Firma ist heute mehrfacher Weltmarktführer und setzte in 2012 knapp 6 Milliarden US-Dollar um.

31 Bruce Cheng, *Solid Power*, Taipeh: Commonwealth Publishing 2012, S. 113. RCA steht für Radio Corporation of America, einst ein Großunternehmen, das es heute nicht mehr gibt.

32 Als Commodity bezeichnet man ein austauschbares, nicht differenziertes Produkt. Heizöl oder Zement sind Beispiele.

33 David Ogilvy, *Confessions of an Advertising Man*, London: Southbank Publishing 2004 (Original 1963).

34 Zu den komplexen Zusammenhängen von Steuern sowie Wechselkursen und optimalem Preis vgl. Hermann Simon und Martin Fassnacht, *Preismanagement*, 3. Auflage, Wiesbaden: Gabler-Verlag 2008, Kapitel 5 und Kapitel 13.

35 Hermann Simon und Martin Fassnacht, *Preismanagement*, 3. Auflage, Wiesbaden: Gabler-Verlag 2008

36 Lester G. Telser,»The Demand for Branded Goods as Estimated from Consumer Panel Data«, *The Review of Economic Statistics*, 1962, No. 3, S. 300–324.

37 John von Neumann, *Zur Theorie der Gesellschaftsspiele*, Mathematische Annalen 1928.

38 »Die Machtverhältnisse im Handel werfen Fragen auf«, Interview mit Bundeskartellamtspräsident Andreas Mundt, *Frankfurter Allgemeine Zeitung*, 2. Februar 2013, S. 12.

39 »Aldi erhöht die Milchpreise«, *Frankfurter Allgemeine Zeitung*, 3. November 2012, S. 14.

40 Bloomberg online, 31. Januar 2013.

41 *The Wall Street Journal Europe*, 1. Februar 2013, S. 32.

42 Bloomberg online, 31. Januar 2013.

43 *Financial Times Deutschland*, 26. Oktober 2011, S. 1.

44 MCC-Kongresse, Kfz-Versicherung 2013, 20. März 2013.

45 »Hyundai Seeks Solution on the High End«, *The Wall Street Journal Europe*, 19. Februar 2013, S. 24.

46 Daniel Kahneman und Amos Tversky, *Prospect Theory: An Analysis of Decision under Risk*, Econometrica, 1979, S. 263–291.

47 Eckhard Kucher, *Scannerdaten und Preissensitivität bei Konsumgütern*, Wiesbaden: Gabler-Verlag 1985.

48 Hermann Diller und G. Brambach, »Die Entwicklung der Preise und Preisfiguren nach der Euro-Einführung im Konsumgüter-Einzelhandel«, in: *Handel im Fokus: Mitteilungen des Instituts für Handelsforschung an der Universität zu Köln*, 54. Jg., Nr. 2, S. 228–238.

49 »Rotkäppchen-Mumm steigert Absatz«, LZnet, 26. April 2005 sowie »Rotkäppchen will nach Rekordjahr Preise erhöhen; Jeder dritte Sekt stammt aus dem ostdeutschen Konzern; Neuer Rosé; Mumm verliert weiter«, *Frankfurter Allgemeine Zeitung*, 26. April 2006, S. 23, sowie »Sekt löst Turbulenzen aus«, LZnet, 29. November 2007.

50 Eli Ginzberg, »Customary Prices«, *American Economic Review*, 1936, Nr. 2, S. 296.

51 Joel Dean, *Managerial Economics*, Englewood Cliffs (New Jersey): Prentice Hall 1951, S. 490 f.

52 Eckhard Kucher, *Scannerdaten und Preissensitivität bei Konsumgütern*, Wiesbaden: Gabler 1985, S. 40.

53 Eric T. Anderson und Duncan I. Simester, »Effects of $9 Price Endings on Retail Sales, Evidence from Field Experiments«, *Quantitative Marketing and Economics 2003*, Nr. 1, S. 93-110.

54 André Gabor und Clive William John Granger, »Price Sensitivity of the Consumer«, *Journal of Advertising Research*, 1964, Nr. 4, S. 40–44.

55 Marlene Jensen, *Pricing Psychology Report*. Newton, Connecticut: Jensen-Fann 2003.

56 Hermann Diller und Andreas Brielmaier, »Die Wirkung gebrochener und runder Preise: Ergebnisse eines Feldexperiments im Drogeriewarensektor«, *Schmalenbachs Zeitschrift für betriebswirtschaftliche Forschung*, 1996, Juli/August, S. 695–710.

57 Karen Gedenk und Henrik Sattler, »Preisschwellen und Deckungsbeitrag – Verschenkt der Handel große Potentiale?«, *Schmalenbachs Zeitschrift für betriebswirtschaftliche Forschung*, 1999, Januar, S. 33-59.

58 Lothar Müller-Hagedorn und Ralf Wierich, Preisschwellen bei auf 9-endenden Preisen? Eine Analyse des Preisgünstigkeitsurteils, *Arbeitspapier Nr. 15*, Köln: Universtität zu Köln, Seminar für Allgemeine Betriebswirtschaftslehre, Handel und Distribution 2005, S. 5.

59 Kai-Markus Müller, *NeuroPricing*, Freiburg: Haufe-Lexware 2012.

60 Dan Ariely, *Predictably Irrational*, New York: Harper Perennial Edition 2010.

61 Baba Shiv, Ziv Carrnon and Dan Ariely, »Placebo Effects of Marketing Actions: Consumer May Get What They Pay For«, *Journal of Marketing Research*, November 2005, S. 383–393, hier S. 391.

62 »Chinesen sind paradox«, *Frankfurter Allgemeine Zeitung*, 6. September 2007.

63 »Tannenzapfen«, *Frankfurter Allgemeine Zeitung*, 2. Februar 2012, S. 13.

64 Robert B. Cialdini, *Influence: Science and Practice*, New York: Harper Collins 1993.

65 Thomas Mussweiler, Fritz Strack und Tim Pfeiffer, »Overcoming the inevitable anchoring effect: Considering the opposite compensates for selective accessibility«, *Personality and Social Psychology Bulletin*, 2000, S. 1142–1150.

66 Ebd., S. 1143.

67 Joel Huber und Christopher Puto, »Market Boundaries and Product Choice: Illustrating Attraction and Substitution Effects«, *Journal of Consumer Research* 1983, Heft 10, S. 31–44.

68 Dan Ariely, *Predictably Irrational*, New York: Harper Perennial Edition 2010.

69 Enrico Trevisan, »The Impact of Behavioral Pricing«, Bonn: Vortrag bei der Simon-Kucher-University, 14. August 2012.

70 Trevisan, Enrico, *The Irrational Consumer: Applying Behavioural Economics to Your Business Strategy*, Farnham Surrey (UK): Gower Publishing 2013.

71 Projekt von Simon-Kucher & Partners aus dem Jahre 2011, Projektleiter: Dr. Philip Biermann.

72 Ulf von Kalckreuth, Tobias Schmidt und Helmut Stix, »Using Cash to Monitor Liquidity-Implications for Payments, Currency Demand and Withdrawal Behavior«, Discussion Paper Nr. 22/2011, Frankfurt: Deutsche Bundesbank, Oktober 2011.

73 Dirk Schmidt-Gallas und Lasma Orlovska, »Pricing Psychology: Findings from the Insurance Industry«, *The Journal of Professional Pricing*, 2012, No. 4, S. 10-14.

74 John T. Gourville und Dilik Soman, »Payment Depreciation: The Behavioral Effects of Temporally Separating Payments from Consumption«, *Journal of Consumer Research 1998*, No. 2, S. 160–174.

75 Richard H. Thaler, »Mental Accounting Matters«, *Journal of Behavioral Decision Making*, 1999, No. 3, S. 119, und Richard H. Thaler, *Quasi-Rational Economics*, New York: Russell Sage 1994, sowie Richard H. Thaler und Cass R. Sunstein, *Nudge: Improving Decisions about Health, Wealth and Happiness*, London: Penguin 2009.

76 »Schluss mit der Geschmacklosigkeit«, *Frankfurter Allgemeine Zeitung*, 12. März 2012, S. 25.

77 Amos Tversky und Daniel Kahneman, »The Framing of Decisions and the Psychology of Choice«, *Science*, Vol. 211, 4481, S. 453–458.

78 Kai-Markus Müller, *NeuroPricing*, Freiburg: Haufe-Lexware 2012.

79 Ebd.

80 »Die Ökonomen haben ihre Erzählung widerrufen«, *Frankfurter Allgemeine Zeitung*, 16. Februar 2013, S. 40.

81 »Der Mensch ist kein kognitiver Versager«, *Frankfurter Allgemeine Zeitung*, 11. Februar 2013, S. 18.

82 Aldi besteht aus Aldi Nord und Aldi Süd. Die Zahlen beziehen sich auf Aldi Nord, Quelle: *Frankfurter Allgemeine Zeitung*, 18. Februar 2004.

83 Es handelt sich hier um die EBIT-Rendite. EBIT steht für Earnings before Interest and Taxes, also Gewinn vor Zinsen und Steuern, man spricht auch vom operativen Gewinn. Da Aldi Nord keine verzinslichen Verbindlichkeiten hat, dürfte die Differenz der Renditen nach Zinsen noch größer ausfallen.

84 Vgl. *Manager-Magazin*, 16. April 2012

85 Vgl. *Südwest-Presse*, 13. September 2012.

86 »Aral ist größter Anbieter von Kaffee zum Mitnehmen«, *Frankfurter Allgemeine Zeitung*, 7. Februar 2013, S. 13.

87 »Niedrigpreise als Geschäftsprinzip«, *General-Anzeiger Bonn*, 5. Februar 2012, S. 7, und »Vom Borbecker Markt zum Multichannel-Handel«, *Frankfurter Allgemeine Zeitung*, 15. Februar 2013, S. 19.

88 »Ryanair Orders 175 Jets from Boeing«, *Financial Times*, 20. März 2013, S. 15, und »Ryanair will von Boeing 175 Flugzeuge«, *Handelsblatt*, 22. März 2013, S. 17.

89 Stu Woo, »Amazon Increases Bet on Its Loyalty Program«, *The Wall Street Journal Europe*, 15. November 2012, S. 25.

90 »Der milliardenchwere Online-Händler«, *Frankfurter Allgemeine Zeitung*, 16. Februar 2013, S. 17.

91 »Facebook stellt den Gewinn hintenan«, *Frankfurter Allgemeine Zeitung*, 1. Februar 2013, S. 16.

92 »Gewinnrückgang von Amazon lässt die Börse kalt«, *Frankfurter Allgemeine Zeitung*, 31. Janaur 2013, S. 16.

93 »Amazon Increases Bet On Its Loyalty Program«, *The Wall Street Journal Europe*, 15. November 2012, S. 25.

94 Vijay Mahajan, *The 86 % Solution – How to Succeed in the Biggest Market Opportunity of the 21st Century*, New Jersey: Wharton School Publishing 2006.

95 C.K. Prahalad, *The Fortune at the Bottom of the Pyramid*, Upper Saddle River, N.J.: Pearson 2010.

96 Bernhard Steinrücke, »Ich sehe Quantensprünge für Firmen in Indien«, *Absatzwirtschaft*, Oktober 2010, S. 9.

97 Podiumsdiskussion zum Thema »Ultra-Niedrigpreisstrategien« beim 1. Campus for Marketing, WHU Koblenz, Vallendar, 23. September 2010.

98 »Der fantastische Flachmann«, *Süddeutsche Zeitung*, 12. August 2010, S. 20.

99 »The Future is Now: The $ 35 PC«, *Fortune*, 18. März 2013, S. 15.

100 *VDI-Nachrichten*, 30. März 2007, S. 19.

101 Holger Ernst, *Industrielle Forschung und Entwicklung in Emerging Markets – Motive, Erfolgsfaktoren, Best Practice-Beispiele,* Wiesbaden: Gabler 2009.

102 Vijay Govindarajan und Chris Trimble, *Reverse Innovation: Create Far From Home, Win Everywhere,* Boston: Harvard Business Press 2012.

103 Gespräch mit Siemens-CEO Peter Löscher bei der Asien-Pazifik-Konferenz in Singapur am 14. Mai 2010.

104 Gespräch mit Tata Auto-CEO Carl-Peter Forster in Bombay am 11. Mai 2010.

105 Datenerfassung durch Londoner Büro von Simon-Kucher & Partners im Oktober 2006. Der Preis pro Klinge basiert auf der größten verfügbaren Packung.

106 Vgl. Annual Report Procter & Gamble 2012.

107 »Newcomer Raises Stakes in Razor War«, *The Wall Street Journal,* 13. April 2012, S. 21.

108 »Erfolg ist ein guter Leim, Im Gespräch: Markus Miele und Reinhard Zinkann, die geschäftsführenden Gesellschafter des Hausgeräteherstellers Miele & Cie.«, *Frankfurter Allgemeine Zeitung,* 13. November 2012, S. 15.

109 Ebd.

110 Ebd.

111 »A modest innovator with an eye on luxury and convenience«, *Financial Times,* 22. Oktober 2011.

112 Die Einführung der A-Klasse verlief durch den sogenannten Elchtest dramatisch. Offiziell wurde das Modell am 18. Oktober 1997 eingeführt. Vier Tage später, am 21. Oktober, ereignete sich der Elchtest, bei dem das Auto bei einem Fahrmanöver umkippte. Daimler stoppte die Einführung und versah die A-Klasse mit dem ESP-Stabilisierungssystem. Am 28. Februar 1998 kam es dann zur Wiedereinführung. Dieses Ereignis führte zu einer massiven Erhöhung der Bekanntheit und dürfte sich letztlich positiv ausgewirkt haben.

113 Vgl. *ADAC Motorwelt,* Februar 2013, S. 36.

114 Eine Coupé hat ein festes Dach, ein Cabrio ein Dach, das sich öffnen lässt.

115 Eine leichte Modifikation bestand in einer Steigerung der Motorleistung des Cayman um 10 PS.

116 »Enercon erhöht seinen Marktanteil«, *Frankfurter Allgemeine Zeitung,* 12. April 2013, S. 19.

117 Christopher W. L. Hart, »The Power of Unconditional Service Guarantees«, *Harvard Business Review* 1988, S. 54-62.

118 Stand 12. Februar 2013.

119 »The Lucrative Middle of Apparel Prices«, *The Wall Street Journal Europe,* 7. Februar 2012, S. 20.

120 Vgl. zu einer umfassenden Darstellung des Pricing bei Luxusgütern Henning Mohr, *Der Preismanagement-Prozess bei Luxusmarken*, Frankfurt: Peter Lang-Verlag 2013.

121 Die Grand Complication ist nicht die teuerste Uhr der Welt. Diese wurde von Hublot bei der Baselworld 2012 vorgestellt und kostet 5 Millionen Dollar.

122 Die Baselworld ist mit rund 1 800 Ausstellern und mehr als 100 000 Besuchern die größte Uhrenmesse der Welt. Der Genfer Uhrensalon positioniert sich hingegen mit nur 16 Ausstellern und 12 500 Besuchern als wesentlich exklusiver.

123 »Große Pläne mit kleinen Pretiosen«, *Frankfurter Allgemeine Zeitung*, 12. März 2012, S. 14.

124 »For Swatch, Time is Nearing for Change«, *The Wall Street Journal Europe*, 11. April 2013, S. 21. Die Aussagen sind allerdings widersprüchlich. In einem anderen Bericht war von einem Durchschnittspreis für Schweizer Uhren von 430 Euro die Rede. Einer weiteren Aussage des CEOs eines Schweizer Herstellers zufolge liegt der Durchschnittspreis bei etwa 1 700 Euro.

125 Vgl. *Tagesspiegel*, 26. Juni 2010, S. 15.

126 Vgl. Aviation-Broker.com.

127 »Tesla misst sich an Mercedes«, *Frankfurter Allgemeine Zeitung*, 4. April 2013, S. 14.

128 »Porsche verkauft so viele Autos wie nie zuvor«, *Frankfurter Allgemeine Zeitung*, 16. März 2013, S. 16.

129 Dieser Durchschnittspreis wurde auf Basis der Zahlen für 2011 berechnet. Umsatz: 10,9 Mrd. Euro, Absatzmenge: 116 978 Einheiten.

130 »Swatch Boosts Profit, Forecasts More Growth«, *The Wall Street Journal Europe*, 5. Februar 2013, S. 22.

131 Michael E. Raynor und Mumtaz Ahmed, »Three Rules for Making a Company Truly Great«, *Harvard Business Review online*, 11. April 2013.

132 Aus der Mitschrift eines Interviews mit Warren Buffett vor der Financial Crisis Inquiry Commission (FCIC) am 26. Mai 2010.

133 Es gab in den Jahren weitere Ereignisse, auf die wir hier nicht in allen Einzelheiten eingehen können. So untersagte der Bundesgerichtshof im November 2008 den Gebrauch dieses Slogans. »Es sei von einer Irreführung der Verbraucher auszugehen, wenn mit der Herabsetzung eines Preises geworben werde, der nur für eine kurze Zeit verlangt worden sei«, begründeten die Richter ihre Entscheidung (Aktenzeichen I ZR 122/06, vgl. *Focus Money Online*, 20. November 2008). Die Zentrale zur Bekämpfung des unlauteren Wettbewerbs hatte moniert, dass die Preise mehrerer Artikel vor dem Start der Werbung hochgesetzt worden waren.

134 Vgl. *Frankfurter Allgemeine Zeitung*, 18. März 2009, S. 15.

135 »Praktiker: Es geht um 100 Prozent«, *Welt am Sonntag*, 31. Juli 2011, S. 37.

136 »Magische Orte«, *Frankfurter Allgemeine Zeitung*, 29. Dezember 2011, S. 11.

137 »Woolworth will zurück zu seinen Wurzeln«, *Frankfurter Allgemeine Zeitung*, 2. Juli 2012, S. 12.

138 Zu einer detaillierten Beschreibung des Falls vgl. »Netflix Shares Sink 35 % after Missteps«, *The Wall Street Journal*, 26. Oktober 2011, S. 15 und Harvard Fallstudie Netflix.

139 »For Penney's Heralded Boss, the Shine is Off the Apple«, *The Wall Street Journal*, 25. Februar 2013, S. A1.

140 *The Wall Street Journal*, 17. November 2011.

141 Credit Suisse, Global Equity Strategy, 18. Oktober 2010.

142 Nathaniel J. Mass, »The Relative Value of Growth«, *Harvard Business Review*, April 2005, S. 102-112.

143 Annette Mühlberger, »Chefsache Preis«, *Sales Business*, Januar-Februar 2013, S. 8–11.

144 »Viele Preiskriege basieren auf Missverständnissen, Interview mit Georg Tacke«, *Sales Business*, Januar-Februar 2013, S. 13–14.

145 Hermann Simon, *Hidden Champions – Aufbruch nach Globalia*, Frankfurt: Campus 2012.

146 Simon-Kucher & Partners, Global Pricing Study, Bonn 2011 und 2012.

147 Die Gewinnkurve kann auch zwei Maxima haben. Dieser Fall kann bei der sogenannten doppelt-geknickten Preisabsatzfunktion von Gutenberg auftreten, vgl. Hermann Simon und Martin Fassnacht, *Preismanagement*, Wiesbaden: Gabler 2008, S. 213.

148 »Zweitpreis-Auktionen – Von Goethe erdacht, von Ebay genutzt«, *Frankfurter Allgemeine Zeitung*, 22. Dezember 2007, S. 22, vgl. auch »Counterspeculation, Auctions and Competitive Sealed Tenders«, *Journal of Finance*, 1961, S. 8–37.

149 William Poundstone, *Priceless*, New York: Hill and Wang 2010, S. 150.

150 »Variable Price Coke Machine Being Tested«, *New York Times*, 28. Oktober 1999.

151 »Ihr wollt immer nur Effizienz und merkt nicht, dass dadurch die Gesellschaft kaputtgeht«, *Frankfurter Allgemeine Zeitung*, 10. April 2013, S. 27.

152 Preise abgefragt am 15.3 2013 bei www.lufthansa.de; niedrigster Economy-Class-Preis für unflexibles Ticket mit gleichzeitiger Buchung eines Rückflugs, höchster First-Class-Preis für flexibles Ticket ohne Rückflug.

153 Für eine umfassende Abhandlung zum nichtlinearen Pricing vgl. Georg Tacke, *Nichtlineare Preisbildung: Höhere Gewinne durch Differenzierung*, Wiesbaden: Gabler 1989.

154 Eine umfassende Behandlung der Preisbündelung findet sich in Georg Wübker, *Preisbündelung: Formen, Theorie, Messung und Umsetzung*, Wiesbaden: Gabler 1998.

155 Mit der Begründung, dass Preisdiskriminierung vorliege, wurde das Block Booking 1962 vom Obersten Gerichtshof der USA untersagt.

156 Vgl. www.bmw.de, Stand: 23. Februar 2013.

157 Für eine vertiefende Betrachtung vgl. Hermann Simon und Martin Fassnacht, *Preismanagement*, Wiesbaden: Gabler 2008.

158 »Mac Users Steered to Pricier Hotels«, *The Wall Street Journal*, 26. Juni 2012, S. A1.

159 »Weigh More, Pay More on Samoa Air«, *The Wall Street Journal*, 3. April 2013.

160 Das ist eine der vielen Absurditäten, wenn der Staat in die Preisbildung eingreift. Für E-Books wird es nach einer Entscheidung der Europäischen Kommission keine Preisbindung geben, vgl. »Keine festen Preise für E-Books«, *Frankfurter Allgemeine Zeitung*, 14. Dezember 2012, S. 18.

161 »Ohne Schweiz kein Preis«, *Frankfurter Allgemeine Zeitung*, 7. Februar 2012, S. 3.

162 Enrico Trevisan, *The Irrational Consumer: Applying Behavioural Economics to Your Business Strategy*, Farnham Surrey (UK): Gower Publishing 2013.

163 Simon-Kucher & Partners, INTERPRICE-Model for the Determination of an International Price Corridor, Bonn, mehrere Jahre.

164 US Patent Office, Application Number 13/249 910, 30. September 2011.

165 »Don't Like This Price? Wait a Minute«, *The Wall Street Journal*, 6. September 2012, S. 21

166 Vgl. William Poundstone, *Priceless*, New York: Hill and Wang 2010, S. 105–106.

167 Vgl. »Hug a Price Gouger«, *The Wall Street Journal*, 30. Oktober 2012.

168 Martin Fassnacht und Sabine El-Husseini, »EDLP versus Hi-Lo Pricing Strategies in Retailing – a State of the Art Article«, *Journal of Business Economics*, 2013, Nr. 3, S. 259-289.

169 Ebd.

170 Auch bei starken Erfahrungskurveneffekten oder Economies of Scale empfiehlt sich die Penetrationsstrategie. Die Erfahrungskurve besagt, dass die Stückkosten mit jeder Verdoppelung der kumulierten Produktionsmenge um einen bestimmten Prozentsatz sinken. Ein niedriger Einführungspreis führt zu schnellerer Verdoppelung der kumulierten Menge und damit zum schnelleren Sinken der Stückkosten. Von Economies of Scale spricht man, wenn die Stückkosten mit größerer Produktionsmenge pro Periode sinken.

171 eBay, 8. Dezember 2003.

172 Apple Annual Report 2012.

173 »Nokia Marks Lumia 900 at Half Price in the U.S.«, The *Wall Street Journal Europe*, 16. Juli 2012, S. 19.

174 »Sanofi Halves Price of Cancer Drug Zaltrap after Sloan-Kettering Rejection«, *New York Times*, 11. November 2012.

175 Persönlicher Brief von Peter Drucker vom 7. Juni 2003.

176 Georg Tacke, *Nichtlineare Preisbildung: Höhere Gewinne durch Differenzierung*, Wiesbaden: Gabler 1989.

177 Es gibt Ausnahmen. Bei der Zweitpreis-Auktion (Vickrey-Auktion), wie sie beispielsweise eBay anwendet, hat der Nachfrager ein Incentive, seine wahre Preisbereitschaft offenzulegen.

178 Kenneth Cukier und Viktor Mayer-Schönberger, *Big Data: A Revolution that Will Transform how We Live, Work, and Think*, New York: Houghton Mifflin Harcourt 2013, und »The Financial Bonanza of Big Data«, *The Wall Street Journal Europe*, 11. März 2013, S. 15.

179 Jules Dupuis, »On Tolls and Transport Charges«, wiederabgedruckt in *International Economic Papers*, London: Macmillan 1962 (Original 1849).

180 Aussage bei der Internationalen Automobilausstellung (IAA) in Frankfurt im September 2003.

181 Mündliche Auskunft von Dr. Georg Tacke, CEO von Simon-Kucher & Partners, der in einem persönlichen Gespräch mit dem Verfasser dieses Zitat von Wendelin Wiedeking berichtete.

182 »Sportwagenhersteller Porsche muss sparen«, *Frankfurter Allgemeine Zeitung*, 31. Januar 2009, S. 14.

183 »Hoffnung an den Hochöfen«, *Handelsblatt*, 12. Februar 2009, S. 12.

184 Vgl. *The Wall Street Journal*, 12. Juni 2009, S. B1.

185 Geoff Colvin, »Yes, You Can Raise Prices«, *Fortune*, 2. März 2009, S. 19.

186 Bei dieser Aktion wird man zwangsläufig an den Werbespruch der Baumarktkette Praktiker »20 Prozent auf alles – ausgenommen Tiernahrung« erinnert. Der Hauptgrund, warum die 20 Prozent Rabatt bei Praktiker weniger wirkten, dürfte aber in Abnutzungserscheinungen zu suchen sein. Hela fuhr keine regelmäßigen Rabattkampagnen, sodass die 20 Prozent Rabatt in der Krise eine starke Wirkung zeigten.

187 Vgl. *Frankfurter Allgemeine Zeitung*, 31. Januar 2013, S. 11.

188 *Produktion*, 23. April 2012.

189 »Unter einem schlechten Stern«, *Handelsblatt*, 20. März 2013, S. 20.

190 Hermann Simon und Martin Fassnacht, *Preismanagement*, 3. Auflage, Wiesbaden: Gabler 2008.

191 Klaus Meitinger, »Wege aus der Krise«, *Private Wealth*, März 2009, S. 26–31.

192 »Industry Trends in a Downturn«, *The McKinsey Quarterly*, Dezember 2008.
193 »Slicing the Bread but not the Prices«, *The Wall Street Journal*, 18. August 2009.
194 »Panera Bread's Strong Run«, *The Wall Street Journal*, 23. Januar 2010.
195 *The Wall Street Journal*, 11. Juni 2009, S. B2.
196 Vgl. Simon-Kucher & Partners, Global Pricing Study 2012, Bonn 2012.
197 Oliver Heil, *Price Wars: Issues and Results*, Universität Mainz 1996.
198 Vgl. Simon-Kucher & Partners, Global Pricing Study 2012, Bonn 2012.
199 Roger More, »How General Motors Lost its Focus – and its Way«, *Ivey Business Journal*, Juni 2009.
200 »Market Share Meltdown«, *Automotive News*, 4. November 2002.
201 »GM is Still Studying the Dollar 100,000 Cadillac«, *Automotive News*, 17. Mai 2004.
202 *The Wall Street Journal*, 27. April 2005, S. 22.
203 Paul Williamson, »Pricing for the London Olympics 2012«, Vortrag beim World Meeting von Simon-Kucher & Partners, Bonn, 14. Dezember 2012.
204 Da die Bahn seit einigen Jahren keine festen Kilometerpreise mehr hat, lassen sich diese Break-Even-Punkte nicht in Kilometern ausdrücken.
205 »Amazon Increases Bet on Its Loyalty Program«, *The Wall Street Journal Europe*, 15. November 2012, S. 25.
206 Vgl. *Financial Times*, 20. März 2013, S. 14.
207 Postwurfsendung der Commerzbank vom 26. März 2013.
208 »Nicht jedes Angebot ist ein Schnäppchen. Null-Prozent-Finanzierungen werden für den Handel immer wichtiger«, *General-Anzeiger Bonn*, 3. April 2013, S. 6.
209 »Axel Springer glaubt an die Bezahlschranke«, *Frankfurter Allgemeine Zeitung*, 7. März 2012, S. 15.
210 *Not for Free – Revenue Strategies for a New World*, Boston: Harvard Business Review Press 2011.
211 »Das nächste Google kommt aus China oder Russland«, *Frankfurter Allgemeine Zeitung*, 18. März 2013, S. 22.
212 »Enthüllungsportal Mediapart bewährt sich im Internet«, *Frankfurter Allgemeine Zeitung*, 4. April 2013, S. 14.
213 Eine kompakte, gute Analyse von Freemium bietet Uzi Shmilovici, »The Complete Guide to Freemium Business Models«, *TechCrunch*, 4. September 2011.
214 *ADAC Motorwelt*, März 2013, Beilage der tema GmbH & Co. KG.
215 »Telefonie war gestern, Daten sind die Zukunft«, *Frankfurter Allgemeine Zeitung*, 15. März 2013, S. 22.
216 Der Verfasser war Mitglied des Aufsichtsrates der IhrPreis.de AG.
217 Investor Relations Homepage von Priceline, ir.priceline.com.

218 »Zwischen Fairness und Schnäppchenjagd«, *General-Anzeiger Bonn*, 18. März 2013, S. 6.

219 »2 out of 5 Downloaders Paid for Radiohead's ›In Rainbows‹«, *Wired Magazine*, 5. November 2007.

220 Vgl. www.slate.com/blogs/moneybox/2012/05/15/taxi_button_tipping.html, 15. Mai 2012.

221 »Wir müssen effizienter und produktiver werden«, Interview mit Christoph Straub, *Frankfurter Allgemeine Zeitung*, 30. Januar 2012, S. 13.

222 Marco Bertini und John Gourville, »Pricing to Create Shared Value«, *Harvard Business Review*, Juni 2012, S. 96-104.

223 »Herrscher der Töne«, *Frankfurter Allgemeine Zeitung*, 20. April 2013, S. 13.

224 »Apple's Streaming Music Problem«, *Fortune*, 8. April 2013, S. 19-20.

225 Vijay Krishna, *Auction Theory*, London: Elsevier Academic Press 2009 und Paul Klemperer, *Auctions: Theory and Practice*, Princeton: Princeton University Press 2004.

226 Axel Ockenfels und Achim Wambach, »Menschen und Märkte: Die Ökonomik als Ingenieurwissenschaft«, *Orientierungen zur Wirtschafts- und Gesellschaftspolitik*, Heft 4, 2012, S. 55-60.

227 »Mobilfunker bekommen Angst vor der nächsten Frequenzauktion«, *Frankfurter Allgemeine Zeitung*, 18. März 2013, S. 24.

Register

Absatzeffekt 92
Absatzkrise 218
Absatzmenge 39, 41, 49, 56, 64–68, 70, 81f., 85, 87, 126f., 140, 148, 165f., 172, 181, 189, 201, 217, 214–216, 218
Aktienkurs 19, 156–258, 160, 162–164, 224
Ankerpreiseffekt 87, 90
Ansteckungseffekt 203
Anti-Rabatt-Incentive 36
Auktion 7, 174, 268f.

Behavioral Economics 15, 77, 107
Behavioral Pricing 77f., 91, 106, 233, 275
Big Data 192, 210
Billigprodukt 136
Börsenwert 44, 152f., 155, 158, 161, 165, 208
Break-Even-Analyse 49, 136, 145, 148, 245
Bündelpreis 16, 185f.
Bündelrabatt 183, 185f., 251

Cash Back 100f.
Cash & Carry-Einkauf 192
Chamberlin-Hypothese 74–76
Commodities 53, 70, 222, 228, 259–261, 268
Conjoint-Measurement-Verfahren 22, 67, 71, 233
Cournot-Hypothese 74f.
Customer Driven Pricing 255

Demarketing 51f.
Dynamic Pricing 195f., 198

Einführungspreis 204–209, 280
Einheitspreis 172f., 178–182, 188, 195
Einproduktunternehmen 54
Einzelkomponentenpreis 16
Endverbraucherpreis 16, 141
Entbündelung 186f., 261, 267
Every Day-Low-Pricing-Strategie (EDLP) 201f.

Fehlschlag 13, 116, 136
Fencing 194, 197, 202, 210–212, 234, 248–250, 263
Fixkosten 37–41, 48f., 61, 74f., 145, 148, 172, 178f., 188f., 214, 216f., 236, 243
Flatrate 238, 249, 252–255
Freemium-Modell 206, 247–252
Frühbucherrabatt 177, 195, 202

Gebrauchsgut 58, 164
Geldentwertung 45, 47
Gesetz des abnehmenden Grenznutzens 58, 180
Gesetzmäßigkeit, universelle 188
Gewinnklippe 210
Gewinnnutzen 95–98, 100f., 103, 207, 254
Gewinnschwelle 49
Gewinntreiber 14, 31, 37f., 151, 213–215

Gewinnwirkung 14, 37–39, 94
Gratisangebot 248
Grundpreis 16, 54, 94, 247, 262, 264

Herstellerabgabepreis 16
Hi-Lo-Preisstrategie 201 f.

Incentive-System 36, 55, 73, 103,
    168 f., 238, 244, 258 f.
Industriegut 23, 83, 122, 133
Inflation 44–48, 80, 168
Informationsklippe 209
Innovation 8, 20, 34, 50, 109, 123,
    128–130, 132, 137 f., 167, 207,
    233 f., 239, 242, 252, 261, 268

Ja-Nein-Fall 58 f., 66, 177

Kartellamt 27 f., 73
Kartellgesetz 27, 201, 225
Kaufkraftverlust 46 f.
Knappheit 24, 26, 45, 51, 91, 140,
    200
Knappheitsindikator 24
Konditionen 16 f., 27 f., 54 f., 169
    177, 191
Konkurrenzreaktion 66, 70 f., 73–76,
    227, 232
Kosteneffizienz 111, 113, 115, 118
Kostenfunktion 56, 61 f., 64, 173,
    258
Kostenloskultur 249 f.
Kosten-Plus-Methode 49, 59–61, 83
Kreditkarte 93, 98–101, 222, 256,
    262, 264
Kreuzpreiselastizität 69 f., 234
Kundennutzen 19, 23, 117, 127 f.,
    134
Kundenverhalten 59, 89

Last-Minute-Preis 195, 197, 202
Less Expensive Alternative (EA) 115 f.
Life Cycle Costs 137
Luxusgut 82, 138, 140–149, 164
– Pricing 138, 140, 147
– Strategie 147

Marge 13, 34, 41, 48, 60, 71, 75, 82,
    111 f., 117, 160, 165, 170, 217,
    219, 261, 263
Marketinginstrumente 50, 211
Marktanteilsmaximierung 31
Marktdaten 68 f.
Marktpenetration 203
Maximalpreis 58, 62 f., 174, 176,
    178 f., 181–184, 188, 211, 258,
    268
Mehrfachplatzierung 201
Mehrnutzen 63, 136 f., 237
Mehrpersonen-Preisbildung 187 f.
Mengenlimitierung 254
Mengenrabatt 177, 188 f.
Mental Accounting 104 f., 275
Mitarbeiterrabatt 42 f.
Mondpreis 101 f.
Monopolpreis 76
Multiplikatoreffekt 205
Mundpropaganda 204

Nachfragekurve 24, 87
Nachfragemacht 28
Name Your Own Price 255 f., 258
Naturalrabatt 220 f.
Neuro-Pricing 106
Niedrigpreis 117 f., 149

Oligopol 57, 70 f., 74, 76, 226

Pauschalpreis 252
Pay per Use 236–239
Pay What You Want 257 f., 264
Payback-Karte 192
Penetrationsstrategie 203–206, 248,
    280
Placebo-Effekt 85, 274
Preisabsatzfunktion 56 f., 59–61, 63–
    65, 67 f., 70 f., 74, 77, 81 f., 84 f.,
    87, 173, 177, 182, 218, 256, 279
Preisbereitschaft 19 f., 22 f., 58 f., 63,
    91, 97, 127, 131, 148, , 173 f.,
    178, 180, 182, 184, 186, 191 f.,
    195 f., 200, 207, 209 f., 222, 256,
    258, 262, 266, 268

Preisbündelung 183–188, 235, 252, 266
Preisdifferenzierung 54, 84, 102, 172, 175–182, 188, 190–192, 194–198, 201 f., 209–212, 223, 234, 241, 247, 252, 261 f., 267
Preisdisziplin 161–163, 170
Preisdruck 213, 221, 226
Preiselastizität 9, 40, 49 f., 64 f., 68–70, 79 f., 87, 145, 186, 196, 201, 219, 234, 251, 262, 264
Preisempfindlichkeit 79, 104, 191 f., 223
Preisentscheidung 11, 38, 54–57, 59, 67, 69–71, 73, 76, 163, 169, 259
Preisexperiment 67 f.
Preisführerschaft 71 f., 74, 76, 162
Preiskrieg 14, 55, 72 f., 155, 219, 227–232
Preis-Leistungs-Verhältnis 84, 86, 131, 137, 204, 208
Preismacht 27–29, 163 f., 167
Preismetrik 102, 137, 169, 190, 237, 239 f.
Preisparameter 15 f., 54, 222
Preisprognose 259 f.
Preisschwelle 78–81, 131 f.
Preistransparenz 10, 16 f., 84, 221, 234
Premium-Pricing 126–130, 132 f., 137 f.
Premiumprodukt 120, 127, 130, 148
Prepaid-System 255
Prestigeeffekt 66, 81–83, 138
Pretium 19 f.
Private-Equity-Investor 151, 153, 163, 166 f.
Produktbündel 145, 183–185
Produktlebenszyklusphase 9, 16, 187
Prospekttheorie 77, 95–104, 207, 265

Qualitätsindikator 83 f.
Qualitätsversprechen 130
Rabattgewährung 40, 218
Rabattprogramm 43

Reaktionsfähigkeit 51
Reverse Pricing 255
Rückerstattung 103, 190

Selbstbeschränkung 146 f.
Signaling 72 f., 225, 230, 232
Skimming-Strategie 203, 206–209
Skonto 44, 248
Snob-Effekt 82, 138
Sonderangebot 14, 16, 42, 50, 79, 86, 107, 118, 138, 146, 148, 159–161, 177, 201, 267
Sonderkonditionen 177, 191
Spieltheorie 70 f.
Stückdeckungsbeitrag 48, 132, 173, 179, 214, 217
Stückkosten 37–39, 41 f., 48 f., 61 f–63, 74, 160, 172 f., 184, 189, 214, 217, 227, 258
Sunk Costs 98, 254

Taximeter-Effekt 254
Total Costs of Ownership 137
Transaktionspreis 54, 80

Überangebot 7, 26
Überkapazität 223–226, 228
Ultra-Niedrigpreis 118-125, 149
Umsatzrendite 32 f., 35, 44, 81, 110–113, 115, 128 f., 133, 136, 143, 169, 207
Ungleichgewicht 24, 26
Unternehmenswert 28, 151, 154, 161, 164–167, 169

Variable-Menge-Fall 58 f., 66, 179
Veblen-Effekt 81 f., 138
Verbraucherpreisindex 46
Verbrauchsgut 58, 177, 180
Verlustnutzen 95–101, 103 f., 107, 254, 265
Vickrey-Auktion 174, 268, 281
Vorverkaufspreis 177, 195, 202, 255
Werbekampagne 50 f.
Wertbeständigkeit 146, 148

Wettbewerbspreis 60, 69
Wiederholungskäufer 248
Wirkungskette 55–57

Yield Management 198

Zielvorgabe 151, 230
Zuschlag 18, 113 f., 174, 198, 225,
239, 256, 261–266, 268
Zweitpreisauktion 174, 268